PREPARATÓRIO PARA CERTIFICAÇÃO PRINCE2® FOUNDATION

Frank Turley

PREPARATÓRIO PARA CERTIFICAÇÃO PRINCE2® FOUNDATION

Tradução e adaptação:
Ernani Marques

BRASPORT

Copyright© 2015 por Brasport Livros e Multimídia Ltda.
Copyright © 2010 Frank Turley
PRINCE2® is a registered trademark of AXELOS Limited.
The Swirl logo™ is a trade mark of AXELOS Limited.

Todos os direitos reservados. Nenhuma parte deste livro poderá ser reproduzida, sob qualquer meio, especialmente em fotocópia (xerox), sem a permissão, por escrito, da Editora.

Os direitos de utilização da Management Plaza, no Brasil, foram adquiridos pela Athem.

Editor: Sergio Martins de Oliveira
Diretora: Rosa Maria Oliveira de Queiroz
Gerente de Produção Editorial: Marina dos Anjos Martins de Oliveira
Revisão de Texto: Maria Helena A. M. Oliveira
Editoração Eletrônica: Michelle Paula
Capa: Trama Criações

Técnica e muita atenção foram empregadas na produção deste livro. Porém, erros de digitação e/ou impressão podem ocorrer. Qualquer dúvida, inclusive de conceito, solicitamos enviar mensagem para **editorial@brasport.com.br**, para que nossa equipe, juntamente com o autor, possa esclarecer. A Brasport e o(s) autor(es) não assumem qualquer responsabilidade por eventuais danos ou perdas a pessoas ou bens, originados do uso deste livro.

T941p   Turley, Frank
             Preparatório para Certificação PRINCE2® Foundation / Frank Turley; tradução e adaptação Ernani Marques - Rio de Janeiro: Brasport, 2015.

ISBN: 978-85-7452-710-9

1. Administração de projetos – Exames, questões etc.   I. Turley, Frank   II. Marques, Ernani   IV. Título

CDD: 658.404076

Ficha Catalográfica elaborada por bibliotecário – CRB7 6355

BRASPORT Livros e Multimídia Ltda.
Rua Pardal Mallet, 23 – Tijuca
20270-280 Rio de Janeiro-RJ
Tels. Fax: (21)2568.1415/2568.1507
e-mails: marketing@brasport.com.br
        vendas@brasport.com.br
        editorial@brasport.com.br

site: www.brasport.com.br

Filial SP
Av. Paulista, 807 – conj. 915
01311-100 São Paulo-SP

Agradecimentos

À ATHEM, que trouxe e tem difundido o PRINCE2® por todo o país.

Ao tradutor oficial deste excelente livro, Ernani Marques.

À nossa revisora final oficial Adriana Pereira Leal.

Por fim, gostaríamos de agradecer aos colaboradores Carlos Amaral e Ronielton Oliveira. A todas essas pessoas, meu muito obrigado.

Sobre o Autor

Frank Turley (conhecido como *The PRINCE2® Coach*), é gerente de projetos há mais de 15 anos e possui a certificação PRINCE2® *Practitioner*.

Ele também é instrutor PRINCE2®, gerente de projetos, *coach* e criou os seguintes materiais de treinamento em PRINCE2®:

- Introdução ao PRINCE2® vídeo
- Introdução ao PRINCE2® *podcast*
- Manual de Treinamento do PRINCE2® *Foundation*
- PRINCE2® *Foundation Workbook Q&A*
- Manual de treinamento do PRINCE2® *Practitioner*
- Curso em Áudio *Practitioner*
- Mapa de diagrama de processos PRINCE2®
- Diagrama de linha do tempo PRINCE2®

Entre em contato com Frank:

E-mail: **frank.turley@gmail.com**

LinkedIn: **www.linkedin.com/in/frankturley**

Sobre o Tradutor

Ernani Marques

Professor de pós-graduação em gestão de projetos e análise de Negócios: FIA, IETEC, SENAC, UNIP e Uninove. Consultor e instrutor para os temas de gestão de projetos, programas, portfólios e análise de negócios em empresas como Dinsmore Associates e International Institute for Learning. Sócio-diretor da Management Plaza/ATHEM. Possui mais de 24 anos de experiência em TI, dos quais 15 foram dedicados a gerenciamento de projetos de informática para área de *cash management* e *international cash management*.

Possui as seguintes certificações:

- PgMP e PMP (PMI)
- CBAP (IIBA)
- *ITIL® Foundation* (AXELOS)
- *PRINCE2® Foundation* e *PRINCE2® Practitioner* (AXELOS)
- COBIT 4.1 e COBIT 5 (ISACA)
- *MSP Advanced Practitioner* - Gerenciamento de Programas (AXELOS)
- M_o_P Gerenciamento de Portfólio (AXELOS)
- M_o_R Gerenciamento de Riscos (AXELOS)
- MoV Gerenciamento de Valor (AXELOS)
- P3O Escritório de projetos, Portfólios e Programas (AXELOS)

❖ *Accredited Trainer* – COBIT5, PRINCE2, MSP, P3O, M_o_P

Publicações:

❖ Participação, The Standard for Program Managemet - Second Edition, PMI

❖ Participação, 97 Things Every Project Manager Should Know, O'Reilly Pub.

❖ Participação, Lessons Learned in Project Management: 140 Tips in 140 Words or Less

❖ Autor, CBAP®PREP - Um curso em um livro

Sobre a revisão técnica

Adriana Pereira Leal é gestora, consultora e instrutora, com mais de 13 anos de experiência em TI, dos quais oito foram dedicados ao gerenciamento de projetos em diversas áreas, incluindo TI, Engenharia, Fiscal, Financeiro, Serviços, Educação e Saúde. Atuou como professora de graduação nas seguintes disciplinas: Tecnologia da Informação, Administração de Operações Produtivas, Competências de Liderança, Administração de Pessoas e Gestão das Informações Organizacionais, Lógica de Programação, Teste de Software e MS Project.

Possui MBA em Gestão de projetos pela UNIJORGE, pós-graduação em Metodologia do Ensino Superior pela FBB e graduação em Sistemas de Informação pela FHR.

Possui as seguintes certificações:

❖ PMP® (PMI)

❖ ITIL® V3 (AXELOS)

❖ PRINCE2® Foundation (AXELOS)

❖ PRINCE2® Practitioner (AXELOS)

Apresentação Geral Sobre o Livro

Obrigado por adquirir nosso livro "Preparatório para Certificação PRINCE2® Foundation". O objetivo principal aqui é fornecer um manual de treinamento do PRINCE2® *Foundation* fácil de ler e de entender. A ideia para este livro veio de perguntas que recebemos das pessoas tentando aprender PRINCE2® e do fato de que o manual oficial do PRINCE2® "Gerenciando Projetos de Sucesso com PRINCE2®" é um excelente manual de referência, mas não é um manual de treinamento.

O manual oficial do PRINCE2® para o gerente de projetos pode ser um pouco difícil de usar e ler se você é novo em gerenciamento de projetos e em PRINCE2®. Você aproveitará mais o manual oficial se primeiro entender as informações contidas neste livro.

Doravante, este livro pretende ser (e é) uma introdução fácil ao PRINCE2® para quem deseja aprender sobre PRINCE2® e se preparar para o exame *Foundation*.

Agradecemos o seu *feedback* (correções ou sugestões de melhorias), que deve ser encaminhado para o e-mail contato@athem.net.br com o assunto "Feedback Livro Preparatório para Certificação PRINCE2® Foundation".

Você poderá fazer o download das tabelas e gráficos em cores para melhor acompanhar a leitura em www. athem.net.br

Cursos PRINCE2® – presencial e *e-learning*

- ❖ Este material de treinamento é aprovado pela EXIN e APMG-International.
- ❖ Este manual de treinamento faz parte de nosso treinamento PRINCE2® *Foundation*.

❖ Para maiores informações sobre cursos presenciais e *e-learning* visite nosso site http://www.athem.net.br.

Seções NR

Há algumas seções rotuladas **NR** (**N**ão é **R**equerido); o que significa que esta seção não é necessária para passar no exame *Foundation*, mas fornece informações úteis.

Sobre as perguntas e respostas

O *Workbook Q&A PRINCE2® Foundation* é um material de suporte valioso que contém perguntas e respostas. Seu propósito é ajudar a relembrar os conceitos chaves do *Syllabus* do exame *Foundation*. As informações contidas nessas perguntas e respostas fornecem uma garantia de 70% de passar no exame.

As perguntas e respostas se encontram ao final de cada capítulo.

Estilo de perguntas

Nosso objetivo é produzir o melhor material possível para ajudá-lo a se preparar para o exame PRINCE2® *Foundation* e, claro, aprender PRINCE2®.

Algumas das perguntas parecerão ser enigmáticas e você precisará lê-las duas ou três vezes para tentar compreender o que estão dizendo.

As perguntas também contêm termos específicos do PRINCE2®, como: quatro elementos integrados, seis aspectos/metas do desempenho do projeto, gerenciar por exceção, dentre outros. Poderíamos simplesmente expor diretamente esses "sinônimos" para facilitar, mas isso não ajudaria no exame. É melhor fazer as perguntas da mesma maneira que o PRINCE2® faz e depois explicar as respostas para que você possa reconhecer os termos da próxima vez.

As perguntas no exame são questões de múltipla escolha, e você pode adquirir nosso treinamento *online* em http://www.athem.net.br. Entretanto, o mais importante é você compreender os tipos de perguntas e entender o que está sendo perguntado. Depois disso, você melhorará sua compreensão sobre PRINCE2® e será muito mais fácil responder às questões.

Ex.: uma pergunta de exame normal – múltipla escolha.

Q1: Qual é um dos seis aspectos/metas do desempenho do projeto que precisam ser gerenciados?

a) Desempenho

Apresentação Geral Sobre o Livro   XIII

b) Confiabilidade

c) Escopo

d) Facilidade de uso

Ex.: A mesma pergunta anterior, porém com nosso estilo de treinar

Q1: Liste dois dos seis aspectos/metas de desempenho do projeto que precisam ser gerenciados.

A2: Os seis aspectos/metas de desempenho do projeto também se referem às seis variáveis de projeto ou às seis metas de desempenho.

Elas são: Benefícios, Custo, Escopo, Prazo, Qualidade, Risco.

> **DICA:** Use o acrônimo BCE PQR para lembrar, se necessário.

> **REFERÊNCIA:** *ver item 1.6 Seis variáveis/seis aspectos/metas de desempenho.*

Nosso objetivo com esse formato de pergunta:

- ❖ Ajudá-lo a entender sobre do que trata a pergunta: neste exemplo, mostramos que os seis aspectos/metas do desempenho do projeto possuem o mesmo significado que as seis variáveis do projeto.
- ❖ Responder à pergunta listando os seis aspectos/metas de desempenho e, neste caso, dar-lhe uma dica sobre como lembrar da informação.
- ❖ Fornecer também uma referência de onde você pode obter essa informação no livro.
- ❖ Ajudá-lo a saber mais sobre cada pergunta.

Nosso principal objetivo é ensinar PRINCE2® e depois ensinar a responder às perguntas do *Foundation*. Se você passar por essas perguntas pela primeira vez utilize os conhecimentos adquiridos ao estudar e compreender o capítulo da pergunta; você será capaz de responder a estas perguntas, ou à maioria, da próxima vez que passar por elas.

> **NOTA:** aconselhamos que estude este livro três vezes.

> **NOTA:** os diagramas estarão disponíveis em cores para você efetuar o *download*. Para isso, basta se cadastrar no site www.athem.net.br e buscar a seção de *downloads*.

Prefácio

Desde 2009 o EXIN tem um projeto com a Brasport para criarmos, em cooperação, uma biblioteca EXIN com livros locais de qualidade para apoiar o estudo e o aprofundamento dos conhecimentos dos profissionais de TI nos mais diversos temas relacionados aos exames de certificação que disponibilizamos no mercado. Assim nasceram os projetos de lançamentos dos livros em ITIL®, ITSM ISO/IEC 20000 e mais recentemente Scrum e Agile. O terceiro livro da nossa coleção traz um assunto relativamente novo para muitos no Brasil, mas bastante consolidado no mercado internacional: PRINCE2®.

Para os profissionais que já dominam o gerenciamento de projetos através de outras boas práticas, guias, *frameworks* ou metodologias, a grande notícia é que o PRINCE2® pode ser visto como conhecimento **complementar**, já que descreve o que um gerente de projeto deve **fazer**, em vez do que um gerente de projeto deve **saber**.

Este livro traz uma visão clara do mundo do PRINCE2®, colocando ao seu alcance o que há de melhor (*Best Management Practice*) na área de gerenciamento de projetos. PRINCE2® é um método flexível e pode ser aplicado a qualquer tipo de projeto e em qualquer tipo de organização.

Registro aqui meus agradecimentos ao tradutor da obra, Ernani Marques, pela oportunidade de fazer parte desta iniciativa!

Milena Andrade
EXIN Brasil

Sumário

1. Introdução ao PRINCE2® — 1
    1.1. Manual de treinamento do PRINCE2® — 1
    1.2. O que são projetos? — 2
    1.3. Por que um método de gerenciamento de projetos? — 3
    1.4. Cinco características de um projeto — 4
    1.5. O que é o PRINCE2® — 5
    1.6. Seis variáveis/metas/aspectos do desempenho — 5
    1.7. Elementos do PRINCE2® — 7
    1.8. Benefícios da aplicação do PRINCE2® — 8
    1.9. O que faz um gerente de projetos? — 9
    1.10. O exame PRINCE2® Foundation & Syllabus — 10
    1.11. O que você precisa saber para o exame Foundation — 11
    1.12. Perguntas — 12
    1.13. Perguntas e respostas — 12

2. O Modelo de Processo e a Linha de Tempo do Projeto — 16
    2.1. O modelo de processo do PRINCE2® — 16
    2.2. Visão geral da linha de tempo do projeto — 16
        2.2.1. *Starting up a Project* (etapa de pré-projeto) — 17

2.2.2. *Initiating a Project* (etapa de estágio de iniciação) ... 18
2.2.3. *Controlling a Stage* (o primeiro estágio de entrega) ... 20
2.2.4. Os próximos estágios de entrega ... 22
2.2.5. *Closing a Project* (o último estágio de entrega) ... 23
2.2.6. Resumo da linha de tempo ... 24
2.3. O que você precisa saber para o exame *Foundation* ... 25

3. Princípios ... 26

3.1. Introdução aos princípios ... 26
3.2. Justificativa de negócio contínua ... 27
3.3. Aprender com a experiência ... 28
3.4. Papéis e responsabilidades definidos ... 28
3.5. Gerenciar por estágios ... 29
3.6. Gerenciar por exceção ... 30
3.7. Foco em produtos ... 31
3.8. Adequar o PRINCE2® ao ambiente do projeto ... 32
3.9. O que você precisa saber para o exame *Foundation* ... 33
3.10. Perguntas ... 33
3.11. Perguntas e respostas ... 34

4. Temas ... 37

4.1. Introdução ... 37
4.2. Lista de temas ... 38
    4.2.1. *Business case* ... 38
    4.2.2. Organização ... 39
    4.2.3. Qualidade ... 39
    4.2.4. Planos ... 40
    4.2.5. Risco ... 40
    4.2.6. Mudanças ... 41
    4.2.7. Progresso ... 42
4.3. O que você precisa saber para o exame *Foundation* ... 42

5. *Business case* ... 43

5.1. Introdução ao tema *business case* ... 43
5.2. O que acontece no mundo real? ... 43

5.3. O tema *business case* através do PRINCE2® — 44
5.4. O que um *business case* faz para o projeto? — 45
5.5. Como descrever melhor o que se obtém de um projeto? — 46
5.6. O caminho para a criação do *business case* — 47
    5.6.1. Passo 1 – Desenvolver (criar) o *business case* — 48
    5.6.2. Passo 2 – Verificar o *business case* (Comitê Diretor do Projeto) — 49
    5.6.3. Passo 3 – Manter o *business case* — 50
    5.6.4. Passo 4 – Confirmar os benefícios — 50
5.7. O plano de revisão de benefícios — 51
5.8. O conteúdo de um *business case* (NR) — 52
5.9. Exemplo de *business case*: um novo CRM (sistema de vendas) — 53
5.10. Responsabilidades do tema *business case* — 56
5.11. O que você precisa saber para o exame *Foundation* — 57
5.12. Perguntas — 57
5.13. Perguntas e respostas — 59

6. Organização — 64

6.1. Introdução ao tema organização — 64
6.2. O que acontece no mundo real? — 65
6.3. O tema organização através do PRINCE2® — 65
6.4. Definições de organização — 66
6.5. Os três interesses do projeto/As três categorias de partes interessadas — 67
6.6. Os quatro níveis da organização de um projeto — 68
6.7. Comitê Diretor do Projeto — 71
6.8. Os papéis do Comitê Diretor do Projeto — 72
6.9. Garantia do projeto: usuário, negócio e fornecedor — 73
6.10. O papel da autoridade de mudanças — 74
6.11. O papel do gerente de projetos — 75
6.12. Gerente da equipe especialista e suporte do projeto — 75
6.13. Engajamento das partes interessadas — 76
6.14. A estratégia de gerenciamento da comunicação — 77
6.15. Responsabilidades do tema organização — 78
6.16. O que você precisa saber para o exame *Foundation* — 79

6.17. Perguntas	79
6.18. Perguntas e respostas	81
7. Qualidade	**86**
7.1. Introdução ao tema qualidade	86
7.2. O que acontece no mundo real?	87
7.3. O tema qualidade através do PRINCE2®	87
7.4. Definições de qualidade	88
7.5. Introdução à abordagem do PRINCE2® para a qualidade	90
7.6. Introdução ao planejamento da qualidade	90
7.6.1. Auditoria da qualidade	91
7.6.2. Expectativas de qualidade do cliente	93
7.6.3. Lista de critérios de aceitação	94
7.6.4. Descrição do produto do projeto (produto principal)	95
7.6.5. Exemplo de descrição do produto do projeto (NR)	96
7.6.6. O documento de estratégia de gerenciamento da qualidade	99
7.6.7. Descrições do produto	99
7.6.8. Registro da qualidade (NR)	100
7.7. Introdução ao controle de qualidade	102
7.8. A técnica de revisão da qualidade do PRINCE2®	103
7.9. Responsabilidades do tema qualidade	104
7.10. O que você precisa saber para o exame *Foundation*	105
7.11. Perguntas	106
7.12. Perguntas e respostas	108
8. Planos	**113**
8.1. Introdução ao tema planos	113
8.2. O que acontece no mundo real?	114
8.3. O tema planos através do PRINCE2®	115
8.4. Definição de planos	115
8.5. Os três níveis de um plano	116
8.6. O caminho para o planejamento	117
8.7. O plano do projeto, o plano de estágio e o plano de equipe especialista	119

8.8. O plano de exceção – fora da tolerância ... 120
8.9. As etapas de planejamento do PRINCE2® e o desenho do plano ... 121
8.10. Planejamento – passos de 1 a 7 ... 122
    8.10.1. Passo 1: definir o plano ... 122
    8.10.2. Passo 2: definir e analisar os produtos ... 122
    8.10.3. Passo 3: identificar atividades e dependências (NR) ... 131
    8.10.4. Passo 4: preparar estimativas (NR) ... 131
    8.10.5. Passo 5: preparar o cronograma (NR) ... 132
    8.10.6. Passo 6: documentar o plano (adicionar texto de apoio) (NR) ... 132
    8.10.7. Passo 7: analisar os riscos ... 133
8.11. A lista de produtos (NR) ... 133
8.12. Responsabilidades do tema planos ... 134
8.13. O que você precisa saber para o exame *Foundation* ... 135
8.14. Perguntas ... 136
8.15. Perguntas e respostas ... 138

9. Risco ... 144

9.1. Introdução ao tema risco ... 144
9.2. O que acontece no mundo real? ... 144
9.3. O tema risco através do PRINCE2® ... 145
9.4. Definições de risco ... 146
9.5. O método de gerenciamento de riscos M_o_R® e o contexto do risco ... 147
9.6. A estratégia de gerenciamento de riscos ... 148
9.7. O registro de riscos – histórico dos riscos ... 148
9.8. Introdução ao procedimento de gerenciamento de riscos ... 150
9.9. Passo 1: identificar ... 151
    9.9.1. Como expressar o risco ... 152
9.10. Passo 2: avaliar ... 153
    9.10.1. Estimativa ... 153
    9.10.2. Avaliação ... 156
9.11. Passo 3: planejar ... 156
    9.11.1. Plano de respostas às ameaças ... 157
    9.11.2. Plano de respostas para oportunidades ... 159

9.12. Passo 4: implementar 161
9.13. Passo 5: comunicar 162
9.14. O que é um orçamento de risco? 162
9.15. Responsabilidades do tema riscos 163
9.16. O que você precisa saber para o exame *Foundation* 163
9.17. Perguntas 164
9.18. Perguntas e respostas 166

10. Mudanças 171
10.1. Introdução ao tema mudanças 171
10.2. O que acontece no mundo real? 172
10.3. O tema mudanças através do PRINCE2® 173
10.4. Definições de mudanças 173
10.5. A abordagem do PRINCE2® para mudanças 174
10.6. Estratégia de gerenciamento de configuração 175
10.7. Como priorizar as *issues* e controlar a gravidade 176
10.8. Autoridade de mudanças e orçamento para mudanças 177
10.9. Produtos de gerenciamento usados pelo tema mudanças 178
10.10. O procedimento de gerenciamento de configuração 182
    10.10.1. O que acontece no planejamento? 182
    10.10.2. O que acontece na identificação? 183
    10.10.3. O que acontece no controle? 183
    10.10.4. O que acontece na descrição de status? 184
    10.10.5. O que acontece na verificação e auditoria? 184
10.11. Procedimento de controle de *issues* e de mudanças 185
10.12. Lidar com *issues* do projeto 186
10.13. Responsabilidades do tema mudanças 187
10.14. O que você precisa saber para o exame *Foundation* 188
10.15. Perguntas 188
10.16. Perguntas e respostas 191

11. Progresso 197
11.1. Introdução 197
11.2. O que acontece no mundo real? 198

11.3. O tema progresso através do PRINCE2® — 199
11.4. Definições de progresso — 199
11.5. Qual é a abordagem do PRINCE2® para o progresso? — 200
11.6. Quais são os três controles do Comitê Diretor do Projeto? — 202
11.7. Quais são os três controles do gerente de projetos? — 203
11.8. Uso de estágios de gerenciamento para controle — 203
11.9. O que são estágios técnicos? — 205
11.10. Controles orientados a eventos e ao tempo — 207
11.11. Como o gerente de projetos revisa o progresso? — 207
11.12. Capturar e relatar lições — 209
11.13. Relatórios usados para informar o progresso — 210
11.14. O que é identificar exceções? — 211
11.15. Responsabilidades do tema progresso — 211
11.16. O que você precisa saber para o exame *Foundation* — 212
11.17. Perguntas — 213
11.18. Perguntas e respostas — 215

12. Processos — 220

12.1. Introdução — 220
12.2. Os processos do PRINCE2® — 221
12.3. Dois diagramas de processos — 221
12.4. Pré-projeto — 224
12.5. Estágio de iniciação — 224
12.6. Próximo estágio ou estágios posteriores — 225
12.7. Introdução aos sete processos — 226

13. *Starting up a Project* — 228

13.1. Introdução — 228
13.2. Propósito e objetivos — 228
13.3. Atividades — 229
13.4. Diagrama de entradas e saídas — 231
13.5. Papéis e responsabilidades — 233
13.6. Como os temas são aplicados ao processo SU — 233
13.7. O que você precisa saber para o exame *Foundation* — 234

13.8. Perguntas	234
13.9. Perguntas e respostas	235
14. *Initiating a Project*	**238**
14.1. Introdução	238
14.2. Propósito e objetivo	238
14.3. Contexto	239
14.4. Atividades	239
14.5. Diagrama de entradas e saídas	241
14.6. Papéis e responsabilidades	242
14.7. Como os temas são aplicados ao processo IP	243
14.8. O que você precisa saber para o exame *Foundation*	243
14.9. Perguntas	244
14.10. Perguntas e respostas	245
15. *Directing a Project*	**247**
15.1. Introdução	247
15.2. Propósito e objetivos	247
15.3. Contexto	248
15.4. Atividades	248
15.5. Diagrama de entradas e saídas (NR)	250
15.6. Papéis e responsabilidades	251
15.7. Como os temas são aplicados ao processo DP (NR)	251
15.8. O que você precisa saber para o exame *Foundation*	252
15.9. Perguntas	252
15.10. Perguntas e respostas	253
16. *Controlling a Stage*	**255**
16.1. Introdução	255
16.2. Propósito e objetivos	255
16.3. Contexto	256
16.4. Atividades (NR)	256
16.5. Diagrama de entradas e saídas	258
16.6. Papéis e responsabilidades	259

16.7. Como os temas são aplicados ao processo CS (NR)	259
16.8. O que você precisa saber para o exame *Foundation*	260
16.9. Perguntas	260
16.10. Perguntas e respostas	261
17. *Managing Product Delivery*	**263**
17.1. Introdução	263
17.2. Propósito e objetivo	263
17.3. Atividades	264
17.4. Diagrama de entradas e saídas	265
17.5. Papéis e responsabilidades	266
17.6. Como os temas são aplicados ao processo MP (NR)	267
17.7. O que você precisa saber para o exame *Foundation*	267
17.8. Perguntas	268
17.9. Perguntas e respostas	268
18. *Managing a Stage Boundary*	**270**
18.1. Introdução	270
18.2. Propósito e objetivos	270
18.3. Contexto	271
18.4. Atividades	272
18.5. Diagrama de entradas e saídas	273
18.6. Papéis e responsabilidades	274
18.7. Como os temas são aplicados ao processo SB (NR)	274
18.8. O que você precisa saber para o exame *Foundation*	275
18.9. Perguntas	275
18.10. Perguntas e respostas	276
19. *Closing a Project*	**278**
19.1. Introdução	278
19.2. Propósito e objetivos	278
19.3. Contexto	279
19.4. Atividades	279
19.5. Diagrama de entradas e saídas	280

19.6. Papéis e responsabilidades ... 282
19.7. Como os temas são aplicados ao processo CP (NR) ... 282
19.8. O que você precisa saber para o exame *Foundation* ... 283
19.9. Perguntas ... 283
19.10. Perguntas e respostas ... 284

20. Adequação do PRINCE2® ao Ambiente de Projeto (NR) ... **286**

20.1. Introdução ... 286
20.2. O que é adequação? ... 287
20.3. Abordagem geral da adequação ... 287
20.4. O que mudar ao efetuar adequação? ... 288
20.5. Nível de experiência para fazer a adequação ... 289

Glossário ... **290**

1. Introdução ao PRINCE2®

1.1. Manual de treinamento do PRINCE2®

O manual oficial do PRINCE2® para o gerente de projetos é chamado "Gerenciando Projetos de Sucesso com PRINCE2®". Este excelente manual de referência foi concebido para:

- Gerentes de projetos experientes que querem aprender o PRINCE2®.
- Gerentes de projetos que querem ter um manual de referência para o PRINCE2®.

Este **Livro Prepatarório para Certificação PRINCE2®** *Foundation* difere do manual oficial do PRINCE2® das seguintes maneiras:

- Ele foca no *Syllabus* do exame *Foundation*.
- É mais um manual de treinamento que de referência.
- Os termos do PRINCE2® são explicados com exemplos, o que torna seu entendimento mais fácil.
- O manual é escrito em linguagem simples para que você o entenda na primeira vez que o ler.
- Oferece vários exemplos de documentos de gerenciamento.
- Traz uma visão geral do cronograma de um projeto para ajudar a entender como ele é dividido.
- As perguntas ao final de cada capítulo constituem uma boa maneira de testar seus conhecimentos.

Em resumo, se você quiser aprender PRINCE2® e se preparar para o exame **PRINCE2®** *Foundation*, utilize este **Livro Preparatório para Certificação PRINCE2®** *Foundation*. Se você deseja um ótimo manual de referência, utilize o manual oficial do PRINCE2® intitulado "Gerenciando Projetos de Sucesso com PRINCE2®".

1.2. O que são projetos?

Os projetos são vistos como uma maneira de introduzir mudanças – daí sua natureza exclusiva, ou seja, jamais se fazem dois projetos idênticos. Alguns de nossos leitores podem estar pensando que em sua empresa sempre são repetidos os mesmos projetos. Na verdade, há procedimentos que são exatamente os mesmos, os chamados "processos". Os processos que se repetem são chamados de "operações", ou, ainda, conforme a expressão em inglês – *business as usual*.

Comecemos com uma definição mais geral de um projeto, extraída da Wikipédia:

> *Um projeto é uma série de ações únicas, destinadas a atingir um objetivo exclusivo dentro de um prazo específico e de limitações de custo.*

Uma boa definição, concisa e fácil de entender, menciona termos como "série de ações", "objetivo exclusivo" e conceitos como "dentro das restrições de tempo e dinheiro".

Outra definição de projeto:

> *Um projeto é um esforço temporário empreendido para gerar um produto, serviço ou resultado exclusivo.*

Isso pode soar como uma frase dita numa série como Star Trek, mas é a definição dada pelo Guia PMBOK® (*Project Management Body of Knowledge*).

Consideremos uma citação do próprio manual do PRINCE2® sobre o que é um projeto:

> *Um projeto é **uma organização temporária** criada com o propósito de entregar um ou mais produtos de negócios, de acordo com um business case pré-acordado.*

Talvez você não tenha entendido direito, pois ainda precisa saber um pouco mais sobre PRINCE2®. Contudo, tal definição logo começará a fazer mais sentido, depois de explicações sobre o significado de expressões nela contidas, como **organização temporária** e *business case*.

A palavra **organização** refere-se à equipe do projeto, ou seja, as pessoas envolvidas no projeto e como elas se relacionam entre si. Cada projeto tem um início e um fim definidos, sendo por isso **temporário**. Lembre-se: "processos" que se repetem indefinidamente são referidos como "operações" ou *business as usual* e não são realmente projetos (ex.: a manutenção de um aplicativo ou software).

O *business case* é um dos documentos em um projeto PRINCE2® e inclui informações como as razões para o projeto, os benefícios, os custos, as informações de tempo e o cálculo do retorno sobre o investimento ou ROI (*Return On Investment*).

1.3. Por que um método de gerenciamento de projetos?

Gerenciar projetos implica em planejar, delegar, monitorar e controlar o projeto – em outras palavras, a **administração do projeto**. O papel do gerente de projetos é alcançar os objetivos do projeto dentro do que foi estabelecido em termos de prazo, custo, qualidade, escopo, benefícios e riscos.

Vejamos algumas situações típicas que podem dar errado em um projeto:

- Exemplo de projeto: construção de uma casa.
- Informações de *background* (históricas):
  » Empreiteiros individuais contratados para fazer trabalhos de diferentes especialistas (aquecimento, eletricidade, instalações, etc.).
  » Como se pode imaginar, tais firmas individuais podem precisar de gerenciamento.
- Cenário 1:
  » Apenas uma semana antes da chegada prevista dos encanadores você fica sabendo que eles poderão adiar seu comparecimento por um mês.
- Resultado de tal cenário:
  » A maior parte do trabalho planejado será afetada.
  » Será difícil reagendar outros contratados.
  » Você ainda poderá ter que pagar parte dos custos deles (condições do contrato atualmente vigente).
- Cenário 2:
  » Durante a instalação das janelas, você poderá descobrir que o espaço reservado para elas é pequeno demais.
- Resultado de tal cenário:
  » Novamente, isso poderá afetar o restante do projeto e tirá-lo dos trilhos.

Aqui você pode perceber que é necessário uma pessoa (como um gerente de projetos, por exemplo) para planejar o trabalho e monitorá-lo, executando uma série de verificações e aprovações, lidando com riscos e questões (*issues*) que possam surgir, identificando setores onde seja possível reduzir custos e assim por diante.

Outras falhas comuns em um projeto são:

- ❖ Definições insuficientes dos produtos logo no início, resultando no desenvolvimento de produtos errados.
- ❖ Falta de comunicação, o que pode causar "nuvens negras" sobre o projeto.
- ❖ Estimativas insuficientes de prazo e custo, fazendo com que o projeto fique sem dinheiro.

Percebe-se com isso a necessidade de um bom método de gerenciamento de projetos.

1.4. Cinco características de um projeto

Os projetos têm várias características – e nisso diferem do *business as usual* ou de um processo repetitivo.

- ❖ **Mudança:** os projetos podem servir para introduzir mudanças. Exemplo: um novo site de vendas mudará a maneira de comprar dos clientes.
- ❖ **Temporariedade:** sempre deve haver início e término definidos para um projeto, e este deve terminar tão logo os produtos requeridos sejam criados. A manutenção contínua de um produto ocorre depois do projeto e não é considerada parte dele.
- ❖ **Interfuncionalidade:** um projeto envolve pessoas de diferentes departamentos da empresa e profissionais experientes que trabalham juntos no tempo de sua duração.
- ❖ **Exclusividade:** cada projeto é único ou exclusivo, pois há sempre algo diferente. Exemplo: a construção de uma casa pode ser diferente das seguintes maneiras: o local é diferente, existe uma ligeira diferença no design, os proprietários são diferentes e eles podem querer mudar algumas instalações.
- ❖ **Incerteza:** como as partes interessadas em um projeto são únicas, isso traz incerteza, pois não se está 100% certo de como elas vão funcionar. Usando o exemplo anterior, os proprietários podem ficar mudando de ideia, alguns deles podem escolher tipos de acabamentos que podem não chegar a tempo de ser instalados antes da chegada do inverno, etc.

1.5. O que é o PRINCE2®

O PRINCE2® é um método genérico para gerenciamento de projetos, podendo ser aplicado a qualquer projeto, desde a execução de um projeto de um a dois dias de duração, como um programa de TV – por exemplo "O Aprendiz" (programa popular de televisão no Reino Unido e nos EUA) – ou ainda a aquisição de uma empresa, e até mesmo a construção do estádio principal para os Jogos Olímpicos de Londres em 2012.

O PRINCE2® separa o nível de gerenciamento do nível de trabalho, de modo a criar os produtos necessários (trabalho do especialista)[1]. Isso significa que o mesmo nível de gerenciamento poderá ser usado para diferentes tipos de projetos. O nível de gerenciamento refere-se à organização do projeto, como o Comitê Diretor do Projeto, o gerente de projetos e as equipes especialistas, algo que veremos mais claramente quando discutirmos mais adiante o modelo de processo.

Um projeto PRINCE2® **deve** incluir todos os chamados **7 Princípios** (a serem discutidos e explicados no Capítulo 3; não se preocupe se você não entender o que eles significam neste momento):

1. Justificativa de negócio contínua.
2. Aprender com a experiência.
3. Papéis e responsabilidades definidos.
4. Gerenciar por estágios.
5. Gerenciar por exceção.
6. Foco em produtos.
7. Adequar ao ambiente do projeto.

1.6. Seis variáveis/metas/aspectos do desempenho

As seis variáveis/metas/aspectos do desempenho apresentadas na Figura 1.2 são: prazo, custo, qualidade, escopo, benefícios e risco. Pode-se também dizer que esses são os seis aspectos/metas do desempenho do projeto a ser gerenciados durante um projeto.

Uma maneira fácil de memorizá-las é usar mnemonicamente a proximidade alfabética das seis letras iniciais: <u>B</u>enefícios, <u>C</u>usto, <u>E</u>scopo, <u>P</u>razo, <u>Q</u>ualidade e <u>R</u>isco (BCE PQR).

---

[1] Em um projeto PRINCE2® há três níveis de gerenciamento: o primeiro é o de direção, o segundo é o do gerenciamento e o terceiro é o de equipe especialista. Nesse último, os produtos finais e seus componentes são criados.

Consulte o exemplo do painel de controle do gerente de projetos, com um mostrador para cada um dos seis aspectos/metas do desempenho, a ser acompanhados pelo gerente de projetos, apresentado a seguir:

Painel de Controle do Gerente de Projetos

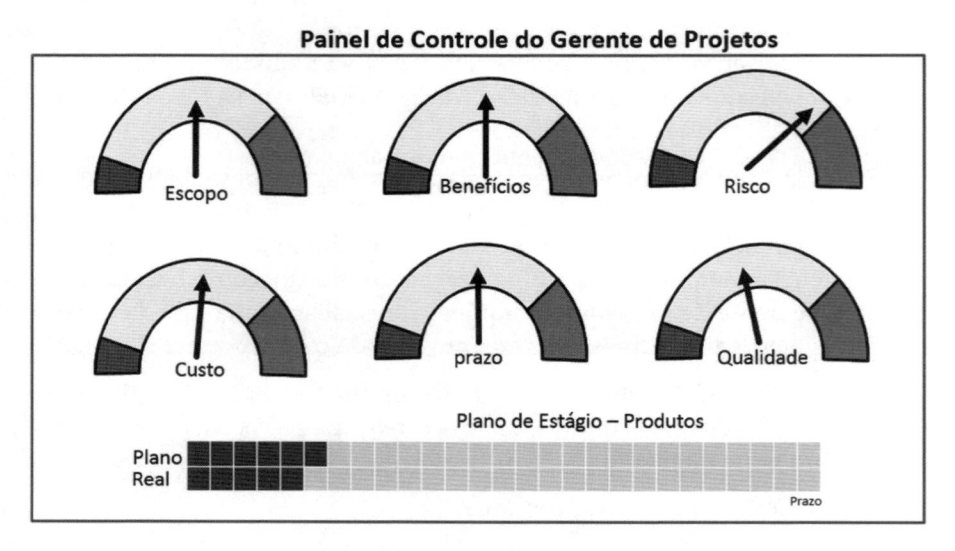

[Escopo] [Benefícios] [Risco]
[Custo] [prazo] [Qualidade]
Plano de Estágio – Produtos
Plano / Real
Prazo

Figura 1.1. Exemplo do painel do GP. Fonte: The PRINCE2® Foundation Training Manual (2010).

Tabela 1.1. As seis variáveis de desempenho. Fonte: The PRINCE2® Foundation Training Manual (2010).

Variável	Descrição
Prazo	A pergunta a fazer para o prazo é "Quando o projeto terminará?".
Custo	Projetos devem gerar retorno sobre o investimento. As perguntas a fazer são "Os custos estão sendo controlados? Estamos dentro do orçamento?".
Qualidade	"O produto será útil ao final do projeto?" (em outras palavras, adequado ao propósito). "Os produtos passaram em seus controles de qualidade?".
Escopo	"O escopo está bem definido e claro para todos os interessados?" O gerente de projetos deve tomar cuidado para evitar aumento do escopo, que é permitir que novas exigências sejam adicionadas durante o projeto.

Variável	Descrição
Benefícios	"Por que estamos fazendo este projeto e quais são seus benefícios?". Os benefícios devem ser conhecidos, claros, mensuráveis e precisam ser entregues.
Risco	Todos os projetos são exclusivos e, portanto, têm risco. "Quanto risco pode ser assumido e como este pode ser gerenciado?" Por exemplo, num projeto relacionado à construção de uma casa, o que acontecerá se um dos subcontratados não aparecer?

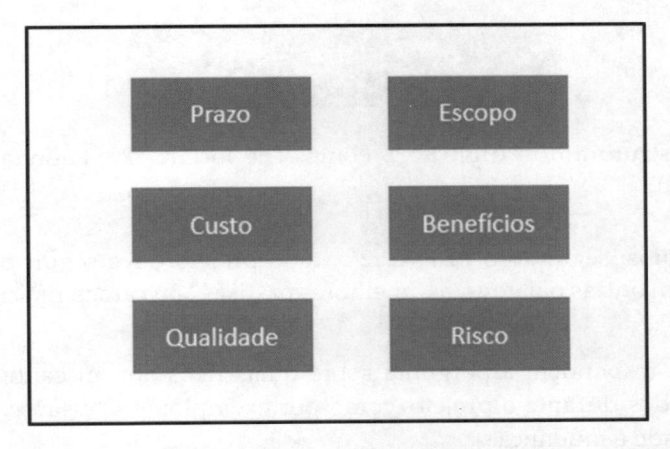

[Diagrama com seis caixas: Prazo, Escopo, Custo, Benefícios, Qualidade, Risco]

Figura 1.2. Seis variáveis do projeto/seis aspectos/metas do desempenho. Fonte: The PRINCE2® Foundation Training Manual (2010)

O PRINCE2® lida com as ações de planejar, delegar, monitorar e controlar de todas as seis variáveis do projeto (aspectos/metas do desempenho). O *PMBOK®Guide* usa a expressão "seis restrições concorrentes do projeto".

1.7. Elementos do PRINCE2®

No manual do PRINCE2® lê-se que o método é composto por quatro **partes principais** e convencionou-se usar o termo **elementos** (ou a expressão **elementos integrados**) para representá-las. Tais elementos são: princípios, temas, processos e adequação. Você pode usar a estrutura deste livro para ajudá-lo a se lembrar. Primeiro temos os princípios, em seguida os temas, depois os processos e finalmente o último capítulo, sobre o que é a adequação.

```
Princípios

Temas

Processos

Adequação
```

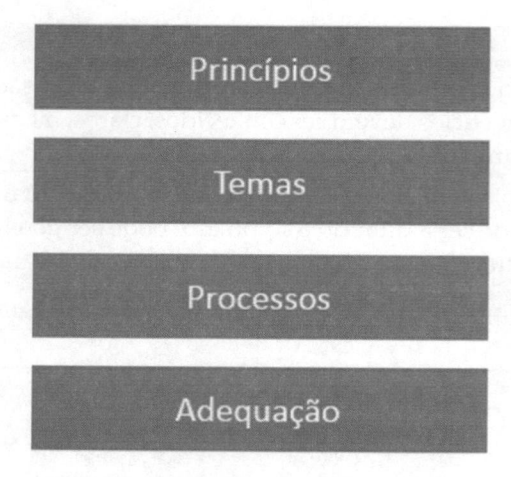

Figura 1.3. Estrutura do PRINCE2®. Fonte: The PRINCE2® Foundation Training Manual (2010).

- ❖ **Princípios:** segundo o PRINCE2®, todo projeto deve seguir os sete princípios (em outras palavras, as "melhores práticas" ou características de um bom projeto).

- ❖ **Temas:** respondem à pergunta sobre quais itens devem continuamente ser abordados durante o projeto, como por exemplo: *business case*, organização, qualidade e mudança.

- ❖ **Processos:** fornecem informações sobre as atividades realizadas durante o projeto, por quem são executadas e respondem à pergunta "Que produtos devem ser criados e quando?".

- ❖ **Adequação:** este elemento responde a uma das perguntas mais comuns de um gerente de projetos: "como melhor aplicar o PRINCE2® a meu projeto ou ambiente?".

1.8. Benefícios da aplicação do PRINCE2®

Como se pode imaginar, há muitas vantagens em usar um método de gerenciamento de projetos, e isso também se aplica ao PRINCE2®. Algumas são listadas a seguir. Você não precisa memorizá-las, embora seja bom estar ciente delas. Quando necessário, foram incluídos também alguns exemplos.

Benefício 1: melhores práticas – O PRINCE2® vem sendo utilizado há mais de trinta anos em milhares de projetos e o próprio método continua aprendendo a partir deles, ou seja, todo o *feedback* obtido por meio das sugestões e do aprendizado da combinação com outras técnicas e debates ajudou o PRINCE2® a se tornar uma melhor prática.

Benefício 2: o PRINCE2® pode ser aplicado em qualquer tipo de projeto, desde projetos pequenos, como preparar uma reunião, até projetos enormes, como a execução de uma eleição, a organização de uma conferência, a construção de uma ponte ou um projeto de tecnologia da informação (TI).

Benefício 3: o PRINCE2® oferece uma estrutura de papéis e prestação de contas (também referida como "papéis e responsabilidades"). Todas as pessoas da equipe do projeto devem saber o que se espera delas. Isso é ainda mais importante para o gerente de projetos, pois ele tem o dever de verificar se as tarefas estão sendo concluídas conforme acordado.

Benefício 4: o PRINCE2® é focado em produtos, o que significa que o produto é bem definido no início do projeto e dado a conhecer a todos os interessados. Como resultado, todos têm a mesma ideia acerca do que estão trabalhando e da expectativa do produto final.

Benefício 5: o PRINCE2® usa o gerenciamento por exceção, o que permite que o gerente de projetos possa lidar com certas questões (*issues*) do projeto. Todavia, quando uma *issue* vai além da tolerância estabelecida, torna-se uma exceção, devendo ser escalada para o nível de gerenciamento superior ao da ocorrência da *issue*. Pode-se dizer que o gerenciamento por exceção permite que o nível de gerenciamento superior gerencie o nível de gerenciamento inferior.

Benefício 6: o PRINCE2® continua a avaliar a viabilidade do projeto do ponto de vista do *business case*, e isso acontece em todo o ciclo de vida do projeto. Se, por exemplo, o retorno sobre o investimento esperado não é mais possível de se obter em qualquer ponto do projeto, este deverá então ser interrompido.

Você identificará outros benefícios à medida que avança neste livro.

1.9. O que faz um gerente de projetos?

Você já pode ter uma boa noção sobre o que faz um gerente de projetos, mas muitas vezes os gerentes de projetos acabam executando várias tarefas enquanto procuram manter o projeto andando. Isso pode parecer uma boa ideia no início, mas eles vão acabar não gerenciando o projeto a longo prazo.

Consideremos as coisas logo no início. Há um projeto a fazer e, portanto, deve ser criado um plano de projeto. Esta é geralmente uma das primeiras tarefas do gerente de projetos quando o projeto é iniciado. Ele cria o plano com a ajuda de especialistas, o que inclui a identificação das tarefas em um *workshop* de planejamento, a definição de produtos, atividades e dependências, a estimativa dos recursos necessários, a construção do cronograma de atividades e a definição dos papéis e responsabilidades.

O principal objetivo do gerente de projetos é garantir que o projeto siga de acordo com o plano, revisando as tarefas concluídas, obtendo aprovações, confirmando se as tarefas seguintes podem começar e assim por diante. Em outras palavras, o gerente de projetos monitora quão bem os trabalhos se desenvolvem de acordo com o plano do projeto. Vou repetir essa linha no caso de você estar certo dia em um elevador e acontecer de alguém lhe perguntar o que você faz. Você pode dizer: "eu monitoro quão bem o trabalho está indo de acordo com o plano do projeto".

Monitorar os seis aspectos/metas/variáveis do desempenho. O gerente de projetos também monitorará constantemente as seis variáveis que acabamos de discutir, as quais são partes de qualquer projeto: prazo, custos, qualidade, escopo, benefícios e riscos.

Lidar com *issues*. O gerente de projetos também tem que lidar com questões (*issues*) que possam surgir. No caso de pequenas *issues*, ele pode optar por delegar a sua solução (por exemplo, conseguir que um fornecedor trabalhe um dia extra para resolver a *issue* e colocar o projeto de volta nos trilhos). Caso surja uma *issue* que possa forçar um estágio a ir além das tolerâncias, o gerente de projetos pode escalá-la até o Comitê Diretor do Projeto.

Acelerar o projeto. Outra tarefa do gerente de projetos – que às vezes é esquecida – é buscar oportunidades para acelerar o projeto e reduzir os custos.

Em último lugar, recomenda-se que os gerentes de projetos gastem a necessária quantidade de tempo definindo e entrando em acordo sobre os papéis e as responsabilidades no início do projeto. Dependendo da empresa, talvez sejam necessárias certas habilidades para tal. Isso vai beneficiar o projeto e também pode evitar que algumas das partes interessadas repassem seu trabalho e sua responsabilidade de volta para o gerente de projetos.

1.10. O exame PRINCE2® *Foundation* & *Syllabus*

Aqui estão algumas informações sobre o exame PRINCE2® *Foundation*:

- ❖ **Duração:** 1 hora.
- ❖ **Conteúdo:** 75 perguntas (5 perguntas são de teste e não pontuam, porém são desconhecidas e você deve responder a todo o exame).
- ❖ **Tipo:** múltipla escolha.
- ❖ **Porcentagem mínima para aprovação:** 50% (35 respostas corretas).

- **Livro:** você não pode usar o manual oficial do PRINCE2® durante o exame *Foundation*.

O nível *Foundation* do PRINCE2® tem como objetivo verificar se um candidato poderia atuar como membro de uma equipe de gerenciamento de projeto que utiliza o método PRINCE2®. Portanto, o candidato deve mostrar que compreendeu a estrutura e a terminologia-chave do método. O candidato deve entender o seguinte:

- Características e contexto de um projeto e os benefícios de se adotar o PRINCE2®.
- O propósito dos papéis, do gerenciamento de produtos e dos temas PRINCE2®.
- Os princípios do PRINCE2®.
- O propósito, os objetivos e o contexto dos processos do PRINCE2®.

Este livro **Preparatório para Certificação PRINCE2®** *Foundation* está em conformidade com o *Syllabus* do PRINCE2® *Foundation*. Se você deseja ter informações adicionais, consulte o manual de treinamento do PRINCE2® *Practitioner* ou o manual oficial do PRINCE2®.

1.11. O que você precisa saber para o exame *Foundation*

A partir deste capítulo de introdução, você deve ser capaz de:

- Reconhecer os seis aspectos/metas do desempenho do projeto (seis variáveis de projeto/seis aspectos/metas de desempenho – lembre-se das iniciais B, C, E, P, Q e R).
- Reconhecer as características de um projeto (mudança, temporariedade, interfuncionalidade, exclusividade, incerteza) e ter uma ideia do que cada uma delas significa.
- Reconhecer a definição de projeto.
- Listar os quatro elementos integrados do PRINCE2®: princípios, temas, processos e adequação.
- Reconhecer os benefícios de usar o PRINCE2®.
- Explicar o que significa "PRINCE2® baseado em um ambiente cliente-fornecedor".

A palavra **reconhecer** refere-se ao fato de que você tem que identificar tal informação se esta vier escrita em uma pergunta, para que possa escolher a resposta correta de múltipla escolha.

1.12. Perguntas

Q1. Liste dois dos seis aspectos de desempenho do projeto que precisam ser gerenciados.

Q2. Liste uma característica de um projeto.

Q3. Como a estrutura de gerenciamento por exceção ajuda o Comitê Diretor do Projeto a reduzir o tempo necessário no projeto? Em outras palavras, como é mais eficiente o uso do gerenciamento de tempo?

Q4. Liste um dos benefícios do uso do PRINCE2®.

Q5. Liste duas das seis variáveis de projeto que precisam ser gerenciadas durante o projeto.

Q6. Em suas próprias palavras, qual é a definição de um projeto?

Q7. Liste os quatro elementos integrados do PRINCE2®.

Q8. O que são: prazo, custo, qualidade, escopo, benefícios e riscos em relação ao PRINCE2®?

Q9. Por que incerteza é uma característica de um projeto? O que isso significa?

Q10. Você acha que a frase a seguir é um benefício de PRINCE2®? "PRINCE2® fornece uma estrutura de papéis e responsabilidades".

1.13. Perguntas e respostas

Q1. Liste dois dos seis aspectos de desempenho do projeto que precisam ser gerenciados.

A1. Isso pode se referir a qualquer um dos seis aspectos, também chamados de seis variáveis ou seis metas de desempenho.

❖ Benefícios, Custo, Escopo, Prazo, Qualidade e Risco.

> **DICA:** use a sigla BCE PQR para lembrar-se, se necessário.

> **REFERÊNCIA:** *ver item 1.6. Seis variáveis/metas/aspectos do desempenho.*

Introdução ao PRINCE2®   13

Q2. Liste uma característica de um projeto.

A2. Aqui estão as cinco características: mudança, temporariedade, interfuncionalidade (multifuncional), exclusividade (ser único) e incerteza. O termo 'característica de um projeto' refere-se a certos traços que cada projeto deve ter. Se essas características não estiverem presentes, então você não estará falando de um projeto.

REFERÊNCIA: *ver item 1.4. Cinco características de um projeto.*

Q3. Como a estrutura de gerenciamento por exceção ajuda o Comitê Diretor do Projeto a reduzir o tempo necessário no projeto? Em outras palavras, como é mais eficiente o uso do gerenciamento de tempo?

A3. O Comitê Diretor do Projeto pode delegar a responsabilidade para o gerente de projetos e dar tolerâncias para prazo, escopo, risco, qualidade, etc. O gerente de projetos pode começar com a execução do projeto e só incomodar o Comitê Diretor do Projeto se o projeto sair da tolerância ou houver uma previsão para que isso ocorra.

REFERÊNCIA: *ver item 1.8. Benefícios da aplicação do PRINCE2®.*

Q4. Liste um dos benefícios do uso de PRINCE2®.

A4. Você será solicitado a reconhecer um benefício do PRINCE2® no exame, por isso é bom estar ciente deles. Existem várias vantagens em usar um método, e aqui estão alguns para PRINCE2®:

1. **Melhores práticas:** PRINCE2® aprende com usuários, outros métodos e especialistas.
2. **Qualquer tipo de projeto:** PRINCE2® pode ser aplicado a qualquer tipo de projeto.
3. **Papéis e responsabilidades:** papéis e responsabilidades claros é parte importante do PRINCE2®.
4. **Foco em produtos:** descrições claras dos produtos são redigidas logo que possível.
5. **Gerenciar por exceção:** PRINCE2® usa gerenciamento por exceção ao delegar o trabalho.
6. **Avalia a viabilidade:** continua a verificar se ainda vale a pena fazer o projeto.

Como você verá mais tarde, todos esses benefícios surgem ao usar PRINCE2® (sem contar outros).

> **REFERÊNCIA:** *ver item 1.8. Benefícios da aplicação do PRINCE2®.*

Q5. Liste duas das seis variáveis de projeto que precisam ser gerenciadas durante o projeto.

A5. Isso pode se referir a qualquer um dos seis aspectos, também chamados de seis variáveis ou seis metas de desempenho.

- Estas são Benefícios, Custo, Escopo, Prazo, Qualidade e Risco.
- Esta é a mesma pergunta que foi feita na Q1.

> **REFERÊNCIA:** *ver 1.6. Seis variáveis/metas/aspectos do desempenho.*

Q6. Em suas próprias palavras, qual é a definição de um projeto?

A6. Você será solicitado apenas a reconhecer a definição no exame. Tente obter duas palavras importantes em sua definição. PRINCE2® dá a seguinte definição para um projeto:

- Um projeto é uma organização temporária criada com o propósito de entregar um ou mais produtos de negócios de acordo com um *business case* predefinido.
- Esperamos que você tenha obtido no mínimo duas dessas expressões: temporário, criar ou entregar o(s) produto(s), em um certo tempo e a um determinado custo (*business case*).
- Na verdade, você pode usar qualquer uma das características de um projeto para ajudar nessa resposta.

Q7. Liste os quatro elementos integrados do PRINCE2®.

A7. Estes são **princípios, temas, processos** e **adequação**.

- O PRINCE2® diz que há quatro partes principais no PRINCE2®.

> **REFERÊNCIA:** *ver item 1.7. Elementos do PRINCE2®.*

Q8. O que são: prazo, custo, qualidade, escopo, benefícios e riscos em relação ao PRINCE2®?

A8. Existem as seis metas de desempenho ou os seis aspectos do desempenho do projeto. É melhor imaginar que o gerente de projetos tem um painel com seis mostradores que indicam o status dessas seis variáveis durante o projeto e que são verificados regularmente.

REFERÊNCIA: ver item 1.6. Seis variáveis/metas/aspectos do desempenho.

Q9. Por que incerteza é uma característica de um projeto? O que isso significa?

A9. Os projetos estão sempre fazendo algo novo, algo diferente. Essa diferença traz riscos, já que você nunca pode estar 100% certo de como o projeto se desenrolará até que ele esteja concluído (não há bolas de cristal). Assim, em cada projeto haverá sempre uma certa quantidade de incerteza.

Se você está fazendo exatamente o mesmo projeto uma segunda ou terceira vez, então isso é um processo e não um projeto.

REFERÊNCIA: ver item 1.4. Cinco características de um projeto

Q10. Você acha que a frase a seguir é um benefício de PRINCE2®? "PRINCE2® fornece uma estrutura de papéis e responsabilidades".

A10. Sim, este é um dos benefícios do uso de PRINCE2®. Essa estrutura é abordada mais adiante, no princípio **organização**, e cada atividade dentro dos processos possuem papéis e responsabilidades já definidos.

REFERÊNCIA: ver item 1.8. Benefícios da aplicação do PRINCE2®.

2. O Modelo de Processo e a Linha de Tempo do Projeto

2.1. O modelo de processo do PRINCE2®

Talvez você já tenha visto, ou lido, o livro "Introdução ao PRINCE2®" (com base no modelo de processo do PRINCE2®), aprovado pela APMG®. Ele oferece uma "rápida visão" e é uma ótima forma de conhecer o PRINCE2®. Contudo, se você não o leu, não se preocupe, pois este capítulo também cobre a introdução.

A introdução ao manual do PRINCE2® irá:

- Propiciar-lhe um alto nível de entendimento do modelo de processo do PRINCE2®.
- Mostrar a relação entre processos e temas.
- Mostrar como começa um projeto e como este se move de um processo a outro.
- Explicar quando, onde e por quem são criados os documentos importantes.
- Abordar os papéis do gerente de projetos e do Comitê Diretor do Projeto.
- Explicar como o Comitê Diretor do Projeto controla o projeto.
- Mostrar como é encerrado um projeto.

2.2. Visão geral da linha de tempo do projeto

O objetivo desta visão geral da linha de tempo do projeto é:

- Mostrar um exemplo de projeto.
- Explicar como os processos podem se relacionar entre si em um projeto.

O Modelo de Processo e a Linha de Tempo do Projeto   17

- Mostrar quando o Comitê Diretor do Projeto se envolve em um projeto.
- Visualizar quais processos são feitos uma vez e quais são feitos mais de uma vez.
- Mostrar como os estágios de gerenciamento se relacionam e como o processo *Closing a Project* faz parte do último estágio.

> **NOTA:** não se usa o conceito de exceções nessa visão geral da linha de tempo.

2.2.1. *Starting up a Project* (etapa de pré-projeto)

O gatilho para iniciar o projeto é a proposição de projeto. Como se pode ver na Figura 2.1, ela aparece de fora da equipe de projeto. O PRINCE2® nos informa que a proposição de projeto é criada por alguém da gerência corporativa ou do gerenciamento de programas.

Starting up a Project (**SU**) é o primeiro processo e tem as seguintes saídas principais que são entregues ao Comitê Diretor do Projeto:

- O sumário do projeto, que contém o *business case* preliminar.
- O plano de estágio de iniciação.
- A descrição do produto do projeto (parte do sumário do projeto).

Na parte inferior do diagrama, pode-se ver o texto "pré-projeto". O processo **SU** acontece fora do projeto. Na verdade, o projeto não é iniciado até que o Comitê Diretor do Projeto tome sua primeira decisão. Assim, o processo **SU** fornece as informações para iniciar o projeto.

A primeira decisão do Comitê Diretor do Projeto

A primeira decisão a ser considerada pelo Comitê Diretor do Projeto é permitir ou não que o estágio de iniciação comece, o que é conhecido como "Autorizar a iniciação". O Comitê determina se vale a pena executar o projeto (desejável, viável e realizável), e então verifica e aprova o plano para o estágio de iniciação.

Pontos de atenção:

- O processo *Starting up a Project* pode ser bem curto se comparado ao resto do projeto.
- O projeto deste exemplo terá cerca de oito meses de duração, mas um tempo médio para o processo *Starting up a Project* poderia ser de uma semana (tais números são apenas para dar uma ideia). Eles são diferentes de projeto para projeto.

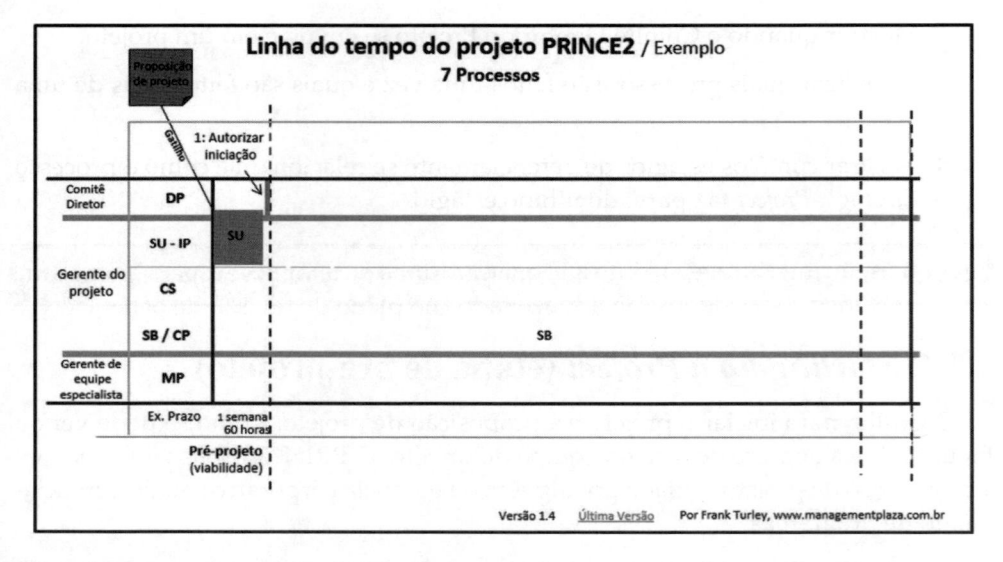

Figura 2.1. Exemplo de linha do tempo de projeto: *Starting up a Project* (SU). Fonte: adaptado do material PRINCE2® da AXELOS. Reproduzido sob licença da AXELOS.

2.2.2. *Initiating a Project* (etapa de estágio de iniciação)

Após a primeira decisão do Comitê Diretor do Projeto, o gerente de projetos utiliza o plano do estágio de iniciação aprovado para executar o processo *Initiating a Project* (**IP**). **Este é o primeiro estágio do projeto**.

O estágio de iniciação tem as seguintes saídas principais, as quais fazem parte do Documento de Iniciação do Projeto (DIP):

- ❖ Os quatro documentos de estratégia: risco, qualidade, configuração e gerenciamento da comunicação.
- ❖ O *business case* (que é de responsabilidade de um executivo).
- ❖ O plano do projeto.
- ❖ As descrições do(s) produto(s).
- ❖ Os controles do projeto, que descrevem como o projeto será controlado.
- ❖ Papéis e responsabilidades/Estrutura da equipe de gerenciamento do projeto.

A maior parte do trabalho no primeiro estágio é facilitada pelo gerente de projetos, com enorme assistência por parte dos seguintes agentes:

- ❖ Um executivo desenvolve (detalha) o *business case*.
- ❖ Os representantes dos usuários ajudam com as descrições do produto e com

os requisitos de qualidade.

❖ Os especialistas (também conhecidos como "especialistas na matéria" ou SME – *Subject Matter Experts*) ajudam com o planejamento baseado em produto, que inclui a criação das descrições do produto e a projeção das estimativas para o plano.

❖ O usuário principal fornece informações sobre os benefícios esperados (os quais são mensuráveis) e informa quando (linha de tempo) se espera que sejam realizados. Esses dados são armazenados no plano de revisão de benefícios.

A segunda decisão do Comitê Diretor do Projeto

Ao fim do estágio de iniciação, o Comitê Diretor do Projeto está pronto para tomar sua segunda decisão, ou seja, se o projeto receberá permissão para passar ao segundo estágio. O Comitê somente autorizará um estágio de cada vez e revisará a maioria das informações do DIP, especialmente o *business case*, que inclui uma visão geral das informações sobre os riscos, os benefícios e o ROI. Além disso, também revisará o plano do projeto e o plano para o segundo estágio do projeto. Se o Comitê Diretor do Projeto concordar, seus membros:

❖ Autorizam o projeto para que ele possa começar.

❖ Autorizam o próximo estágio, para que o primeiro estágio de entrega possa começar.

Figura 2.2. Exemplo de linha do tempo: *Initiating a Project* (IP). Fonte: adaptado do material PRINCE2® da AXELOS. Reproduzido sob licença da AXELOS.

Pontos de atenção:

- ❖ O estágio de iniciação, ou processo *Initiating a Project*, é mais longo que o processo *Starting up a Project* e geralmente não tão longo quanto um estágio normal. Novamente, isso depende de cada projeto.

- ❖ No exemplo anterior, o estágio de iniciação (no qual se desenvolve o processo IP) dura quatro semanas, enquanto o próximo estágio dura oito semanas.

2.2.3. *Controlling a Stage* (o primeiro estágio de entrega)

É no processo *Controlling a Stage* (**CS**) que o gerente de projetos desenvolve a maior parte do seu trabalho no dia a dia e no qual são realizadas principalmente as seguintes atividades:

- ❖ O trabalho é distribuído aos gerentes das equipes especialistas na forma de pacotes de trabalho, que são verificados e aceitados quando completos.

- ❖ O status do estágio é continuamente revisado (onde estamos agora, em comparação ao plano de estágio?).

- ❖ São fornecidos relatórios periódicos ao Comitê Diretor do Projeto.

- ❖ *Issues* e riscos são capturados/assimilados/examinados, escalando-os se preciso.

- ❖ Ações corretivas são tomadas para solucionar *issues* dentro de suas tolerâncias.

Managing a Stage Boundary (SB)

Como se pode ver no diagrama a seguir, o processo *Managing a Stage Boundary* começa no final do estágio e antes que o processo *Controlling a Stage* termine. O objetivo do processo *Managing a Stage Boundary* é preparar as seguintes informações para o Comitê Diretor do Projeto:

- ❖ Apresentar o relatório de final de estágio, indicando quão bem o estágio foi realizado em comparação com o plano de estágio original.

- ❖ Atualizar o plano do projeto e o *business case* com os resultados reais até a data atual.

- ❖ Apresentar o plano do próximo estágio (este plano precisa ser aprovado).

- ❖ Apresentar o plano de revisão de benefícios, atualizando-o e verificando se os benefícios esperados foram ou não realizados.

Decisão do Comitê Diretor do Projeto

Ao final do estágio, o Comitê Diretor do Projeto fará o seguinte:

- ❖ Revisará o estágio atual, usando principalmente o relatório de final de estágio.
- ❖ Comparararrá o progresso do projeto até então com a linha de base do plano do projeto.
- ❖ Revisará as informações de risco e o *business case* para checar se o projeto continua viável.
- ❖ Verificará o plano do próximo estágio, aprovando-o.
- ❖ Irá rever o plano de revisão de benefícios para comparar os benefícios esperados até então com os resultados reais.

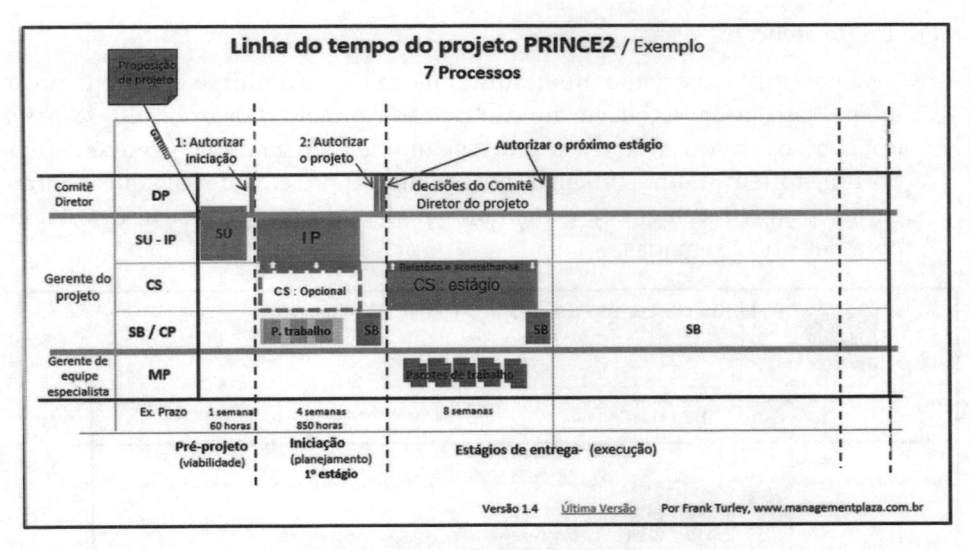

Figura 2.3. Exemplo de linha de tempo: *Controlling a Stage* (CS). Fonte: adaptado do material PRINCE2® da AXELOS. Reproduzido sob licença da AXELOS.

A última coisa que o Comitê Diretor do Projeto faz é "Autorizar o próximo estágio", de modo que o gerente de projetos possa prosseguir com o próximo estágio de entrega.

Pontos de atenção:

- ❖ Neste exemplo, o estágio de entrega dura oito semanas. Naturalmente, isso dependerá do tipo de projeto. Você aprenderá mais sobre isso no tema planos.
- ❖ Você também vai aprender o que significa o termo "horizonte de planejamento".

2.2.4. Os próximos estágios de entrega

Os projetos podem ter mais de dois estágios, e todos eles são separados por uma decisão do Comitê Diretor do Projeto, pois este se vale de estágios para manter o controle do projeto.

Como se pode ver no exemplo a seguir, o atual estágio de entrega segue o mesmo padrão de gerenciamento do estágio anterior. As principais diferenças entre os dois será o teor dos pacotes de trabalho entregues às equipes especialistas, que os desenvolverão.

Decisão do Comitê Diretor do Projeto

O Comitê Diretor do Projeto realizará as mesmas atividades descritas no final do último estágio.

Pontos de atenção:

❖ Neste exemplo, o estágio atual dura o mesmo que o último estágio e, novamente, isso pode variar em função de cada projeto. Por exemplo, se havia pouco risco envolvendo o segundo estágio de entrega e se o Comitê Diretor do Projeto tem muita confiança no gerente de projetos depois que o viram gerir o primeiro estágio, seus membros podem decidir prolongar os estágios para dez ou 12 semanas.

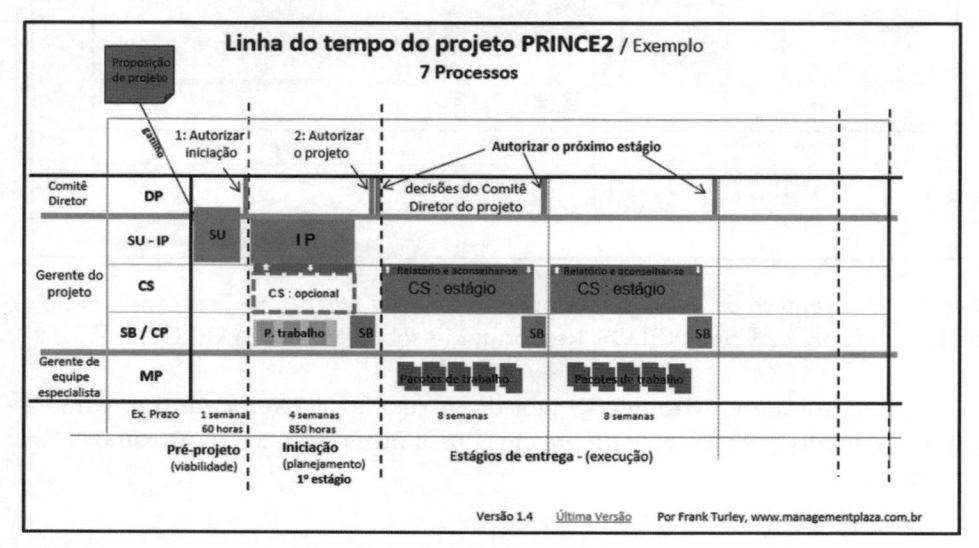

Figura 2.4. Exemplo de linha de tempo: próximos estágios de entrega. Fonte: adaptado do material PRINCE2® da AXELOS. Reproduzido sob licença da AXELOS.

O Modelo de Processo e a Linha de Tempo do Projeto 23

2.2.5. *Closing a Project* (o último estágio de entrega)

O projeto continuará até que todos os estágios de entrega sejam concluídos e será encerrado no final do último estágio.

> **DICA:** o processo *Closing a Project* (CP) é sempre a última parte do último estágio.

Normalmente, ao final de um estágio, o processo *Managing a Stage Boundary* é usado para apresentar um relatório sobre o estágio atual e planejar o próximo. Como se pode ver no diagrama a seguir, ao fim do último processo *Controlling a Stage* o processo *Managing a Stage Boundary* não é usado, e sim o processo *Closing a Project*. É neste processo que o gerente de projetos prepara o encerramento do projeto.

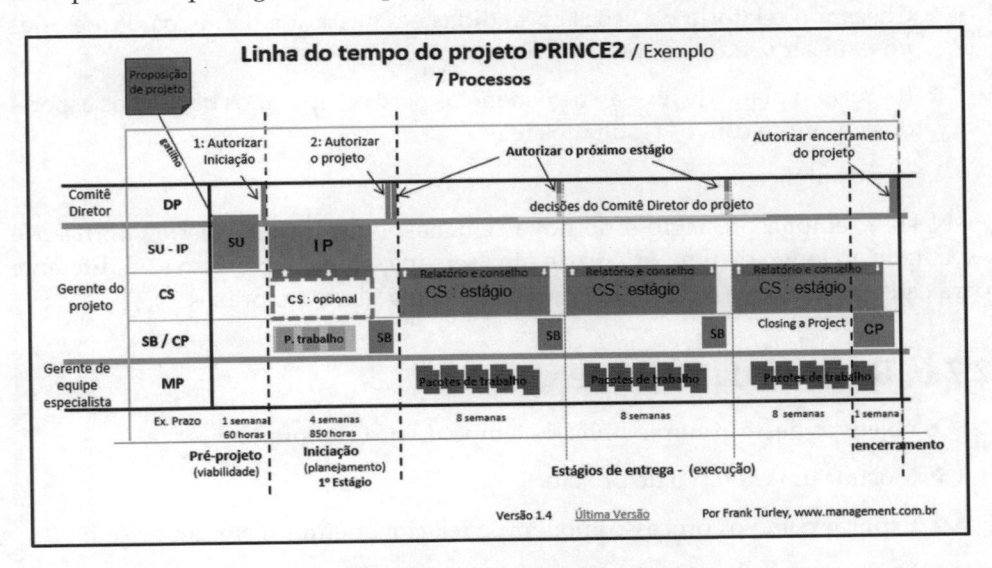

Figura 2.5. Exemplo de linha de tempo: *Closing a Project*. Fonte: adaptado do material PRINCE2® da AXELOS. Reproduzido sob licença da AXELOS.

Os objetivos do processo *Closing a Project* são:

- ❖ Atualizar o plano do projeto para mostrar o que foi entregue e aprovado – e quando.
- ❖ Entregar produtos, obter as devidas aceitações, avaliar o projeto e criar o relatório final do projeto.
- ❖ Se necessário, verificar se os benefícios esperados foram realizados e atualizar o plano de revisão de benefícios.

A última coisa que o gerente de projetos fará no processo *Closing a Project* é recomendar o encerramento do projeto ao Comitê Diretor do Projeto. Como se pode ver, não é o gerente de projetos que encerra o projeto.

Decisão do Comitê Diretor do Projeto

A última decisão a ser tomada pelo Comitê Diretor do Projeto é encerrar o projeto, o que é conhecido como "Autorizar o encerramento do projeto". Antes de tomar essa decisão, o Comitê fará o seguinte:

* Examinará os documentos de linha de base (*business case* e plano do projeto) do DIP, juntamente com os documentos atualizados, para ver como o projeto foi realizado em relação aos objetivos originais.

* Confirmará a aceitação formal dos produtos.

* Checará o relatório de lições aprendidas e o passará adiante, para que estas possam ser usadas em projetos futuros.

* Irá rever o plano de revisão de benefícios para comparar os benefícios esperados até agora com os resultados reais.

Pontos de atenção:

Neste exemplo, o estágio é de nove semanas, e o processo *Closing a Project* é executado ao longo de um período de uma semana. Novamente, isso será diferente para cada projeto, mas o diagrama permite ter uma ideia dos prazos.

2.2.6. Resumo da linha de tempo

Os objetivos deste exemplo linha de tempo do projeto foram:

* Mostrar um exemplo de projeto.

* Explicar como os processos podem se relacionar entre si em um projeto.

* Mostrar quando o Comitê Diretor do Projeto se envolve em um projeto.

* Visualizar quais processos são feitos uma vez e quais são feitos mais de uma vez.

* Mostrar como os estágios se relacionam e como o processo *Closing a Project* faz parte do último estágio.

O diagrama da linha de tempo também mostrou:

* Como o projeto pode ser dividido: **pré-projeto**, **iniciação**, **entrega** e, finalmente, **encerramento**.

O Modelo de Processo e a Linha de Tempo do Projeto 25

❖ Quais processos acontecem uma vez ou mais de uma vez em um projeto, como, por exemplo, os processos de cor cinza, tais como *Starting up a Project*, *Initiating a Project* e *Closing a Project*.

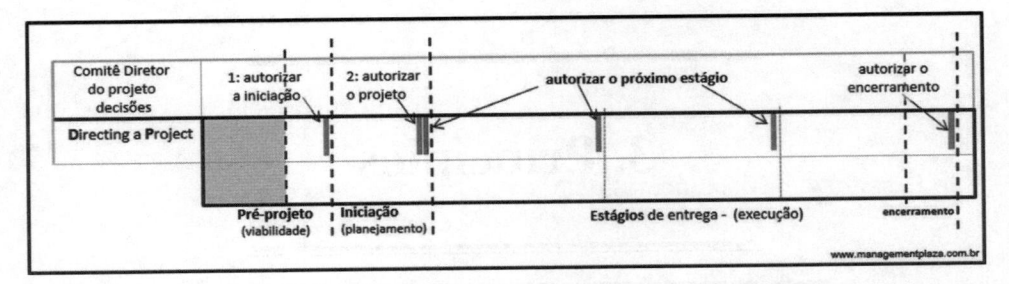

Figura 2.6. Decisões do Comitê Diretor do Projeto. Fonte: The PRINCE2® Foundation Training Manual (2010).

> Efetue o download das imagens em formato original e em cores para melhor acompanhamento (www.athem.net.br).

2.3. O que você precisa saber para o exame *Foundation*

Este foi um capítulo extra que adicionamos para ajudar a apresentar como funciona um projeto PRINCE2®. Acreditamos ser importante entender como um projeto funciona antes que você conheça os princípios e os temas, pois isso ajudará a sua compreensão. Essas informações serão cobertas novamente no capítulo 12, por isso diremos o que você precisa saber na introdução de cada item.

Por ora, basta que você compreenda as informações desta parte do livro.

3. Princípios

3.1. Introdução aos princípios

Todo projeto PRINCE2® deve incluir os sete princípios. Caso apenas um deles esteja faltando em um projeto, este não poderá ser considerado um projeto PRINCE2®.

Uma boa definição de "Princípio" é a seguinte:

> Os princípios propiciam uma estrutura de boas práticas de projeto, para aquelas partes interessadas envolvidas em um projeto.

Do ponto de vista do PRINCE2®, um princípio é um valor fundamental que sempre deve existir em um projeto PRINCE2®. Em resumo, os princípios são como guias de boas práticas. A seguir estão resumidos os sete princípios, juntamente com os temas ou áreas onde estes princípios são discutidos.

Tabela 3.1. Tema ou informação que suporta cada princípio (**NR**). Fonte: The PRINCE2® Foundation Training Manual (2010).

Princípios	Quais temas ou informações dão suporte a cada princípio?
Justificativa de negócio contínua	Tema *business case* e tema progresso.
Aprender com a experiência	Lições aprendidas (diário/notas e relatórios). Não há temas.
Papéis e responsabilidades definidos	Tema organização.
Gerenciar por estágios	Tema progresso.

Princípios	Quais temas ou informações dão suporte a cada princípio?
Gerenciar por exceção	Tema progresso.
Foco em produtos	Tema planos.
Adequar ao ambiente do projeto	Adequação.

3.2. Justificativa de negócio contínua

Um projeto PRINCE2® deve ter uma **justificativa de negócio contínua**; portanto, cada projeto deve ter um business case. Isso significa que a razão para iniciar o projeto deve fazer sentido do ponto de vista do negócio e possuir um claro retorno sobre o investimento (ROI).

Por exemplo, um projeto custará € 20.000, mas durante os dois primeiros anos permitirá uma economia de € 80.000 para a empresa. "O projeto tem uma justificativa para o negócio?" É o mesmo que perguntar "O projeto tem um business case válido/acordado?" Se a qualquer momento durante o projeto o ROI esperado reduzir (ex.: cerca de 80%), o projeto muito provavelmente será interrompido.

O business case fornece detalhes completos, mostrando por que o projeto deve ser realizado, incluindo custos, benefícios esperados e prazos, também referidos como informações de justificativa do negócio. Como o business case é um dos primeiros documentos criados em um projeto, ele evita que projetos que de fato oferecem poucos benefícios reais para a empresa sejam iniciados. A justificativa de negócios é então verificada em todo o ciclo de vida do projeto, o que pode, por exemplo, acontecer ao final de cada estágio.

Até mesmo projetos iniciados para atender a uma nova legislação exigem uma justificativa. Por exemplo, o custo da não conformidade com uma nova legislação poderia afetar o market share da empresa, ou esta pode perder clientes. E a isso, portanto, podem ser atribuídos valores monetários.

O princípio da **justificativa de negócio contínua** confirma a necessidade de uma justificativa documentada no início e durante o projeto, para que possam ser tomadas decisões com o valor do negócio em mente. O business case é regularmente revisto durante o projeto para verificar sua aderência à **justificativa de negócio contínua**.

3.3. Aprender com a experiência

As equipes de projeto PRINCE2® devem aprender a partir de projetos anteriores. Portanto, devem tomar a iniciativa de descobrir e utilizar as lições aprendidas e levá-las em conta durante a vida do projeto.

Já mencionamos anteriormente que os projetos são exclusivos, o que significa que sempre há algo novo, o que cria um elemento de risco em cada projeto. Pode-se também dizer que cada projeto tem algumas incógnitas que devem ser investigadas. Agora você pode ver por que o PRINCE2® incita a equipe do projeto a tomar a iniciativa necessária para aprender com projetos similares que podem ter sido feitos na mesma empresa. Em caso negativo, obter aconselhamento de pessoas de fora, como consultores externos.

O princípio de **aprender com a experiência** abrange todo o ciclo de vida do projeto, desde o processo *Starting Up a Project*, passando pelo projeto inteiro e indo até o processo *Closing a Project*. Qualquer lição aprendida durante o projeto deve ser documentada. As lições documentadas devem ser repassadas e também ser disponibilizadas para projetos futuros.

O PRINCE2® também realça que constitui responsabilidade de todos os envolvidos no projeto buscar e capturar lições aprendidas, em vez de esperar que alguém as forneça.

3.4. Papéis e responsabilidades definidos

Em qualquer projeto, as pessoas precisam saber o que fazer e o que podem esperar dos outros. Acreditamos que este é um dos princípios onde é mais importante acertar desde o início. O PRINCE2® afirma que um projeto deve ter bem definidos e acordados os papéis e as responsabilidades dentro de uma estrutura de organização, a qual envolva os interesses do negócio, do usuário, do fornecedor e das partes interessadas.

Os projetos podem ter pessoas de diferentes departamentos ou empresas, e por isso é importante que o projeto tenha uma estrutura de equipe bem definida. Caso contrário, poderá ser impossível gerenciar o projeto.

De acordo com o PRINCE2®, um projeto tem três partes interessadas principais. Elas são o executivo, os usuários e os fornecedores.

- ❖ O executivo se certifica de que o projeto agrega valor ao dinheiro nele investido.

- Os usuários utilizarão os produtos após serem criados, e dessa utilização sairão benefícios.

- Os fornecedores oferecem os recursos e o conhecimento especializado para o projeto e produzem os produtos.

Este princípio estabelece que esses três participantes primários devem ser corretamente representados na equipe de gerenciamento do projeto e no Comitê Diretor do Projeto.

Cada função da equipe de gerenciamento do projeto tem um papel definido e uma responsabilidade acordada. Em resumo, o princípio **papéis e responsabilidades definidos** pressupõe uma boa estrutura de gerenciamento de projetos que possa responder às seguintes perguntas: "o que se espera de mim?"; "o que se pode esperar dos outros?" e "quem toma quais decisões?".

3.5. Gerenciar por estágios

Um bom modo de executar qualquer grande tarefa (ou projeto) é dividi-la em partes menores, que são chamadas nos projetos PRINCE2® de **estágios** ou **estágios de gerenciamento**. Um projeto PRINCE2® é planejado, monitorado e controlado de estágio a estágio. Estes estágios de gerenciamento são separados por **pontos de decisão** (também conhecidos como "pontos de controle"), de responsabilidade do Comitê Diretor do Projeto.

Ao final de cada estágio, o Comitê Diretor do Projeto avalia: o desempenho do último estágio; o *business case*; o plano para o próximo estágio, decidindo então se deseja que o projeto prossiga. O Comitê Diretor do Projeto tem maior controle sobre o projeto quando é grande o número de estágios, embora isso também lhe dê mais trabalho. Menos estágios em um projeto indicam que a administração sênior terá menos controle e haverá menor quantidade de trabalho para o Comitê Diretor do Projeto.

Trabalhar por estágios propicia uma boa abordagem para o planejamento do projeto. As vantagens são as seguintes:

- Permitir que o projeto seja dividido em uma série de partes gerenciáveis.

- Ter um plano de projeto de alto nível para todo o projeto e um plano de estágios bastante detalhado.

- Certificar-se de que os planos para os futuros estágios possam aprender a partir dos estágios anteriores. Por exemplo, se uma equipe entrega seus produtos mais rápido do que o esperado, isso pode ser levado em conta na criação do plano do próximo estágio.

Há um mínimo de dois estágios em um projeto: O **estágio de iniciação** e ainda mais um **estágio de gerenciamento**. O processo *Closing a Project* será então a última parte do segundo estágio de um projeto de dois estágios. Lembre-se de que um projeto PRINCE2® é planejado, monitorado e controlado estágio por estágio.

3.6. Gerenciar por exceção

Este é um termo que os novatos em PRINCE2® provavelmente ainda não conhecem. Como é muito importante entender isso, começaremos com uma explicação simples para, em seguida, apresentar a definição dada pelo PRINCE2®. Quando se trata de fatores como tempo, custo e escopo, o gerente de projetos tem alguma tolerância ou liberdade para trabalhar sem antes advertir o Comitê Diretor do Projeto de que há, ou pode haver, um problema (por exemplo, os custos poderiam variar ± 10%). Se o problema é pequeno e ele permanece dentro das tolerâncias (por exemplo, os custos aumentam em 2% – menor que a tolerância de 10%), então o gerente de projetos poderá lidar com isso e não terá de alertar o Comitê Diretor do Projeto.

Cada nível da organização do projeto se vale do princípio **gerenciar por exceção** para administrar o nível abaixo. O nível inferior de gerenciamento só deve notificar o nível superior se houver uma grande questão (*issue*) que está fora de sua tolerância.

Imagine você como membro do Comitê Diretor do Projeto. Se tudo estiver bem, o gerente de projetos não o notificará, exceto pelos relatórios regulares durante e ao final de um estágio, a menos que haja uma exceção – daí o nome **gerenciar por exceção**. A definição do PRINCE2® para gerenciar por exceção é a seguinte:

> *Um projeto PRINCE2® tem tolerâncias definidas para cada objetivo do projeto, de modo a estabelecer os limites de autoridade delegada.*

O PRINCE2® lista seis tolerâncias que podem ser definidas: prazo, custo, qualidade, escopo, risco e benefício. Daremos exemplos somente para qualidade, escopo, riscos e benefícios, pois prazo e custo são mais fáceis de entender.

- ❖ **Tolerância de qualidade:** você está criando um novo celular que opera na rede GSM com um teclado que funcione para o usuário pelo tempo médio de sete anos, mas a tolerância da tecnologia é de ± 5%.

- ❖ **Tolerância de escopo:** alguns requisitos para o novo celular GSM serão obrigatórios, além daqueles itens que seria 'bom ter'. O projeto pode decidir quais requisitos se encaixariam nessa definição de 'bom ter', mas certamente deverá incluir os requisitos obrigatórios.

❖ **Tolerância de benefício:** os benefícios são melhorias – resultantes do projeto – que sejam mensuráveis para uma ou mais partes interessadas do projeto. Por exemplo, aumentar o *market share* em 5%, ou criar um novo e rentável segmento de mercado. Uma pergunta feita ao longo de todo o projeto é: "o projeto ainda está nos trilhos, de modo a atingir os benefícios esperados?".

❖ **Tolerância de risco:** usemos novamente o exemplo do celular GSM. Há um nível de tolerância estabelecido para o risco; se souber de algo que está acima daquele nível, deverá então notificar o Comitê Diretor do Projeto. Exemplo: você descobre que o risco agora é muito alto, pois um dos fornecedores não poderá mais entregar uma câmera de 5 megapixels com as especificações corretas para o aparelho. Isso pode causar muitos problemas para seu projeto.

Resumindo: gerenciar por exceção possibilita ao nível superior de gerenciamento uma forma de administração e controle do nível imediatamente inferior, não precisando assim ser "incomodado" por pequenos problemas.

3.7. Foco em produtos

Pode-se imaginar o que acontece quando um produto não é corretamente descrito. Todos os participantes do projeto podem ter ideias diferentes sobre o que/como deve ser o produto. Isso pode causar reuniões desnecessárias, atrasos, novos requisitos, um entendimento confuso acerca da qualidade necessária, custos adicionais e até mesmo um produto final que é inútil para todos.

Uma descrição detalhada do produto irá orientar o projeto, estabelecer as expectativas corretas e ajudar a entregar os produtos requeridos. O manual do PRINCE2® afirma que "um projeto PRINCE2® se concentra na definição e na entrega dos produtos e principalmente em seus requisitos de qualidade".

Uma boa descrição do produto proporciona clareza, pois define o propósito, a composição, a derivação, o formato, os critérios de qualidade e o método de qualidade do produto. Ela também torna mais fácil determinar os requisitos de recursos, dependências e atividades.

O princípio **foco em produtos** afirma que a descrição do produto deve ser redigida o mais cedo e do modo mais claro possível, para que todas as partes interessadas tenham uma boa ideia do que esperar. O tema planos suporta o princípio **foco em produtos** ao criar as descrições do produto durante o planejamento (você lerá mais sobre isso no tema planos).

3.8. Adequar o PRINCE2® ao ambiente do projeto

Um projeto PRINCE2® deve ser adequado conforme o tamanho, o ambiente, a complexidade, a importância, a capacidade e o risco do projeto. Se o projeto é pequeno, como, por exemplo, organizar um *workshop* com dez pessoas, ou muito grande, como a construção de uma usina nuclear, deve-se adequar o PRINCE2® para atender ao projeto, pois o PRINCE2® pode ser aplicado a qualquer tipo de projeto.

Uma das afirmativas frequentemente direcionadas aos gerentes de projetos é "nós não precisamos de um método de gerenciamento de projetos. Nossos projetos não são tão grandes, e um método de projeto só fará adicionar mais papelada desnecessária a cada projeto". Isso poderia de fato acontecer se você tentasse seguir o PRINCE2® como um robô, mas não é assim que se usa o PRINCE2®. Costumamos dar como exemplo o popular programa de TV "O Aprendiz". Geralmente, trata-se de um projeto de dois dias, durante os quais duas equipes competem entre si, cada qual com seu gerente de projetos. Nota-se, assim, que o PRINCE2® pode ser usado por cada gerente de projetos, e a documentação pode ser apenas uma lista de verificação com algumas notas. Percebe-se também que a maioria dos gerentes de projetos continua cometendo os mesmos erros, semana após semana, o que mostra que eles não entendem o princípio de **aprender com a experiência** ou com lições aprendidas.

O propósito de **adequar-se ao ambiente do projeto** significa:

❖ Assegurar que o método de projeto diz respeito ao ambiente do projeto (ou seja, ao trabalhar em um ambiente financeiro, deve-se alinhar o método com a estrutura de gerenciamento existente).

❖ Assegurar que os controles do projeto se baseiem na escala, na complexidade, na importância, na capacidade e no risco do projeto. Exemplo: se houver muito risco no seu ambiente de projeto, mais tempo deverá ser gasto com isso.

O Documento de Iniciação do Projeto (DIP) deve descrever como o método PRINCE2® será adequado para aquele projeto em particular. Consulte o capítulo "Adequação do PRINCE2® ao ambiente de projeto (**NR**)" para obter mais informações.

> **NOTA:** estas são todas as informações que você precisa saber sobre Adequação (Adaptação) para se preparar para o Exame *Foundation*.

3.9. O que você precisa saber para o exame *Foundation*

Há, normalmente, de duas a três questões sobre princípios. Portanto, certifique-se de que possui boa compreensão deste capítulo, de modo que você possa:

❖ Reconhecer os nomes dos princípios se estes forem mencionados em uma pergunta.

❖ Ter uma compreensão básica sobre cada princípio.

❖ Saber quantos princípios deve ter um projeto PRINCE2®.

❖ Estar ciente da Tabela 3.1 "Tema ou Informação suporta cada princípio". Não é necessário conhecê-la para o exame, mas ela dá uma boa visão geral.

3.10. Perguntas

Q1. A incorporação das partes interessadas primárias na equipe de gerenciamento do projeto é suportada por qual princípio?

Q2. Que princípio PRINCE2® suporta apenas planejamento para um nível de detalhe que é controlável e previsível?

> **DICA:** que princípio está envolvido com o planejamento e quanto você pode planejar com antecedência?

Q3. Como o tema do *business case* suporta o princípio de justificativa de negócio contínua?

Q4. Liste dois benefícios para projetos usando o princípio gerenciar por exceção.

Q5. Princípios são um dos quatro elementos integrados do PRINCE2®?

Q6. Que princípio PRINCE2® usa tolerâncias para estabelecer os limites de autoridade delegada?

Q7. Que princípio é suportado pela descrição do produto do projeto?

Q8. Das opções listadas, quais são os três princípios PRINCE2®?

1. Justificativa de negócio contínua.
2. Papéis e responsabilidades definidos.
3. Gerenciamento de risco.
4. Aprender com a experiência.

Q9. Que princípio é suportado pelo Comitê Diretor do Projeto e representa os interesses das principais partes interessadas?

Q10. Que princípio é suportado pelo tema planos?

3.11. Perguntas e respostas

Q1. A incorporação das partes interessadas primárias na equipe de gerenciamento do projeto é suportada por qual princípio?

A1. A questão está perguntando que princípio diz que as principais partes interessadas devem fazer parte da equipe de gerenciamento de projetos. A resposta é **papéis e responsabilidades definidos**. De acordo com o PRINCE2®, um projeto possui pelo menos três principais partes interessadas que representam: negócios, usuários e fornecedores. Elas devem ser corretamente representadas na equipe de gerenciamento do projeto e recebem papéis e responsabilidades.

> *REFERÊNCIA: ver item 3.4. Papéis e responsabilidades definidos.*

Q2. Que princípio PRINCE2® suporta apenas planejamento para um nível de detalhe que é controlável e previsível?

A2. A resposta é o princípio **gerenciar por estágios**, que divide o projeto em partes gerenciáveis. Uma das principais considerações para o tamanho de um estágio é quão longe você pode planejar com antecedência de forma confiável; isso é muitas vezes conhecido como **horizonte de planejamento**. Um projeto PRINCE2® é planejado, monitorado e controlado estágio por estágio.

Q3. Como o tema do business case suporta o princípio de justificativa de negócio contínua?

A3. O tema *business case* fornece as informações em um formato para julgar se o projeto faz sentido para os negócios; portanto, é possível verificar se o projeto é justificável ainda durante o projeto. O princípio **justificativa de negócio contínua** diz que deve haver um *business case* (justificativa de negócio) documentado no início e ao longo do projeto.

> *REFERÊNCIA: ver item 3.2. Justificativa de negócio contínua.*

Q4. Liste dois benefícios para projetos usando o princípio gerenciar por exceção.

A4. Alguns dos benefícios incluem:

- ❖ Tornar mais fácil a delegação do trabalho.

- Permitir que as pessoas responsáveis iniciem seu trabalho sem relatar cada pequena questão (*issue*) e parar o projeto "à toa".
- Uso mais eficiente do tempo de gerenciamento, já que o nível superior só é contatado caso o nível inferior saia da tolerância (ou haja previsão de sair da tolerância).
- Permitir que cada nível superior controle o nível inferior.
- Você pode definir as tolerâncias de prazo, custo, qualidade, escopo, benefícios e riscos.

REFERÊNCIA: ver item 3.6. Gerenciar por exceção.

Q5. Princípios são um dos quatro elementos integrados do PRINCE2®?

A5. A resposta é sim. Há quatro elementos integrados, e é assim que o PRINCE2® identifica as suas partes importantes. Os quatro elementos integrados do PRINCE2® são princípios, temas, processos e adequação.

REFERÊNCIA: ver item 1.7. Elementos do PRINCE2®.

Q6. Que princípio PRINCE2® usa tolerâncias para estabelecer os limites de autoridade delegada?

A6. A resposta a esta pergunta é **gerenciar por exceção**. Significa delegar autoridade para o nível inferior, para que possam continuar com seu trabalho e só contatar o nível superior se algo extrapolar a tolerância (ou houver previsão de sair da tolerância). Isso se chama "exceção". Pode ser referido também como "disparar uma exceção", quando o nível superior é notificado sobre uma questão (*issue*).

REFERÊNCIA: ver item 3.6. Gerenciar por exceção.

Q7. Que princípio é suportado pela descrição do produto do projeto?

A7. Isso é o mesmo que perguntar: qual princípio ajuda na criação de descrições do produto do projeto? A resposta é **foco em produtos**. Uma descrição do produto do projeto (produto principal) é criada no início do projeto, no processo **SU**. O princípio **foco em produtos** afirma que as descrições dos produtos devem ser redigidas tão cedo e de forma tão clara quanto possível, para que todas as partes interessadas tenham uma boa ideia do que esperar (não presumir ou assumir nada. Deixar claro).

Q8. Das opções listadas, quais são os três princípios PRINCE2®?

1. Justificativa de negócio contínua.
2. Papéis e responsabilidades definidos.
3. Gerenciamento de risco.
4. Aprender com a experiência.

A8. Todos estes são princípios, exceto o gerenciamento de riscos. No exame, você apenas tem que ser capaz de reconhecer os nomes dos princípios. Tome cuidado com as palavras EXCETO, NÃO, MENOS, etc. Tenha certeza de que entendeu a pergunta.

Q9. Que princípio é suportado pelo Comitê Diretor do Projeto e representa os interesses das principais partes interessadas?

A9. Isso é o mesmo que perguntar: qual princípio diz que o Comitê Diretor do Projeto deve ser representado pelas três principais partes interessadas? A resposta é **papéis e responsabilidades definidos**. Esta pergunta é muito enigmática, mas é um bom exemplo de uma questão PRINCE2®. Você pode precisar ler o enunciado mais de uma vez, mas está claro que a questão é sobre organização, tema suportado pelo princípio **papéis e responsabilidades definidos**.

Q10. Que princípio é suportado pelo tema planos?

A10. O tema planos dá suporte ao princípio **foco em produtos**.

- ❖ A descrição de produto do projeto é a primeira parte do planejamento baseado em produtos e é criada pelos processos IP ou SB.
- ❖ O princípio foco em produtos afirma que as descrições dos produtos devem ser redigidas tão cedo e tão claramente quanto possível.

4. Temas

4.1. Introdução

O PRINCE2® diz que os temas são as partes de um projeto que precisam ser endereçadas continuamente durante todo o seu ciclo de vida. Talvez a melhor maneira de explicar é dizendo que os temas são áreas de conhecimento; assim, cada tema fornece conhecimento (como proceder) sobre uma área específica do gerenciamento de projetos, como o *business case*, planos, qualidade, etc. Considere a seguinte pergunta por um momento:

Pergunta: que atividades serão realizadas no início do projeto para configurá-lo, defini-lo, monitorá-lo e mantê-lo durante o seu ciclo de vida?

Resposta: a resposta serão os temas.

- ❖ Nós precisamos de um *business case* para definir a razão para fazer o projeto e verificar se essa razão é ainda válida. Isso é abordado no tema **business case**.
- ❖ Nós precisamos saber quem é quem, o que estão fazendo e quais são suas responsabilidades. Isso é abordado no tema organização.
- ❖ Nós precisamos criar as descrições do produto e, em seguida, criar um plano para orientar o projeto e fazer os produtos. Isso é abordado no tema planos.
- ❖ Nós precisamos monitorar como os produtos desejados corresponderão às expectativas dos usuários e, em seguida, determinar que os usuários serão capazes de utilizar esses produtos conforme o esperado. Isso é abordado no tema qualidade.
- ❖ Nós precisamos também de uma maneira de avaliar e gerenciar os riscos. Isso é abordado no tema riscos.

Lembre-se de que os temas estão relacionados a atividades que você faz no início do projeto para configurá-lo e, em seguida, usa para monitorar e manter o projeto durante o seu ciclo de vida. Também poderíamos dizer que temas fornecem orientação sobre como as coisas devem ser feitas durante o projeto.

Os temas podem ser adaptados conforme o projeto e o ambiente em que você está trabalhando. Por exemplo, se você estiver criando um "módulo lunar", você tem apenas uma chance para acertar, então os temas de **qualidade** e **riscos** seriam usados com muito detalhe.

Como fazer a relação entre processo e temas?

Os processos PRINCE2® abordam o fluxo cronológico do projeto. Em outras palavras, processos guiam você através das atividades típicas que você precisa fazer em diferentes estágios do projeto.

Por exemplo, as atividades dos processos *Starting up a Project* e *Initiating a Project* são todas executadas uma vez. Os temas com os quais você trabalhar nesses processos (*business case*, planos, riscos, etc.) serão usados durante todo o ciclo de vida do projeto. Temas, portanto, são utilizados por todo o projeto.

4.2. Lista de temas

Abordaremos brevemente cada tema, explicando o que cada um faz, e que perguntas ajudam a responder. Assim, ficará muito mais fácil para você visualizar e recordar.

4.2.1. *Business case*

O *business case* responde a perguntas como:

❖ Por que estamos fazendo este projeto?

❖ Quais são as razões de negócio?

❖ Quais são os benefícios para a organização?

Este tema também descreve como definir o *business case*. É possível ver se há um *business case* válido no início do projeto e como verificar se ele ainda tem valor por todo o projeto. O executivo é o responsável pela criação do *business case*, mas ele pode ser escrito por outras pessoas ou com a ajuda de outros. Por exemplo, uma pessoa do departamento financeiro pode ajudar com todas as informações financeiras.

A proposição de projeto geralmente contém algumas informações de *business case*. Ela é expandida para o *business case* preliminar e fará parte do sumário do projeto. Além disso, é ampliada para um documento separado do *business case*, que se torna parte do DIP.

4.2.2. Organização

O tema **organização** responde às seguintes perguntas:

- ❖ Quem é quem no projeto?
- ❖ Quem está patrocinando o projeto?
- ❖ Quem é responsável pelo *business case*?
- ❖ Quem representa os usuários e os fornecedores?
- ❖ Quais são os papéis e as responsabilidades?
- ❖ Quem é o gerente de projetos?

Uma boa maneira de lembrar isso é com a seguinte pergunta: *quais são as etapas para o engajamento das partes interessadas?*

O tema **organização** fornece informações sobre a equipe de gerenciamento de projetos, sua estrutura e responsabilidade relativas à prestação de contas. Um projeto PRINCE2® baseia-se em um ambiente **cliente/fornecedor**. Uma das partes é o cliente, que vai especificar o resultado e provavelmente pagar o projeto. A outra parte é o fornecedor, que irá prover os recursos, fazer o trabalho e entregar os resultados. O PRINCE2® afirma que uma equipe de gerenciamento de projetos bem--sucedida deve:

- ❖ Ter representantes do negócio, fornecedor e usuário.
- ❖ Definir responsabilidades para dirigir, gerenciar e entregar o projeto.
- ❖ Ter uma estratégia eficaz para gerir os fluxos de comunicação com as partes interessadas.

4.2.3. Qualidade

O tema qualidade responde às perguntas:

- ❖ Que nível de qualidade deve ter o produto no final do projeto para que ele possa ser usado corretamente como pretendido – ou em outras palavras, esteja apto para o uso?
- ❖ O que podemos fazer para verificar a qualidade durante o projeto e certificar--se de que o projeto proporciona o nível necessário de qualidade?

Este tema ajuda a descobrir os requisitos de qualidade. A abordagem do PRINCE2® para qualidade é **foco em produtos** e identificar o mais cedo possível o nível de qualidade esperado de cada produto produzido no projeto – e, em seguida, documentar nas descrições de produto. O documento da estratégia de gerenciamento da qualidade é usado para definir como a qualidade funcionará no projeto, definindo como normas serão aplicadas e as várias responsabilidades para atingir os níveis de qualidade exigidos durante o projeto.

4.2.4. Planos

Este tema responde a perguntas como:

- ❖ Como proceder para criar o produto do projeto?
- ❖ Quais serão as etapas envolvidas?
- ❖ Como fazer o planejamento baseado em produtos?
- ❖ Que qualidade tem de ser atingida?
- ❖ Quanto vai custar?
- ❖ Qual será o nível de detalhe necessário para cada plano?
- ❖ Quem da organização está envolvido e qual é a sua responsabilidade?
- ❖ Quando serão feitas certas coisas?
- ❖ Quem precisa receber uma cópia dos planos?

Um plano PRINCE2® não é apenas um gráfico de Gantt. Ele é muito mais abrangente do que isso. É um documento que descreve como, quando e por quem um objetivo específico, ou um conjunto de metas, devem ser alcançadas. Esses objetivos incluem os produtos do projeto, prazos, custos, qualidade e benefícios. Há muitos textos em um plano para ajudar a explicar o que vai acontecer.

O plano do projeto é atualizado no final de cada estágio para mostrar o que foi feito, os produtos desenvolvidos até agora e o plano para o próximo estágio. O plano do projeto dá um retrato atualizado do status do projeto que pode ser comparado com a linha de base do plano do projeto para ver quão bem o projeto está indo. Você aprenderá sobre os diferentes níveis de planos: (a) o plano do projeto, que é um plano de alto nível usado principalmente pelo Comitê Diretor do Projeto; (b) o plano de estágio, que funciona como um plano diário para o gerente de projetos; e (c) o plano de equipe especialista, que é usado pelo gerente da equipe especialista.

4.2.5. Risco

Cada projeto é exclusivo, pois seu objetivo é fazer algo novo. Há sempre certo risco associado a cada projeto. Este tema ajuda a descobrir as seguintes informações:

1. Quais são os riscos?
2. E se os riscos de fato se materializarem?

3. Como os riscos podem ser identificados, analisados e documentados?
4. Como a possibilidade de risco pode ser reduzida?
5. Como o risco pode ser gerenciado e monitorado ao longo do projeto?

O risco é um evento incerto ou um conjunto de eventos que, caso venha a ocorrer, terá um efeito positivo ou negativo sobre o projeto. A palavra **ameaça** é usada para descrever um risco que teria um impacto negativo sobre os objetivos do projeto. A palavra **oportunidade** é usada para descrever um risco que teria um impacto positivo sobre os objetivos do projeto.

Considere o risco como tendo um impacto sobre o objetivo do projeto, mais do que sobre projeto em si. Em outras palavras, um risco pode afetar o que o projeto pretende alcançar. O gerenciamento de risco refere-se ao procedimento a ser seguido para identificar e avaliar os riscos. Além disso, ele se refere ao planejamento e como responder a esses riscos. O documento estratégia de gerenciamento de risco descreve as técnicas específicas de gerenciamento de risco.

4.2.6. Mudanças

Todos os projetos terão *issues* e a maioria deles terá requisição de mudança, como novos requisitos. O tema mudanças aborda a questão: "qual é o impacto desta *issue*?".

Portanto, este tema descreve (1) como o projeto pode avaliar essas *issues* e requisições; (2) como atuar a respeito; e (3) como gerenciá-las. Todas essas *issues* e mudanças podem ter impacto direto sobre o plano do projeto original. Qualquer proposta de mudança deve ser corretamente tratada. Todos os projetos precisam de uma boa abordagem de gerenciamento de *issues* e mudanças, para fins de identificação, avaliação e controle.

O controle de *issues* e mudanças acontece durante todo o ciclo de vida do projeto. Seu objetivo não é impedir mudanças, mas entrar em acordo sobre elas e aprová-las antes que elas possam ocorrer. O tema **mudança** também aborda o gerenciamento de configuração. Todo projeto requer um sistema de gerenciamento de configuração que rastreie produtos, *issues* e mudanças. O documento da estratégia de gerenciamento de configuração descreve como serão tratadas as *issues* e mudanças no projeto, respondendo a perguntas como as seguintes:

1. Como os produtos devem ser planejados, identificados, controlados e verificados?
2. Como as *issues* e mudanças devem ser tratadas?
3. Que ferramentas serão usadas? (ex.: SharePoint, Niku Clarity, Shared Drive)

4. Quais dados devem ser mantidos para cada produto? (ex.: descrição de produtos, registros de itens de configuração)

4.2.7. Progresso

Durante seu ciclo de vida, o projeto precisa ser monitorado. Devem ser redigidos relatórios de destaques e de estágio para mostrar como o projeto está progredindo em relação ao plano acordado. Devem ser feitas checagens para garantir que o processo de escalação ao nível superior de gestão está funcionando corretamente. É necessário avaliar continuamente durante todo o ciclo de vida se o projeto deve continuar ou não. Este tema, portanto, aborda as seguintes questões:

1. Como o projeto será controlado?
2. Quando serão feitos relatórios?
3. Onde estamos agora, em comparação com o plano?
4. O projeto ainda é viável?

O propósito do tema **progresso** pode ser explicado em três partes:

1. Definir como monitorar e comparar os resultados reais com aqueles que foram planejados.
2. Fornecer uma previsão para os objetivos do projeto e para a contínua viabilidade do projeto.
3. Ser capaz de controlar quaisquer desvios inaceitáveis.

Em suma, o **progresso** trata de checar o desenvolvimento do projeto em relação ao plano, verificar a sua viabilidade e controlar quaisquer desvios. Controle tem a ver com tomada de decisões e é essencial para o gerenciamento do projeto, para garantir que este permaneça viável em relação a seu *business case* aprovado.

4.3. O que você precisa saber para o exame *Foundation*

Esta foi uma fácil introdução sobre os capítulos que se referem aos temas, por isso seria muito bom entendê-la. Você será capaz de responder a um bom número de perguntas relacionadas a temas com essas informações.

5. *Business Case*

5.1. Introdução ao tema *business case*

Consideremos o que será abordado no tema *business case*:

- ❖ O propósito do tema *business case*.
- ❖ O que é um *business case*?
- ❖ O que significam os termos saída, resultado e benefícios? (você será capaz de sugerir exemplos depois de ler este capítulo).
- ❖ Tipos de *business case*.
- ❖ O caminho para criação de um *business case*, incluindo as etapas desenvolver, verificar, manter e confirmar, e quem é responsável por cada etapa.
- ❖ Os quatro pontos do projeto onde o *business case* pode ser verificado.
- ❖ A abordagem para confirmar os benefícios e como o plano de revisão de benefícios é usado durante e após o projeto.
- ❖ Os conteúdos típicos do *business case*, os papéis e as responsabilidades.

5.2. O que acontece no mundo real?

Sem a utilização do PRINCE2®, é muito comum encontrarmos gerentes de projetos experientes e que ainda não viram um documento de *business case* real. No entanto, alguém da organização requisitou o projeto e conseguiu um orçamento para pagar por ele.

Eles chegaram a redigir um documento de *business case*? Talvez sim; ou talvez tenha sido algo decidido em uma reunião de gerenciamento onde alguém apresentou as razões pelas quais precisavam de um produto, obtendo a devida permissão e chegando a um orçamento com os demais membros da equipe de gerenciamento.

Se você é um gerente de projetos, peça para ver o *business case* do projeto. Você vai aprender quais perguntas deve fazer sobre o *business case* lendo este tema. Se você trabalha para um fornecedor que geralmente é contratado por fora pelos clientes, talvez você não possa ter acesso ao *business case*, mas deverá ter uma ideia do potencial valor (benefícios) do projeto para o cliente.

Como você vai aprender mais tarde, os fornecedores devem ter o seu próprio *business case*. Em nossas consultorias em ambiente não PRINCE2® dificilmente o vimos, mas normalmente, de modo genérico, funciona assim: se o custo de contratar um funcionário permanente é de € 30 por hora, então o fornecedor precisa cobrar € 50 por hora. Se o cliente paga € 50 por hora (+/-5%), então o *business case* do fornecedor é válido.

5.3. O tema *business case* através do PRINCE2®

O propósito de conhecimento do tema *business case* é "prover **uma estrutura para avaliar** se o *business case* é desejável, viável, realizável e se vale a pena continuar o investimento que é feito durante o projeto". Pode-se também dizer que o tema *business case* provê um **mecanismo para avaliar** se o projeto é (e permanece) desejável e realizável. Analisemos novamente tal afirmação por partes:

Tabela 5.1. Viabilidade do Projeto. Fonte: The PRINCE2® Foundation Training Manual (2010).

Prover uma estrutura	Fornecer orientações e diretrizes a serem seguidas.
Desejável	Determinar se este produto é realmente necessário (benefícios *versus* "contrabenefícios")
Viável	É possível realizar? Somos capazes de entregar?
Realizável	É possível entregar o benefício?
O investimento continuado vale a pena?	Se não vale, então o projeto deverá ser interrompido.

Justificativa de negócio

"Justificativa de negócio" é uma expressão popular em vários métodos, agora usado pelo PRINCE2® e que significa que há uma razão de negócio válida para realizar o projeto, a qual continua a ser válida durante todo o projeto. Se o *business case* se torna inválido durante o projeto, este deverá ser encerrado. A justificativa de negócio também é um dos sete princípios do PRINCE2®.

5.4. O que um *business case* faz para o projeto?

O *business case* reúne as informações para permitir que a organização avalie se um projeto é desejável, viável e realizável e, portanto, se vale a pena investir nele. O *business case* é normalmente desenvolvido no início do projeto, a menos que ele seja fornecido pela gerência corporativa ou pela gerência do programa. Uma vez criado, ele é mantido ao longo da vida do projeto. Uma boa pergunta para se fazer aqui é "por que o *business case* é mantido e o que isso significa?".

Consideremos o seguinte exemplo: sua empresa investirá € 100.000 em um aplicativo de vendas e espera obter o ROI em vinte meses, devido à redução no quadro pessoal em duas pessoas da área administrativa, pois será exigido menor volume de trabalho administrativo. Os clientes poderão encomendar e visualizar *on-line* todas as informações de sua conta e não precisarão telefonar com tanta frequência. Como se pode inferir, parece ser um bom projeto.

Contudo, após três meses com o projeto rodando, você descobre o seguinte: dois dos seus maiores clientes não desejam usar aplicativos baseados na web em seu departamento de compras, então você precisará manter uma pessoa no setor administrativo. O ROI mudará e assim serão 32 meses e não vinte para recuperar o custo do projeto. O *business case* precisa ser atualizado com essa informação.

Como gerente de projetos, você quer mostrar que o projeto ainda vale a pena ser feito (se você acreditar que é), mas deverá recomendar ao Comitê Diretor do Projeto que o encerre, **se** o projeto não mais valer a pena.

Como se pode ver, o gerente de projetos estará constantemente perguntando a si mesmo: "O investimento continuado neste projeto ainda vale a pena?".

O PRINCE2® pressupõe que haverá um cliente que está solicitando um produto, o qual pagará por ele e provavelmente o usará. O PRINCE2® também pressupõe que um fornecedor produzirá o produto. Tanto o cliente quanto o fornecedor podem existir dentro da mesma empresa (dois departamentos diferentes), ou o fornecedor pode ser externo.

5.5. Como descrever melhor o que se obtém de um projeto?

O PRINCE2® utiliza os termos "saídas, resultados e benefícios", os quais ajudam a descrever o que obtemos de um projeto. Nosso objetivo aqui é explicar o que esses termos significam e também como diferem um do outro.

Não gostamos de definições que pairam no ar. Preferimos usar uma pergunta para ajudar a explicar algo, então iniciamos com três perguntas simples.

- ❖ **Para entender "saídas":** qual é o produto que será entregue pelo projeto?
- ❖ **Para entender "resultados":** o que os usuários podem fazer melhor com este produto?
- ❖ **Para entender "benefícios":** quais são as melhorias mensuráveis com o bom uso deste produto?

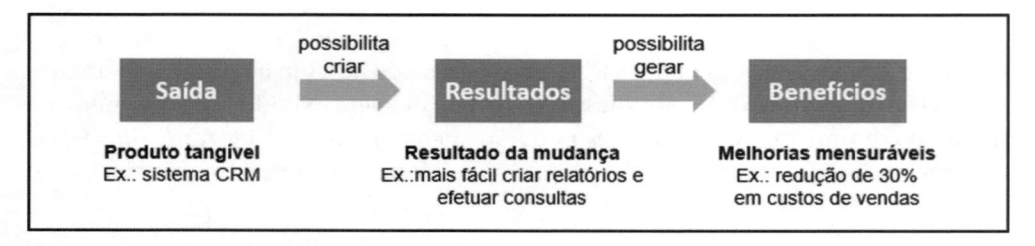

Figura 5.1. Saídas, resultados e benefícios. Fonte: The PRINCE2® Foundation Training Manual (2010).

Saídas: as saídas de um projeto são os produtos que os usuários utilizarão. Também conhecidas como "produtos especialistas", o projeto é configurado para criá-las.

Resultados: talvez você conheça a expressão "resultados são subprodutos da mudança". Do ponto de vista do PRINCE2®, pode-se dizer que os resultados derivam das mudanças obtidas com o uso das saídas do projeto. Os resultados descrevem o que os usuários fazem melhor, como por exemplo uma comunicação mais rápida.

Benefícios: o PRINCE2® chama os benefícios de melhorias **mensuráveis**, obtidas a partir de resultado (utilizado) percebido como vantagem por uma das partes interessadas. Procure ver os benefícios como as vantagens mensuráveis da utilização do produto. Os benefícios podem ser obtidos durante o projeto, mas a maioria deles geralmente acontece após o projeto ter sido encerrado – e às vezes muito tempo depois.

Exercício: quais são as saídas, os resultados e os benefícios para um novo projeto de um sistema de vendas?

Saída

- ❖ Pergunta: qual é o produto que será entregue pelo projeto?
- ❖ Resposta: o sistema de vendas.

Resultado

- ❖ Pergunta: o que os usuários podem fazer melhor (diferentemente) com este produto?
- ❖ Resposta: algumas respostas poderiam ser:
    - » As compras são processadas mais rapidamente e com maior precisão.
    - » O cliente pode acessar dados *on-line* e acompanhar seus pedidos.
    - » É mais fácil para o pessoal administrativo rastrear os pedidos.
    - » É mais fácil obter relatórios a partir do sistema.

Observe como todas as respostas são vagas, sem nenhum critério de mensuração.

Benefícios

- ❖ Pergunta: quais são os benefícios mensuráveis de usar este produto?
- ❖ Resposta: algumas respostas poderiam ser:
    - » 40% de redução de custos no controle dos dados do cliente.
    - » Aumento de 15% nas vendas, pois os usuários compram *on-line*.
    - » Aumento anual de 12% da receita total.

Exercício: pense em um projeto recente e liste as saídas, os resultados e os benefícios.

5.6. O caminho para a criação do *business case*

O *business case* é desenvolvido no processo *Initiating a Project* e mantido durante o projeto. O *business case* é **verificado** primeiramente pelo Comitê Diretor do Projeto, de modo que o projeto possa ser iniciado. Em seguida, ele é novamente verificado em pontos-chave de decisão durante o projeto, como por exemplo ao final de cada estágio.

Há quatro etapas na criação do *business case* (**NR**):

1. **Desenvolver:** desenvolver o *business case*.
2. **Verificar:** verificar o *business case*.

3. **Manter:** manter o *business case*.
4. **Confirmar os benefícios:** definidos no plano de revisão de benefícios.

5.6.1. Passo 1 – Desenvolver (criar) o *business case*

O executivo é o responsável pela criação do *business case*, mas ele pode ser redigido por outras pessoas ou com a ajuda de terceiros. Por exemplo, alguém do departamento financeiro pode ser envolvido para assessorar com as informações financeiras.

Tabela 5.2. Desenvolvimento do *business case*. Fonte: The PRINCE2® Foundation Training Manual (2010).

Quando	Descrição
Antes do início do projeto	O documento **proposição de projeto** geralmente contém um esboço do *business case* e explica as razões pelas quais o projeto é necessário.
Starting up a Project (**SU**)	As informações do *business case* preliminar são extraídas da proposição de projeto, são copiadas e melhoradas para **o *business case* preliminar** e serão partes integrantes do sumário do projeto.
Initiating a Project (**IP**)	O documento ***business case* preliminar** é expandido para o documento ***business case* detalhado** (de responsabilidade do executivo), com a ajuda de outras pessoas) e se torna parte do DIP.

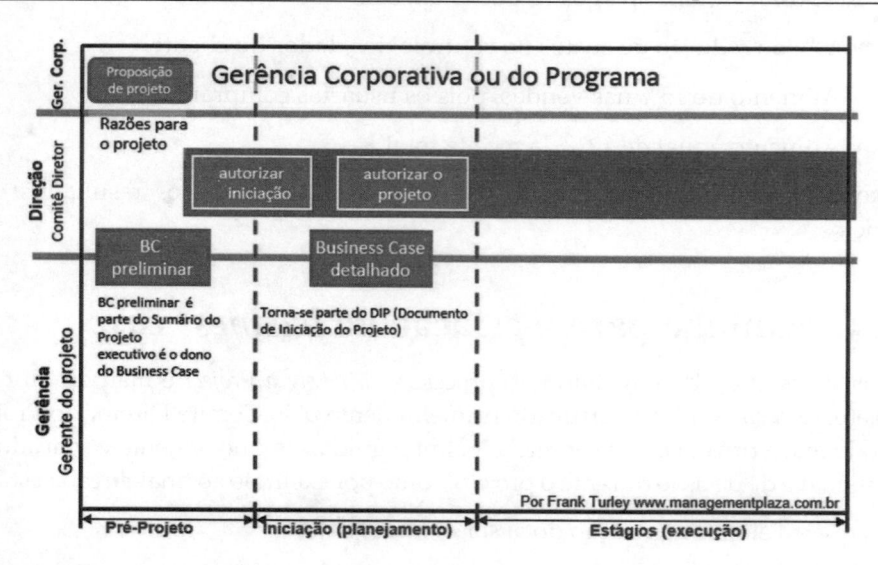

Figura 5.2. Desenvolver o *business case*. Fonte: adaptado do material PRINCE2® da AXELOS. Reproduzido sob licença da AXELOS.

5.6.2. Passo 2 – Verificar o *business case* (Comitê Diretor do Projeto)

O que significa verificar o *business case*?

❖ Significa determinar se o *business case* ainda vale a pena.

❖ Essa verificação é feita em vários pontos do projeto pelo **Comitê Diretor do Projeto**.

Pergunta: que momento você acha que seriam bons pontos no projeto para o Comitê Diretor do Projeto verificar o *business case* (checar se o *business case* ainda vale a pena)?

> **DICA:** lembre-se desses pontos de decisão do Comitê Diretor do Projeto.

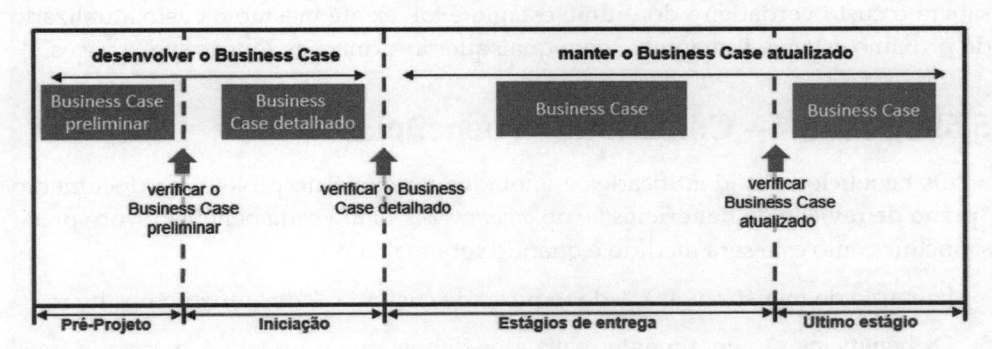

Figura 5.3. Pontos de verificação. Fonte: adaptado do material PRINCE2® da AXELOS. Reproduzido sob licença da AXELOS.

Pontos de verificação do Comitê Diretor do Projeto:

❖ **Ponto de verificação 1:** ao final do processo *Starting up a Project*.

❖ **Ponto de verificação 2:** ao final do processo *Initiating a Project*.

❖ **Ponto de verificação 3:** ao início de cada novo estágio de entrega.

Outros pontos de verificação se dão onde quer que o *business case* seja atualizado ou revisado. Exemplo: o gerente de projetos verificará a justificativa do negócio contínua durante o processo *Managing a Stage Boundary*. Em outras palavras, o *business case* é usado para justificar a viabilidade contínua do projeto.

O executivo é o responsável por assegurar que o projeto de fato gere valor a partir do dinheiro investido e esteja alinhado com os objetivos corporativos, além de garantir às outras partes interessadas que o projeto permanece viável. Assim, executivo é a pessoa **responsável** pelo projeto, e não o gerente de projetos.

5.6.3. Passo 3 – Manter o *business case*

O que significa manter o *business case*?

Este passo significa manter o *business case* atualizado (daí o conceito de "documento vivo") de modo que este reflita o que está acontecendo no projeto, o que pode ser feito ao avaliar riscos ou *issues*, ou ao final de um estágio. Algumas mudanças típicas podem ser um aumento ou uma redução no custo, novas informações sobre um risco, etc.

Então, quando é uma boa hora para atualizar o *business case* durante o projeto? Um bom momento para atualizar o *business case* é ao final de cada estágio, quando se saberá o custo verdadeiro do último estágio e talvez até mesmo o custo atualizado do próximo estágio, juntamente com quaisquer informações sobre *issues* e riscos.

5.6.4. Passo 4 – Confirmar os benefícios

Os benefícios são identificados e anotados no início do projeto, no documento **"plano de revisão de benefícios"** e no *business case*. Para cada benefício, você precisa incluir como este será medido e quando será realizado.

Exemplo de mensurável: X% de redução de custos, X% de aumento nos lucros.

Os benefícios são geralmente realizados depois que o projeto é encerrado, mas alguns podem ocorrer **durante** o projeto. O passo **confirmar os benefícios** verifica se os benefícios esperados foram (ou serão factíveis de ser) realizados.

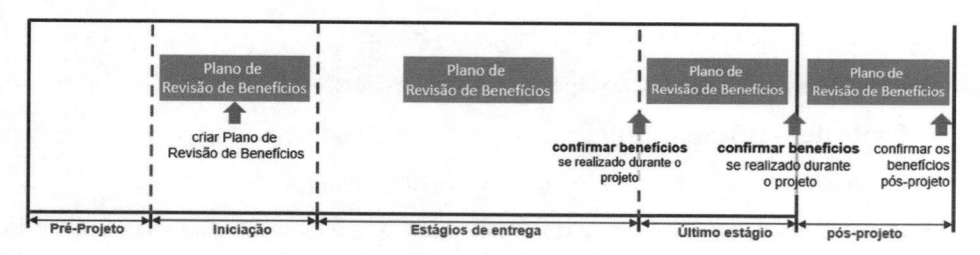

Figura 5.4. Confirmar os benefícios. Fonte: adaptado do material PRINCE2® da AXELOS. Reproduzido sob licença da AXELOS.

O diagrama mostra que a confirmação dos benefícios é executada ao final de cada estágio e após o projeto. O plano de revisão de benefícios pode ser atualizado ao final de cada estágio do projeto.

5.7. O plano de revisão de benefícios

O propósito do plano de revisão de benefícios é identificar os benefícios e, ainda mais importante, selecionar como os benefícios podem ser mensurados. Em outras palavras, o plano de revisão de benefícios é utilizado para **planejar** a avaliação dos benefícios, podendo-se então comparar os novos resultados com a situação atual, de modo que a situação atual se torne a linha de base.

Consideremos o exemplo de um aplicativo de vendas. Podemos medir os seguintes fatores e gerar a linha de base destas informações:

- Custo médio para processar cada ordem de compra por telefone e acompanhá-la.
- Tempo e custo médios para criar relatórios de vendas.
- Tempo médio fornecendo informações aos clientes sobre pedidos atuais/antigos.
- Satisfação dos clientes.

Portanto, o propósito do plano de revisão de benefícios é:

- Definir claramente como medir os benefícios.
- Definir as atividades necessárias para medir os benefícios esperados do projeto.

O plano de revisão de benefícios deve incluir informações sobre a linha de tempo esperada para os benefícios. Ele é criado pelo gerente de projetos no estágio iniciação, no processo **IP**. O usuário principal é responsável por especificar e perceber os benefícios.

Por que o usuário principal deve ser responsável por especificar e perceber os benefícios?

- O usuário principal representa os usuários que estão pedindo um novo produto, devendo assim ser capaz de descrever os benefícios esperados. As descrições dos benefícios devem mostrar que o projeto gerará valor em troca do dinheiro investido (o investimento vale a pena).
- O usuário principal é então responsável por usar o produto para obter os benefícios, tornando-se ainda mais responsável perante a gerência corporativa ou de programa. Isso também garantirá seu contínuo compromisso durante e após o projeto.

> **DICA:** se você não pode medir um benefício, então não o reivindique.

5.8. O conteúdo de um *business case* (NR)

O *business case* deve descrever as razões para o projeto e incluir informações sobre os custos, riscos e benefícios esperados. O *business case* contém as seguintes partes, conforme tabela:

Tabela 5.3. Partes do *business case*. Fonte: adaptado do material PRINCE2® da AXELOS. Reproduzido sob licença da AXELOS.

Partes do *business case*	Descrição
Sumário executivo	Pequena visão geral do *business case* encaminhada à alta gerência.
Razões	Razões para fazer o projeto (extraídas da proposição de projeto).
Opções de negócios	O PRINCE2® ensina que há sempre três opções a considerar sobre qualquer investimento, quais sejam: "nada fazer"; "fazer o mínimo" e "fazer algo". "Nada fazer" pode soar um pouco estranho, mas considere este exemplo: suponha que descubramos que os benefícios do projeto de vendas não serão alcançados, pois mais de 66% dos clientes jamais desejarão fazer pedidos *on-line* e preferem usar o telefone. Então o melhor é nada fazer. A opção "nada fazer" sempre deve ser a primeira delas, pois o Comitê Diretor do Projeto comparará o fato de não fazer nada com outras opções apresentadas que exijam investimentos. As opções "fazer o mínimo" e "fazer algo" normalmente exigiriam uma detalhada análise do negócio, indicando os custos, os benefícios, o desejo e a viabilidade.
Benefícios esperados	Liste cada benefício e como e quando ele pode ser mensurado.
Contrabenefícios (desvantagens) esperados	De acordo com o PRINCE2®, um "contrabenefício" é um resultado visto como negativo por uma ou mais partes interessadas. Outro nome pode ser "efeito colateral negativo". Por exemplo, com uma aplicação CRM *on-line*, 50% do atual pessoal de apoio de vendas poderá ter que procurar um novo emprego.
Prazo	Início e fim do projeto, quando os benefícios serão realizados.
Custos	Custo para o projeto mais custos esperados para a manutenção permanente após o projeto.

Partes do business case	Descrição
Avaliação do investimento	Informações e cálculo do ROI (custos x benefícios).
Principais riscos	Resumo dos principais riscos (extraído dos registros de riscos).

5.9. Exemplo de *business case*: um novo CRM (sistema de vendas)

Tabela 5.4. Fonte: Com base no material PRINCE2® da AXELOS. Reproduzido sob licença da AXELOS.

Sumário executivo

Recomenda-se o desenvolvimento e a implementação de um sistema de gestão de relacionamento com o cliente baseado na web, para permitir que nossos clientes possam comprar *on-line*, visualizar seu histórico de pedidos e baixar informações em formato de planilha Excel. A previsão para recuperar o custo do projeto é de dezoito meses, com um benefício de € 24.000 nos três anos seguintes.

As **razões** para este projeto são as seguintes:

- ❖ Facilitar aos clientes a finalização e a exibição do histórico das suas compras.
- ❖ Um dos nossos maiores concorrentes está oferecendo um sistema desse tipo e seus vendedores o estão promovendo como um valioso serviço.
- ❖ Ajudar a reduzir nossos custos, com a dispensa de um dos vendedores internos.
- ❖ Reduzir os erros que ocorrem atualmente com compras e pedidos incorretos.
- ❖ Permitir aos nossos vendedores internos que acompanhem as encomendas e forneçam as informações corretas para o departamento de envio e transporte.
- ❖ Fornecer melhores relatórios ao gerente de vendas com o mínimo de esforço.

Benefícios esperados

- ❖ Reduzir os custos administrativos das vendas em 30%.
- ❖ Previsão de aumento entre 5% e 10% nas vendas.
- ❖ Evitar a perda de clientes existentes para um concorrente.
- ❖ Previsão de redução de 66% nos erros no processo de compras.
- ❖ Fornecer as informações necessárias ao gerente de vendas com o mínimo esforço.

Contrabenefícios esperados

- ❖ A maioria dos clientes encomendará e rastreará suas encomendas *on-line*, sem precisar entrar em contato com o pessoal administrativo da empresa, o que pode ter um efeito negativo, pois a comunicação direta com os clientes diminuirá.

Opções de negócios

- ❖ **Opção 1: não fazer nada.**
  - » Continuar a venda a granel. Os custos continuarão altos e haverá queda de *market-share*.
- ❖ **Opção 2: fazer o mínimo.**
  - » Criar banco de dados próprio de CRM com MS SQL, SharePoint e Excel para relatórios.
  - » O atual desenvolvedor pode se concentrar neste projeto após ser treinado.
  - » No entanto, isso pode levar um longo tempo. Não temos as habilidades para coletar os requisitos corretos. Após duas ou três iterações é que teremos um aplicativo funcionando, e os custos de manutenção serão altos.
- ❖ **Opção 3: fazer alguma coisa.**
  - » Sistema de CRM baseado em *Cloud Computing*, como SalesForce.com, Zoho, ProCRM.
  - » Baixo custo de aquisição e manutenção e fácil customização para atender às nossas necessidades.
  - » Após algumas investigações e verificação de referências locais, parece que Zoho CRM é a melhor opção em *Cloud*. A integração com as bases de dados existentes também é possível.

A opção 3 é a melhor escolha, pois pode ajudar a organização a atingir os benefícios esperados. O serviço tem bom suporte, é fácil de personalizar, fornece uma solução móvel para o pessoal de vendas, etc.

Prazos

- ❖ Tempo de projeto: cinco meses. Tolerância: +/- três semanas.
- ❖ Início do projeto: 1º de fevereiro – Começar com a análise de requisitos.
- ❖ Término do projeto: 1º de agosto.
- ❖ A primeira revisão de benefícios será entre três e seis meses após o *go-live*.

Custos

- ❖ Os custos estimados são de € 24.000.
- ❖ O suporte e manutenção anuais estimados somam € 4.000.
- ❖ Orçamento de mudança (20% do custo do projeto): € 6.800 estarão disponíveis.

Avaliação do investimento (simples)

- ❖ Estimativa de custos para o projeto: € 34.000.
- ❖ Estimativa de economia com um dos dois profissionais do administrativo de vendas: € 26.000 por ano.
- ❖ Estimativa para aumentar as vendas e, portanto, o lucro, em 5%: € 12.000.
- ❖ Estimativa do retorno sobre o investimento: inferior a dezoito meses.

Principais riscos

- ❖ O fornecedor de CRM poderá não ser capaz de entregar nossos exatos requisitos usando suas ferramentas de configuração (mais fáceis de usar) e poderá precisar usar mais serviços de desenvolvimento.
- ❖ Os concorrentes podem começar a usar um sistema semelhante, o que afetará os nossos benefícios planejados.
- ❖ Os clientes podem não gostar de usar o sistema e podem insistir em encomendar via telefone.

5.10. Responsabilidades do tema *business case*

Tabela 5.5. Papéis e responsabilidades do tema *business case*. Fonte: com base no material PRINCE2® da AXELOS. Reproduzido sob licença da AXELOS.

Papel	Responsabilidades
Gerência corporativa ou do programa	• Fornecer a proposição de projeto contendo as razões e talvez a maioria das informações necessárias para o *business case*. • Deseja saber se os benefícios esperados são realizados.
Comitê Diretor do Projeto	• Verificar o *business case* (por exemplo, em cada ponto de decisão).
Executivo	• Responsável pelo *business case* e por assegurar o financiamento para o projeto. • Responsável pelo plano de revisão de benefícios durante o projeto. • Certificar-se de que o projeto gera valor em troca do dinheiro. • Empregar/incumbir outras partes interessadas para que o projeto permaneça viável.
Usuário principal	• Especifica os benefícios. • Assegura que os benefícios serão realizados.
Gerente de projetos	• Prepara o *business* case em nome do executivo no estágio de iniciação/processo (**IP**). • Atualiza o *business case* durante o projeto (manutenção). • Examina o efeito das *issues* e dos riscos sobre o *business case*. • Mantém o plano de revisão de benefícios atualizado.
Garantia do projeto	• Auxilia no desenvolvimento do *business case*. • Ajuda a garantir que o *business case* contenha informações corretas.

5.11. O que você precisa saber para o exame
Foundation

Você deverá:

- ❖ Ser capaz de reconhecer o propósito do tema *business case* (o propósito de possuir **conhecimento** no tema *business case*).

- ❖ Ser capaz de reconhecer a diferença entre uma **saída** (principal produto), o **resultado** (feições e características) e o **benefício** (aspecto mensurável).

- ❖ Conhecer o propósito do *business case* e o plano de revisão de benefícios.

- ❖ Estar ciente de alguns dos conteúdos típicos de um *business case*. (vide tópico 5.9 Exemplo de *business case*). Todavia, isso não é um requisito.

- ❖ Explicar o que se entende pela assertiva de que "o PRINCE2® se baseia em um ambiente cliente/fornecedor".

5.12. Perguntas

Q1. Qual documento é usado para mostrar a justificativa para o projeto?

Q2. Dê um exemplo de uma saída, um resultado e um benefício de um novo serviço de trem entre duas cidades (suas respostas serão diferentes das nossas, mas apenas verifique se você está no caminho correto).

Q3. O que você acha que é o propósito do tema *business case*? Responda com suas próprias palavras e lembre-se de que você apenas terá que reconhecer o propósito em uma questão de exame, então você não precisa ser capaz de responder a esta pergunta na íntegra.

> **DICA:** tente se lembrar de uma palavra-chave.

Q4. Que tema fornece mecanismos para julgar se o projeto é e continua sendo possível e desejável?

Q5. Que **tema** garante que o projeto é desejável, viável e realizável? Então, que tema procura ver se o projeto é desejável, viável e realizável?

Q6. Liste um propósito do plano de revisão de benefícios. Responda com suas próprias palavras.

Q7. Você acha que o tema do *business case* visa estabelecer (fornecer) métodos para julgar se o projeto em andamento é justificável?

Q8. Por que o *business case* é atualizado no processo *Managing a Stage Boundary*?

Q9. O que é uma melhoria mensurável resultante de um resultado (saída, resultado ou benefício)?

Q10. Qual dos sete princípios suporta o tema *business case*?

Q11. Por que o plano de revisão de benefícios pode ser atualizado durante o processo *Controlling a Stage*?

Q12. Qual é o propósito do tema **business case**?

    a) Identificar quem é responsável pela produção do *business case*.

    b) Identificar as saídas do projeto.

    c) Estabelecer os controles para gerenciar as mudanças que podem afetar os benefícios do projeto.

    d) Estabelecer uma proposta de investimento viável.

> **DICA:** justificativa de negócio contínua.

Q13. Como o plano de revisão de benefícios é usado no processo *Closing a Project*? (use suas próprias palavras)

Q14. Qual é a definição de um **resultado** do projeto?

    a) Uma melhoria mensurável que é percebida como uma vantagem por uma ou mais partes interessadas.

    b) A razão para o projeto.

    c) O resultado da mudança derivado do uso da saída do projeto.

Q15. O que se entende pela instrução "PRINCE2® é baseado em um ambiente de cliente/fornecedor"?

Q16. Quem é responsável por se certificar de que o *business case* é **verificado** em cada ponto-chave de decisão (por exemplo, ao final de cada estágio) em um projeto? O *business case* deve ser verificado do ponto de vista do negócio, do usuário e do fornecedor.

Q17. O que você acha que é o principal propósito do plano **de revisão de benefícios**?

> **DICA:** é um plano.

5.13. Perguntas e respostas

Q1. Qual documento é usado para mostrar a justificativa para o projeto?

A1. O *business case* é usado para documentar a justificativa para a realização do projeto e é mantido atualizado para mostrar a justificação contínua para o projeto.

> REFERÊNCIA: *ver item 5.3. O tema business case através do PRINCE2®.*

Q2. Dê um exemplo de uma saída, um resultado e um benefício de um novo serviço de trem entre duas cidades (suas respostas serão diferentes das nossas, mas apenas verifique se você está no caminho correto).

A2. Uma saída seria: um novo serviço de trem.

Um resultado pode ser: trens mais confortáveis, mais espaço para sentar, menos ruído.

Um benefício pode ser: 20% redução de custos, melhoria de 50% em atrasos.

> REFERÊNCIA: *Ver item 5.5. Como descrever melhor o que se obtém de um projeto?*

Q3. O que você acha que é o propósito do tema business case? Responda com suas próprias palavras e lembre-se de que você apenas terá que reconhecer o propósito em uma única questão no exame, então você não precisa ser capaz de responder a esta pergunta na íntegra.

> DICA: tente se lembrar de uma palavra-chave.

A3. O propósito do conhecimento do tema *business case* é "fornecer uma estrutura para julgar se o *business case* é desejável, viável, realizável e se vale a pena o investimento contínuo que é feito durante o projeto". As palavras-chave aqui são **fornecer uma estrutura ou um mecanismo para julgar**. Assim, você será capaz de escolher a resposta correta.

> REFERÊNCIA: *ver item 5.3. O tema business case através do PRINCE2®.*

Q4. Que tema fornece mecanismos para julgar se o projeto é e continua sendo possível e desejável?

A4. O tema *business case* (esta foi muito fácil; e você vai ter perguntas assim).

> REFERÊNCIA: *ver item 5.3. O tema business case através do PRINCE2®.*

Q5. Que tema garante que o projeto é desejável, viável e realizável? Então, que tema procura ver se o projeto é desejável, viável e realizável?

A5. O tema *business case*. Este tema direciona a tomada de decisão por todo o projeto. O documento *business case* fornece justificação (<u>você verá na prova "justificativa" ou "justificação"</u>) para o Comitê Diretor do Projeto.

> **REFERÊNCIA:** *ver item 5.3. O tema business case através do PRINCE2®.*

Q6. Liste um propósito do plano de revisão de benefícios. Responda com suas próprias palavras.

A6. O propósito do plano de revisão de benefícios é:

- ❖ Identificar os benefícios (descrevê-los).
- ❖ Descrever como os benefícios podem ser medidos.
- ❖ Planejar quando os benefícios podem ser avaliados.

> **NOTA:** você poderá ver na prova "plano de revisão de benefícios" ou "plano de realização de benefícios". Cuidado: às vezes pode ser usado como sinônimo, mas o plano de realização de benefícios é do programa e contém o plano de revisão de benefícios do projeto.

> **REFERÊNCIA:** *ver item 5.7. O plano de revisão de benefícios.*

Q7. Você acha que o tema do *business case* visa estabelecer (fornecer) métodos para julgar se o projeto em andamento é justificável?

A7. Sim, o Comitê Diretor do Projeto toma decisões com base nessa informação.

> **REFERÊNCIA:** *ver item 5.3. O tema business case através do PRINCE2®.*

Q8. Por que o *business case* é atualizado no processo *Managing a Stage Boundary*?

A8. O *business case* pode ser atualizado para documentar quaisquer mudanças de custos no final do estágio ou para prever mudanças de custos em um estágio futuro. O gerente de projetos também irá verificar se há justificativa continuada para o projeto usando o documento do *business case* e aconselhará o Comitê Diretor do Projeto a encerrar o projeto, se não houver justificativa contínua. Então o *business case* é usado para justificar a viabilidade contínua do projeto.

> **REFERÊNCIA:** *ver 5.6.3. Passo 3 – Manter o business case.*

Q9. O que é uma melhoria mensurável resultante de um resultado (saída, resultado ou benefício)?

A9. Um benefício é uma melhoria mensurável resultante de um resultado.

- ❖ As saídas de um projeto são os produtos que os usuários utilizarão.
- ❖ O resultado é o que as pessoas podem fazer de forma diferente (ex.: relatórios simples). O resultado vem da utilização do produto (ou seja, é um resultado do uso do produto).
- ❖ Saídas produzem resultados e resultados produzem benefícios.

> REFERÊNCIA: *ver item 5.5. Como descrever melhor o que se obtém de um projeto?*

Q10. Qual dos sete princípios suporta o tema *business case*?

A10. O tema *business case* suporta o princípio **justificativa de negócio contínua**. Este tema fornece a estrutura para documentar o *business case* para que seja possível verificar continuamente durante o projeto se o *business case* é ainda válido e se o projeto ainda é desejável (justificativa de negócio contínua).

> REFERÊNCIA: *ver item 5.3. O tema business case através do PRINCE2®.*

Q11. Por que o plano de revisão de benefícios pode ser atualizado durante o processo *Controlling a Stage*?

A11. Na maioria dos projetos, os benefícios são realizados depois que o projeto é encerrado, mas alguns benefícios podem ser realizados durante o projeto. Então, o gerente de projetos irá verificar se há benefícios esperados durante o estágio e, em caso positivo, efetuar as atualizações necessárias ao plano.

> REFERÊNCIA: *ver item 5.7. O plano de revisão de benefícios.*

Q12: Qual é o propósito do tema *business case*?

a) Identificar quem é responsável pela produção do *business case*.
b) Identificar as saídas do projeto.
c) Estabelecer os controles para gerenciar as mudanças que podem afetar os benefícios do projeto.
d) Estabelecer uma proposta de investimento viável.

> DICA: justificativa de negócio contínua.

A12. A resposta é: (d). Estabelecer uma proposta de investimento viável, o que significa mostrar que, do ponto de vista do negócio, vale a pena fazer o projeto.

> **REFERÊNCIA:** *ver item 5.3. O tema business case através do PRINCE2®.*

Q13. Como o plano de revisão de benefícios é usado no processo *Closing a Project*? (use suas próprias palavras)

A13. O plano de revisão de benefício pode ser verificado para ver se quaisquer benefícios eram devidos no estágio passado. Sempre será verificado se os benefícios serão realizados após o projeto, certificando-se de que as atividades de pós-projeto que confirmam os benefícios estão planejadas. O plano de revisão de benefícios será então dado ao Comitê Diretor do Projeto pelo gerente de projetos e, em seguida, é dado à gerência corporativa ou do programa, pois eles serão responsáveis pela execução dessas atividades pós-projeto. O plano de revisão de benefícios do projetos é parte integrante do plano de relização dos benefícios do programa.

> **REFERÊNCIA:** *ver item 5.6.4. Passo 4 – Confirmar os benefícios.*

Q14. Qual é a definição de um resultado do projeto?

   a) **Uma melhoria mensurável que é percebida como uma vantagem por uma ou mais partes interessadas.**
   b) **A razão para o projeto.**
   c) **O resultado da mudança derivado do uso da saída do projeto.**

A14. A resposta é C. Um resultado vem do uso de produtos realizados pelo projeto.

❖ A é um benefício (melhoria mensurável).

❖ B são as razões para fazer o projeto. Essas razões são mencionadas na proposição de projeto e no *business case*.

> **REFERÊNCIA:** *ver item 5.5. Como descrever melhor o que se obtém de um projeto?*

Q15. O que se entende pela instrução "PRINCE2® é baseado em um ambiente de cliente/fornecedor"?

A15. PRINCE2® pressupõe que haverá um cliente solicitando um produto, que vai pagar por isso e talvez irá usá-lo. PRINCE2® também pressupõe um fornecedor que fará o produto. Tanto o cliente como o fornecedor podem existir dentro da mesma empresa (dois departamentos diferentes), ou o fornecedor pode ser externo. Por que isso é importante? Uma boa maneira de ver o projeto é através de papéis e responsabilidades, ou seja, quem deveria estar no Comitê Diretor do Projeto. Isso também é abordado no tema **organização**.

> **REFERÊNCIA:** *ver item 5.4. O que um business case faz para o projeto?*

Q16. Quem é responsável por se certificar de que o *business case* é verificado em cada ponto-chave de decisão (por exemplo, ao final de cada estágio) em um projeto? O *business case* deve ser verificado do ponto de vista do negócio, do usuário e do fornecedor.

A16. Este é o Comitê Diretor do Projeto. Por exemplo, eles devem estar se perguntando no final de cada estágio: "o investimento no projeto ainda vale a pena?" O executivo é responsável pela criação do *business case*, mas o Comitê Diretor do Projeto é responsável por verificar a viabilidade do projeto.

> **REFERÊNCIA:** *ver item 5.6. O caminho para a criação do business case.*

Q17. O que você acha que é o principal propósito do plano de revisão de benefícios?

> **DICA:** é um plano.

A17. Fornecer um cronograma para verificar os benefícios (verificar se os benefícios foram atingidos e quais ainda serão). O plano de revisão de benefícios do projeto é parte integrante do plano de realização dos benefícios do programa.

> **REFERÊNCIA:** *ver item 5.7. O plano de revisão de benefícios.*

6. Organização

6.1. Introdução ao tema organização

Consideremos o que será abordado no tema **organização**:

- ❖ O propósito do conhecimento contido no tema **organização**.
- ❖ Algumas definições de organização, o que é um **projeto** e o que é um **programa**.
- ❖ As três categorias de partes interessadas (as três partes interessadas primárias).
- ❖ Os quatro níveis do projeto e os três níveis da equipe de gerenciamento de projetos.
- ❖ Os deveres e papéis do Comitê Diretor do Projeto.
- ❖ Os deveres e papéis do gerente de projetos e as habilidades necessárias.
- ❖ Apresentação dos outros papéis do projeto, tais como **autoridade de mudanças, gerente da equipe especialista e suporte do projeto.**
- ❖ O trabalho com a equipe de gerenciamento de projetos e as partes interessadas.
- ❖ O documento da estratégia de gerenciamento da comunicação, a razão para este documento e os conteúdos típicos.
- ❖ Finalmente, as responsabilidades dos diferentes papéis no tema **organização**.

6.2. O que acontece no mundo real?

Em alguns casos, a tarefa de definir a organização do projeto, assim como os papéis e responsabilidades é feita de modo apressado, pois outras atividades, tais como começar a desenvolver os produtos o mais rápido possível, são vistas como mais importantes. Como gerente de projetos, você depende de outras pessoas para tomar decisões, receber informações e desempenhar suas atividades. Portanto, é importante conseguir isso acordado por escrito; caso contrário, você pode acabar em situações onde ninguém assume nada e tudo recai sobre você mesmo.

Uma das primeiras tarefas que um gerente de projetos deve executar em um projeto é ter uma boa ideia de quem é quem na organização e quais são seus papéis e responsabilidades, a começar pelo executivo, que pode até mesmo precisar ser lembrado de que é ele o responsável pelo projeto e não o gerente de projetos.

Superiores poderão pressionar o gerente de projetos no sentido deste começar a fazer os produtos o mais rápido possível, pois eles querem começar a usar ou vender logo o resultado do projeto, embora não estejam cientes da importância daquilo que acontece nos processos **SU** e **IP**. O gerente de projetos pode usar algumas das seguintes ideias para ajudá-lo a documentar a organização do projeto:

- ❖ Procurar perfis semelhantes de papéis e responsabilidades em projetos da organização.

- ❖ Reunir-se com o executivo para discutir as suas responsabilidades e criar o Comitê Diretor do Projeto.

- ❖ Preparar uma reunião do tipo *workshop* com o Comitê Diretor do Projeto e utilizar o conhecimento deste tema para definir as perguntas mais adequadas a fazer (exemplos: como deve ser feita a comunicação durante o projeto? Quem é responsável por definir os benefícios?).

- ❖ Confirmar que cada pessoa possui a autoridade necessária, o conhecimento, a disponibilidade e concorda (por escrito) com suas funções e responsabilidades.

6.3. O tema organização através do PRINCE2®

O propósito do conhecimento deste tema é ajudar a **definir e estabelecer a estrutura de prestação de contas e responsabilidades do projeto**; em outras palavras, identifica o "quem" do projeto.

Os projetos PRINCE2® se baseiam em um ambiente cliente/fornecedor. Uma das partes é o cliente, que especifica os resultados e provavelmente pagará o projeto. A outra parte é o fornecedor, que provê os recursos, fará o trabalho e entregará os produtos requeridos.

O que você acha que torna uma equipe de projeto bem-sucedida? O PRINCE2® afirma que uma equipe de projeto bem-sucedida deve ter:

1. Representantes do negócio, do usuário e do fornecedor.
2. Responsabilidades definidas para: direção, gerência e entrega do projeto.
3. Revisões periódicas do projeto para verificar se tudo está nos trilhos.
4. Estratégia eficaz para gerir os fluxos de comunicação entre as partes interessadas.

Em suma, cada projeto precisa ter **direção**, **gerenciamento**, **controle** e **comunicação**.

> **NOTA:** o tema da **organização** fornece o conhecimento necessário para ajudar a definir e estabelecer **a estrutura de prestação de contas e responsabilidades do projeto**.

6.4. Definições de organização

O que é um projeto?

Uma definição comum de projeto é: "um conjunto designado de tarefas necessárias para realizar um determinado objetivo". O PRINCE2® define um projeto como: "uma organização temporária criada com o propósito de entregar um ou mais produtos de negócios, de acordo com um *business case* pré-acordado".

O que é um programa?

Um programa é uma estrutura organizacional temporária e flexível, criada para coordenar, dirigir e inspecionar a implementação de um **conjunto de atividades e projetos relacionados**, com a finalidade de entregar resultados e benefícios relacionados aos objetivos estratégicos da organização.

Por exemplo, uma empresa pode criar um programa para implementar o Seis Sigma em cada departamento e cada país de uma organização, tendo como objetivo estratégico melhorar a qualidade em X%. O programa pode lançar muitos projetos diferentes para conseguir isso, algo que pode ser específico para cada departamento ou país, sendo que tudo será controlado pelo programa.

O que é uma organização corporativa?

Um projeto pode ser parte de um programa. Se ele estiver fora de um programa, pode-se dizer que o projeto existe na organização da empresa, pois algumas empresas podem não ter uma configuração de ambiente de um programa. O PRINCE2® usa o termo "organização corporativa" para se referir à liderança da organização.

Papéis e definições de atividades de trabalho

O PRINCE2® distribui as responsabilidades de um projeto em papéis, não pessoas. Tais papéis podem ser atribuídos a pessoas, sendo possível que uma pessoa tenha mais de um papel. Por exemplo: em grandes projetos, o papel de suporte de projeto pode ser atribuído a uma ou mais pessoas. Em projetos pequenos, os papéis gerente de projetos e suporte de projeto podem ser atribuídos à mesma pessoa.

Partes interessadas (*stakeholders*)

Um *stakeholder* é qualquer pessoa ou grupo que pode ser afetado pelo projeto ou ter um efeito sobre ele. Isso inclui o Comitê Diretor do Projeto, a equipe do projeto, os usuários em potencial e outros que podem se beneficiar (acionistas), assim como quem possa vir a ser afetado negativamente.

6.5. Os três interesses do projeto/As três categorias de partes interessadas

Um projeto PRINCE2® deve sempre ter três categorias fundamentais de partes interessadas (três partes interessadas principais) e todas elas devem estar representadas no Comitê Diretor do Projeto. São elas o **negócio**, o **usuário** e o **fornecedor**.

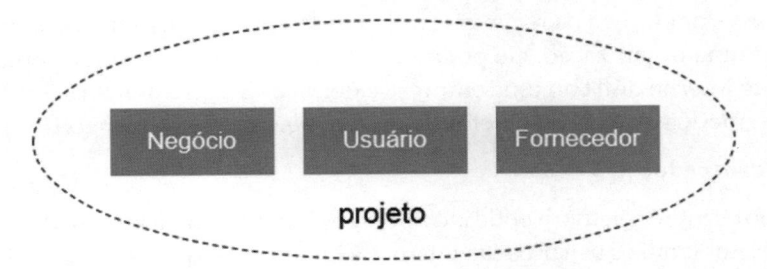

Figura 6.1. Os três interesses do projeto/As três principais partes interessadas. Fonte: adaptado do material PRINCE2® da AXELOS. Reproduzido sob licença da AXELOS.

Interesses do negócio

O papel do executivo no Comitê Diretor do Projeto é o de cuidar dos interesses do negócio. Precisa existir um *business case*; caso contrário, o projeto não pode (não deve) começar. Sua pergunta recorrente é: "este projeto compensa o valor do dinheiro investido?".

Interesses dos usuários

Os usuários se beneficiam da entrega do projetos, pois eles vão usar os produtos. Eles também podem operar, manter ou oferecer suporte às saídas dos projetos. Os usuários precisam ser representados no Comitê Diretor do Projeto para se certificar de que os produtos corretos sejam produzidos no nível de qualidade acordado. O papel do **usuário principal** representará os interesses do(s) usuário(s) no Comitê Diretor do Projeto.

> **NOTA/EXERCÍCIO:** uma empresa da área de pesquisa em tecnologia está desenvolvendo um projeto para uma empresa de fora; trata-se de um novo fone de ouvido estéreo para um fabricante de telefones celulares. Quem você acha que deve ser o usuário principal e, portanto, representar os usuários no Comitê Diretor do Projeto?
>
> **SUGESTÃO:** neste caso, o usuário principal pode ser alguém do departamento de vendas ou um gerente de conta, pois eles pretendem certificar-se de que os produtos atenderão às expectativas dos clientes e serão vendidos no futuro. O usuário principal também pode ser alguém da parte do cliente.

Interesses do fornecedor

O fornecedor entrega os recursos e as habilidades para que sejam criados os produtos. Em uma organização, ele pode ser interno ou externo. Por exemplo, um departamento interno de TI ou uma empresa externa de TI. Os interesses do fornecedor são representados no Comitê Diretor do Projeto pelo papel do **fornecedor principal**.

Cliente/Fornecedor

O termo cliente é coletivo e pode incorporar os interesses do usuário e do negócio em alguns projetos (aqui os usuários são internos à organização que está pagando pelo projeto). Por exemplo, o departamento de vendas quer ter um novo aplicativo de vendas.

O termo **cliente** pode referir-se apenas aos interesses do usuário. Já o **fornecedor** incorporará os interesses do negócio e do fornecedor (aqui os usuários são geralmente externos à organização que está pagando pelo projeto). Por exemplo, uma editora de revistas cria um novo serviço de notícias *on-line* para os clientes.

6.6. Os quatro níveis da organização de um projeto

É importante entender a diferença entre a estrutura de gerenciamento de projetos (organização do projeto) e a equipe de gerenciamento do projeto. A estrutura de gerenciamento de projetos possui quatro níveis e a equipe de gerenciamento do projeto tem três.

Organização 69

Os quatro níveis de uma estrutura de gerenciamento de projetos (organização do projeto) são:

1. Gerência corporativa ou do programa.
2. Direção.
3. Gerência.
4. Entrega.

Nível 1	Gerência corporativa ou do programa	
Nível 2	Nível de direção	Comitê Diretor do projeto (eles tomam as decisões)
Nível 3	Nível de gerência	Gerente do projeto (cuida do dia a dia do projeto)
Nível 4	Nível de entrega	Gerente de equipe especialista (cria os produtos)

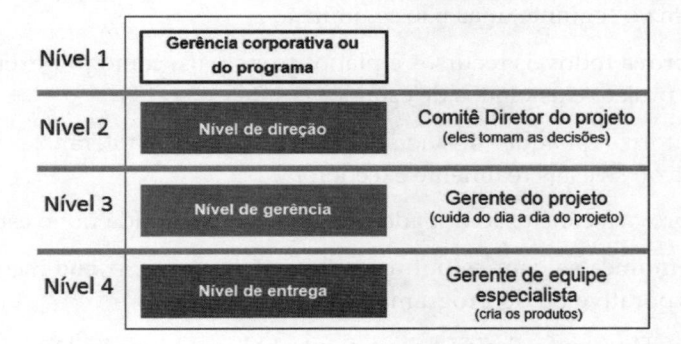

Figura 6.2. Os quatro níveis da organização de um projeto. Fonte: adaptado do material PRINCE2® da AXELOS. Reproduzido sob licença da AXELOS.

Os três níveis da equipe de gerenciamento do projeto são:

1. Direção.
2. Gerência.
3. Entrega.

Assim, o nível corporativo ou de gerência do programa fica fora da equipe de gerenciamento do projeto.

Nível 1	Nível de direção	Comitê Diretor do projeto (eles tomam as decisões)
Nível 2	Nível de gerência	Gerente do projeto (cuida do dia a dia do projeto)
Nível 3	Nível de entrega	Gerente de equipe especialista (cria os produtos)

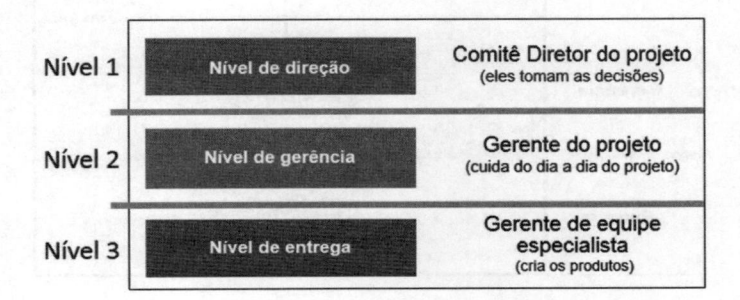

Figura 6.3. Os três níveis da equipe de gerenciamento do projeto. Fonte: adaptado do material PRINCE2® da AXELOS. Reproduzido sob licença da AXELOS.

Gerência corporativa ou do programa

Este nível é responsável pelo comissionamento do projeto e pela identificação do executivo. No início do projeto, seus membros decidem como o Comitê Diretor do Projeto os manterá atualizados durante o projeto e também define as tolerâncias do projeto com as quais o Comitê Diretor do Projeto trabalhará.

Direção (Comitê Diretor do Projeto)

O Comitê Diretor do Projeto é responsável pela direção do projeto e pelo seu sucesso. Ele faz o seguinte, mas não se limita a:

1. Aprova todos os recursos e planos principais, como por exemplo o plano de projeto e os planos de estágio.

2. Autoriza qualquer desvio se for previsto que as tolerâncias serão excedidas ou se estas realmente excederem.

3. Aprova a conclusão de cada estágio e autoriza cada novo estágio.

4. Comunica-se com as outras partes interessadas, o que inclui a gerência corporativa ou do programa.

O processo *Directing a Project* descreve o trabalho do Comitê Diretor do Projeto.

Gerência (gerente de projetos)

O gerente de projetos é responsável pelo gerenciamento do dia a dia do projeto. Sua responsabilidade principal é garantir que o projeto produza os resultados necessários e em conformidade com os objetivos: prazo, custo, qualidade, escopo, riscos e benefícios.

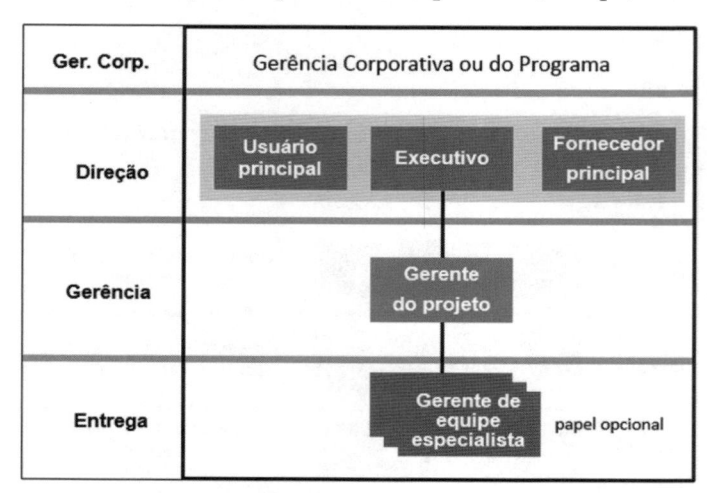

Figura 6.4. Estrutura da equipe de gerenciamento de projetos – visão simplificada. Fonte: adaptado do material PRINCE2® da AXELOS. Reproduzido sob licença da AXELOS.

Entrega (gerente da equipe especialista)

Os membros da equipe especialista são responsáveis pela entrega de produtos do projeto com uma certa qualidade, dentro de prazo e custo específicos. O gerente da equipe especialista pode ter a autoridade e a responsabilidade de criar planos e gerenciar uma equipe para criar e entregar os produtos requeridos.

É no processo *Managing Product Delivery* que as equipes elaboram os produtos dos especialistas.

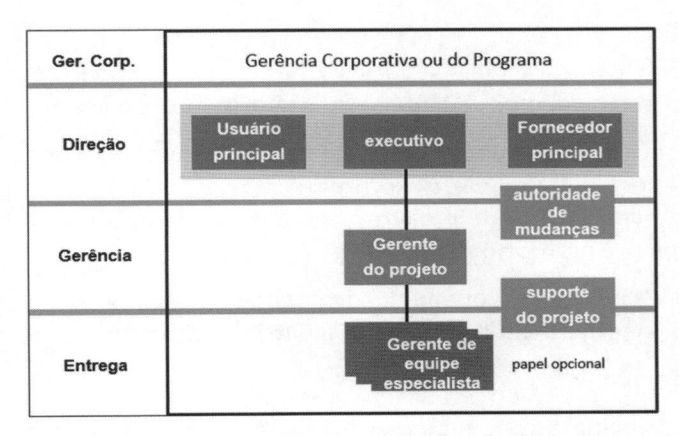

Figura 6.5. Estrutura de equipe de projeto. Fonte: adaptado do material PRINCE2® da AXELOS. Reproduzido sob licença da AXELOS.

6.7. Comitê Diretor do Projeto

O Comitê Diretor do Projeto é composto pelo executivo, pelo usuário principal e pelo fornecedor principal. Somente uma pessoa pode ser o executivo, enquanto os papéis de usuário principal e fornecedor principal podem ser atribuídos a uma ou mais pessoas. O executivo é o proprietário do *business case* e tem a palavra final sobre as decisões que são tomadas. Portanto, o Comitê Diretor do Projeto não é uma democracia.

O Comitê Diretor do Projeto tem os seguintes deveres, não limitados a:

1. Responsabilizar-se pelo sucesso ou pelo fracasso do projeto.
2. Direcionar de modo unificado o projeto e também o gerente de projetos.
3. Providenciar e autorizar os recursos e fundos para o projeto.
4. Fornecer suporte visível e sustentado ao gerente de projetos.

5. Garantir uma comunicação eficaz dentro da equipe de projeto e com as partes interessadas externas.

Na vida real, todavia, muitos projetos têm Comitês Diretores que não compreendem o seu papel e não fornecem ao gerente de projetos um suporte adequado.

6.8. Os papéis do Comitê Diretor do Projeto

O executivo

O executivo é nomeado pela gerência corporativa ou do programa e é responsável pelo projeto e apoiado pelos papéis **usuário principal** e **fornecedor principal**.

Ele também representa um ponto focal de responsabilidade e de prestação de contas do projeto. Normalmente, o executivo será responsável por compor e nomear a equipe de gerenciamento de projetos, incluindo os demais membros do Comitê Diretor do Projeto e o próprio gerente de projetos.

É responsável pelo desenvolvimento do *business case* e durante o projeto continua perguntando: **"o projeto ainda gera valor a partir do dinheiro investido?"**.

O usuário principal

O usuário principal tem as seguintes responsabilidades, não limitadas a:

1. Especificar as necessidades (requisitos) daqueles que usarão os produtos do projeto.
2. Ser o contato entre a equipe de gerenciamento do projeto e os usuários.
3. Certificar-se de que a solução vai satisfazer as necessidades dos usuários, especialmente em termos de qualidade, facilidade de uso e requisitos.
4. Fornecer as informações de benefícios para o plano de revisão de benefícios.

O fornecedor principal

O papel do fornecedor principal representa os interesses daqueles que concebem, desenvolvem, facilitam e implementam os produtos do projeto. Este papel provê os recursos dos fornecedores para o projeto e garante que as pessoas, as ferramentas, os equipamentos e os conhecimentos adequados estejam disponíveis e que os produtos venham a atender aos critérios esperados, incluindo os de qualidade.

O fornecedor principal pode vir da organização do cliente (por exemplo, gerente de compras) ou de um fornecedor. O papel de fornecedor principal pode ser atribuído a uma ou mais pessoas.

6.9. Garantia do projeto: usuário, negócio e fornecedor

Em primeiro lugar, por que precisamos de uma garantia do projeto? Considere as seguintes situações:

- ❖ Há um novo gerente de projetos na empresa que não está totalmente ciente das normas de qualidade da corporação, então ele provavelmente entregará um produto que não pode ser usado conforme o esperado.

- ❖ Um gerente de projetos pode ter descoberto uma grande *issue*, mas receia reportá-la, pois não quer ser mensageiro de más notícias. Então ele se mantém em silêncio, esperando que a *issue* desapareça.

Para cada uma dessas situações, o gerente de projetos pode estar dizendo ao Comitê Diretor do Projeto que tudo está bem e que o projeto está indo como planejado; por isso é importante que o Comitê Diretor do Projeto obtenha uma segunda opinião. Essa segunda opinião é chamada de **garantia** ou a **garantia do projeto**.

- ❖ O executivo é responsável pela garantia do negócio, pois:
    - » Ele deseja garantir que os aspectos do negócio no projeto estejam corretos.
    - » Ele pergunta: o projeto compensa o valor do dinheiro investido?
- ❖ O usuário sênior é responsável pela garantia do usuário, pois:
    - » Ele deseja garantir que o projeto entregará os produtos corretos e que estes produtos atenderão aos requisitos esperados.
    - » Ele pergunta: o produto funcionará conforme o esperado?

Figura 6.6. Garantia do projeto. Fonte: adaptado do material PRINCE2® da AXELOS. Reproduzido sob licença da AXELOS.

❖ O fornecedor principal é responsável pela garantia do fornecedor, pois:

» Ele deseja garantir que os produtos sejam entregues conforme o esperado e que as pessoas e os materiais adequados ao trabalho estejam no local.

» Ele sempre pergunta: o trabalho pode ser feito dentro do prazo, dos limites de custo e de outras variáveis?

O Comitê Diretor do Projeto pode decidir fazer esse trabalho por si próprio ou atribuir tais tarefas de garantia. As pessoas da **garantia do projeto** deverão apoiar o gerente de projetos, ou seja, alertá-lo para padrões e normas a serem usadas no projeto. O gerente de projetos também deve sentir-se confortável para pedir orientação ao pessoal da garantia do projeto.

6.10. O papel da autoridade de mudanças

A autoridade de mudanças é uma pessoa ou grupo para quem o Comitê Diretor do Projeto pode delegar responsabilidade para considerar solicitações de mudanças ou não conformidades. A autoridade de mudanças pode receber um **orçamento de mudanças** e aprová-las dentro de tal orçamento.

A autoridade de mudanças poderá delegar para vários níveis, dependendo da gravidade da mudança. Como se pode ver, os diferentes papéis podem ter responsabilidades de uma autoridade de mudanças:

Tabela 6.1. Gravidade da solicitação de mudança. Fonte: adaptado do material PRINCE2® da AXELOS. Reproduzido sob licença da AXELOS.

Gravidade – Solicitação de Mudança	Quem decide?
Nível 5	Gerência corporativa ou do programa
Nível 4	Comitê Diretor do Projeto
Nível 3	Autoridade de mudanças
Nível 2	Gerente de projetos
Nível 1	Suporte do projeto

Por exemplo, vejamos uma *issue* de **nível 2** (de solicitação de mudança): o gerente de projetos poderia tomar uma decisão se apenas um produto será afetado e se tal mudança fica em menos de € 400 – e, é claro, continua dentro da tolerância. Por que o Comitê Diretor do Projeto não assume toda a autoridade de mudanças durante um projeto?

Caso se esperem poucas mudanças, o Comitê Diretor do Projeto pode fazer isso, mas se muitas mudanças podem ocorrer, é melhor valer-se de um grupo de autoridade de mudanças em separado. Isso é mais eficiente para o processo da mudança em si e exige menos tempo do Comitê Diretor do Projeto, que é composto de pessoas muito ocupadas.

6.11. O papel do gerente de projetos

O gerente de projetos é o único com foco no dia a dia do projeto. Como resultado, este papel nunca pode ser compartilhado. O gerente executa o projeto em nome do Comitê Diretor do Projeto dentro de restrições especificadas e trabalha durante todo o projeto com o Comitê Diretor do Projeto e com a garantia do projeto.

O gerente de projetos geralmente (e preferencialmente, na visão do PRINCE2®) é funcionário da empresa cliente, sendo responsável por todos os processos PRINCE2®, exceto o processo *Directing a Project*.

O gerente de projetos é responsável pelo suporte do projeto e pelos gerentes das equipes especialistas. Em projetos menores, nos quais não há gerente da equipe especialista, o gerente de projetos gerenciará diretamente os membros da equipe. E onde não houver suporte do projeto, tais tarefas recaem sobre o gerente de projetos.

Que tipo de habilidades você acha que um gerente de projetos deve ter?

Ele precisa ter boas habilidades em comunicação, gerenciamento de custos, compreensão do processo de qualidade e do processo de solicitação de mudanças, das necessidades documentais do usuário, do monitoramento do projeto, bem como qualidades de planejamento, liderança e composição de equipes, incluindo trabalho em equipe, resolução de problemas, confecção de relatórios, facilitação de reuniões e realização de *workshops*, ou seja, ele deve ser **proativo** (o que inclui a capacidade de prever as coisas) e não "ficar sentado esperando que as coisas aconteçam".

Que outros papéis o gerente de projetos pode desempenhar?

O gerente pode fazer o papel de suporte do projeto, do gerente da equipe especialista (se ele tiver conhecimento especializado) e de autoridade de mudanças (se assim permitido pelo Comitê Diretor do Projeto).

6.12. Gerente da equipe especialista e suporte do projeto

O papel do gerente da equipe especialista é **opcional** e é geralmente usado:

❖ Se o projeto é muito grande e há muitos membros em uma equipe.

- Se houver a necessidade de habilidades especializadas ou conhecimento acerca dos produtos a serem desenvolvidos (por exemplo: conduzir uma equipe de desenvolvimento em Java; pesquisar sobre um produto específico, etc.).

- Por razões geográficas, estando alguns membros da equipe lotados em outro local de trabalho, poderá existir um gerente para acompanhar a equipe.

- Se você estiver contratando uma empresa externa e for mais fácil e eficiente coordenar com um gerente da equipe especialista em vez de lidar diretamente com todos os membros da equipe.

O gerente da equipe especialista tem a responsabilidade de desenvolver os produtos que forem atribuídos a pacotes de trabalho (exemplo: um grupo de descrições de produtos) pelo gerente de projetos e fornece relatórios regulares de status ao gerente de projetos.

Suporte do projeto

O papel do suporte do projeto é o de fornecer os seguintes serviços para o projeto:

- Serviços administrativos (para apoiar o gerente de projetos) e aconselhamento ou orientação sobre o uso das ferramentas de gerenciamento de projetos ou de gerenciamento de configuração.

- Ele também pode fornecer serviços de planejamento ou de gerenciamento de risco.

- A responsabilidade típica do suporte do projeto é o gerenciamento de configuração e, portanto, segue as diretrizes do documento da estratégia de gerenciamento de configuração, um dos quatro documentos de estratégia criados no início do projeto.

A responsabilidade pelo suporte do projeto é do gerente de projetos. Este papel não é opcional e por isso precisa ser atribuído a uma ou mais pessoas. Organizações maiores podem ter um escritório de projetos (também chamado de escritório de suporte a projetos), que fornece tais serviços para diversos projetos.

6.13. Engajamento das partes interessadas

O engajamento das partes interessadas é o processo de identificação e comunicação eficaz com as pessoas ou grupos que têm interesse no resultado do projeto. Como exemplo, considere todas as partes interessadas no caso de uma nova empresa de incineração na periferia de uma cidade. Estarão envolvidos firmas habitacionais e de construção, empreiteiros, a prefeitura, os futuros operários, o órgão ambiental, etc.; e algumas partes interessadas poderão se colocar a favor ou contra o projeto.

Organização 77

O PRINCE2® afirma que a comunicação com as partes interessadas é a chave para o sucesso do projeto. Isso é algo que o gerente de projetos e o executivo sempre devem ter em mente durante o projeto. A comunicação com as partes interessadas durante o projeto será definida no documento de estratégia de gerenciamento da comunicação.

6.14. A estratégia de gerenciamento da comunicação

Este é um documento que define detalhadamente como será feita a comunicação durante o projeto (por exemplo, o que está sendo comunicado, a quem está sendo comunicado e com que frequência). O gerente de projetos deverá consultar esse documento durante o projeto.

> **NOTA:** a estratégia de gerenciamento da comunicação define como as comunicações deverão ser feitas durante o projeto e por quem.

O que o documento de estratégia de gerenciamento da comunicação contém?

Ele contém uma descrição dos meios ("como") e a frequência da comunicação às partes interessadas internas e externas. Também pode incluir a comunicação com o gerenciamento do programa, caso o projeto faça parte de um programa.

O gerente de projetos é responsável por criar a estratégia de gerenciamento da comunicação durante o estágio *Initiating a Project*. Tal estratégia deve ser revisada durante o processo *Managing a Stage Boundary*, de modo a garantir que as principais partes interessadas recebam a comunicação necessária.

O documento da estratégia de gerenciamento da comunicação contém as seguintes informações:

1. **Introdução:** um lembrete ao leitor do propósito do documento.
2. **Procedimento de comunicação:** descrição dos métodos de comunicação que serão utilizados, tais como correio eletrônico, reuniões e apresentações.
3. **Ferramentas e técnicas:** por exemplo, e-mail, intranet, *newsletter*.
4. **Relatórios:** os tipos de relatórios e as informações que eles devem conter.
5. **Frequência das atividades de comunicação:** situações nas quais as atividades de comunicação se darão.
6. **Papéis e responsabilidades:** quem assumirá a comunicação?
7. **Análise das partes interessadas:** inclui a categoria a que pertence a parte interessada e o relacionamento desejado com ela.
8. **Informações necessárias:** dados necessários para o projeto, incluindo a frequência da comunicação e o seu formato.

Geralmente um padrão do documento da estratégia de gerenciamento da comunicação será fornecido pela gerência corporativa ou do programa, o qual pode ser personalizado pelo gerente de projetos para o projeto específico, para que a tarefa não se torne tão trabalhosa.

6.15. Responsabilidades do tema organização

Tabela 6.2. Papéis e Responsabilidades – Tema Organização. Fonte: adaptado do material PRINCE2® da AXELOS. Reproduzido sob licença da AXELOS.

Papel	Responsabilidades
Gerência corporativa ou do programa	• Nomear o executivo e talvez o gerente de projetos no processo **SU**. • Pode fornecer o modelo padrão para o documento da estratégia de gerenciamento da comunicação.
Executivo	• Pode nomear o gerente de projetos, se isso não tiver sido feito pela gerência corporativa ou do programa. • Escolhe o Comitê Diretor do Projeto e confirma a equipe de gerenciamento do projeto. • Aprova o documento da estratégia de gerenciamento de comunicação.
Usuário principal	• Fornece os recursos do usuário.
Fornecedor principal	• Provê os recursos do fornecedor.
Gerente de projetos	• Prepara o documento da estratégia de gerenciamento da comunicação no processo *Initiating a Project*. • Prepara as descrições de papéis para a equipe de gerenciamento do projeto no processo **SU**. • Auxilia no desenvolvimento do *business case*. • Ajuda a garantir que o *business case* contenha as informações corretas.
Gerente de equipe especialista	• Gerencia os membros da equipe.
Garantia do projeto	• Aconselha sobre a seleção da equipe de gerenciamento do projeto. • Assegura que a estratégia de gerenciamento da comunicação seja adequada.

6.16. O que você precisa saber para o exame *Foundation*

Você deverá:

- ❖ Ser capaz de recordar os papéis definidos dentro do tema **organização**.
- ❖ Estar ciente de como este tema suporta o princípio "Papéis e responsabilidades definidos".
- ❖ Compreender o propósito do tema **organização**.
- ❖ Saber em qual processo se aplica o tema **organização**.
- ❖ Saber quais são os três interesses do projeto.
- ❖ Conhecer os quatro níveis da estrutura de gerenciamento de projetos a ser aplicada ao modelo de processo. Os quatro níveis são:
  » Gerência corporativa ou do programa.
  » Direção.
  » Gerência.
  » Entrega.
- ❖ Saber a diferença entre as principais partes interessadas do projeto e quem são aqueles responsáveis pela tomada de decisões em relação ao projeto.
- ❖ Conhecer o propósito da estratégia de gerenciamento da comunicação.

6.17. Perguntas

Q1. Quais são os papéis que representam os níveis de **Gerência** e **Entrega** em uma equipe de gerenciamento de projetos?

Q2. Com quem (com quais papéis) o gerente de projetos discute o seguinte: pacotes de trabalho, frequência de relatórios de ponto de controle, quando os produtos serão entregues e tolerâncias?

Q3. Qual papel é responsável pela criação dos quatro documentos de estratégia, incluindo a estratégia de gerenciamento das comunicações, e quando estes são criados (em qual processo)?

Q4. Qual é o propósito da garantia do projeto? (você só precisa saber para que serve)

Q5. Liste apenas um propósito da estratégia de gerenciamento da comunicação (tente pensar no que ele é usado. Isso irá ajudá-lo a reconhecer a resposta em uma pergunta de múltipla escolha).

Q6. Qual desses papéis o gerente de projetos também pode realizar? (assim o gerente de projetos pode agir dentro deste papel e tomar decisões dentro de certos limites)

   a) Executivo.

   b) Garantia do projeto.

   c) Autoridade de mudanças.

   d) Usuário principal.

Q7. Algumas partes interessadas podem ter papéis na equipe do projeto?

Q8. Qual é o propósito do tema **organização**? (tente pensar em uma ou duas palavras-chave e lembre-se de que você apenas terá que reconhecer a resposta em uma lista no exame)

Q9. Qual dos seguintes papéis o gerente de projetos também pode executar se ele possuir as habilidades requeridas (ex.: conhecimento sobre os produtos a serem desenvolvidos)?

   a) Usuário(s) principal(is).

   b) Gerente da equipe especialista.

   c) Garantia do projeto.

   d) Garantia da qualidade.

Q10. Liste um propósito da autoridade de mudanças (você apenas precisa entender por que esse papel existe).

Q11. Quais desses papéis o gerente de projetos **NÃO** pode realizar?

   a) Autoridade de mudanças.

   b) Garantia do projeto.

   c) Suporte do projeto.

   d) Gerente de equipe especialista.

Q12. Qual princípio o tema **organização** suporta? (veja a lista de princípios e escolha)

Q13. Que nível está presente na **estrutura de gerenciamento de projetos**, mas não está na equipe de gerenciamento do projeto?

Q14. Liste as três partes interessadas principais que sempre devem ser representadas em um projeto.

Q15. Qual desses papéis deve ser desempenhado por apenas uma pessoa?
- a) Usuário principal.
- b) Fornecedor principal.
- c) Garantia do Projeto.
- d) Executivo.

6.18. Perguntas e respostas

Q1. Quais são os papéis que representam os níveis de Gerência e Entrega em uma equipe de gerenciamento de projetos?

A1. O nível de gerência é representado pelo gerente de projetos e o nível de entrega pelo gerente da equipe especialista. O Comitê Diretor do Projeto está no nível de direção

REFERÊNCIA: ver item 6.6. Os quatro níveis da organização de um projeto.

Q2. Com quem (com quais papéis) o gerente de projetos discute o seguinte: pacotes de trabalho, frequência de relatórios de ponto de controle, quando os produtos serão entregues e tolerâncias?

A2. Esses tópicos são discutidos com o gerente da equipe especialista quando o gerente de projetos está passando para ele um pacote de trabalho. Um pacote de trabalho pode conter informações de um ou mais produtos a serem desenvolvidos pela equipe.

REFERÊNCIA: ver item 6.12. Gerente de equipe especialista e suporte do projeto.

Q3. Qual papel é responsável pela criação dos quatro documentos de estratégia, incluindo a estratégia de gerenciamento das comunicações, e quando estes são criados (em qual processo)?

A3. Os quatro documentos da estratégia são criados pelo gerente de projetos no processo **IP** (estágio de iniciação).

REFERÊNCIA: ver item 6.14. A estratégia de gerenciamento da comunicação.

Q4. Qual é o propósito da garantia do projeto? (você só precisa saber para que serve)

A4. A garantia do projeto assegura ao Comitê Diretor do Projeto que tudo está indo bem, e é responsabilidade do Comitê Diretor do Projeto fazer com que isso aconteça.

A garantia do projeto também fornece orientação para o gerente de projetos. Ex.: padrões corporativos, aconselhamento, etc.

REFERÊNCIA: *ver item 6.15. Responsabilidades do tema organização.*

Q5. Liste apenas um propósito da estratégia de gerenciamento da comunicação (tente pensar no que ele é usado. Isso irá ajudá-lo a reconhecer a resposta em uma pergunta de múltipla escolha).

A5. Aqui estão apenas alguns propósitos, mas se você entender um, então você saberá por que este documento é usado.

- ❖ Descrever os métodos de comunicação entre o projeto e as partes interessadas.
- ❖ Listar os tipos de relatórios e as informações que eles devem conter.
- ❖ Documentar quando as atividades de comunicação serão feitas.
- ❖ Documentar os papéis e responsabilidades: quem irá lidar com a comunicação?
- ❖ Documentar o resultado da análise das partes interessadas e as informações que serão entregues a elas.

REFERÊNCIA: *ver item 6.14. A estratégia de gerenciamento da comunicação.*

Q6. Qual desses papéis o gerente de projetos também pode realizar? (assim o gerente de projetos pode agir dentro deste papel e tomar decisões dentro de certos limites)

    a) Executivo.

    b) Garantia do projeto.

    c) Autoridade de mudanças.

    d) Usuário principal.

A6. O papel da autoridade de mudanças pode ser delegado pelo Comitê Diretor do Projeto ao gerente de projetos. Ex.: ele/ela pode ser capaz de decidir sobre as mudanças dentro de certos limites, tais como:

- ❖ O custo da mudança requer menos que € 500.
- ❖ O efeito sobre o cronograma é menos de dois dias.

REFERÊNCIA: *ver item 6.10. O papel da autoridade de mudanças.*

Organização 83

Q7. Algumas partes interessadas podem ter papéis na equipe de projeto?

A7. Sim, as partes interessadas são qualquer um que possa afetar ou ser afetado pelo projeto. Isso também inclui os membros da equipe do projeto, como o Comitê Diretor do Projeto, o gerente de projetos e a autoridade de mudanças.

REFERÊNCIA: *ver item 6.13. Engajamento das partes interessadas.*

Q8. Qual é o propósito do tema organização? (tente pensar em uma ou duas palavras-chave e lembre-se de que você apenas terá que reconhecer a resposta em uma lista no exame)

A8. O propósito é definir e estabelecer a estrutura de prestação de contas e responsabilidades do projeto ("quem"). Assim, o tema **organização** mostra como isso pode ser feito. As palavras-chave aqui são: para definir a estrutura de prestação de contas e responsabilidades do projeto.

REFERÊNCIA: *ver item 6.3. O tema organização através do PRINCE2®.*

Q9. Qual dos seguintes papéis o gerente de projetos também pode executar se ele possuir as habilidades requeridas (ex.: conhecimento sobre os produtos a serem desenvolvidos)?

    a) Usuário(s) principal(is).

    b) Gerente da equipe especialista.

    c) Garantia do projeto.

    d) Garantia da qualidade.

A9. O gerente da equipe especialista é opcional. Se o gerente de projetos possui o conhecimento técnico adequado e o tempo, ele pode gerenciar algumas ou todas as equipes diretamente. Gerente de equipe especialista também pode ser referenciado como "gerente de equipe".

REFERÊNCIA: *ver item 6.12. Gerente da equipe especialista e suporte do projeto.*

Q10. Liste um propósito da autoridade de mudanças (você apenas precisa entender por que esse papel existe).

A10. Autoridade de mudanças é o papel para lidar com as requisições de mudança e itens fora da especificação.

- ❖ Isso permite que o Comitê Diretor do Projeto delegue para outros a autoridade para fazer mudanças.

❖ O Comitê Diretor do Projeto entra em um acordo sobre uma escala para mudanças e quem pode decidir sobre o que muda.

❖ Isso também impede que o Comitê Diretor do Projeto seja incomodado com cada pedido de mudança.

> **REFERÊNCIA:** *ver item 6.10. O papel da autoridade de mudanças.*

Q11. Quais desses papéis o gerente de projetos NÃO pode realizar?
   a) Autoridade de mudanças.
   b) Garantia do projeto.
   c) Suporte do projeto.
   d) Gerente da equipe especialista.

A11. O gerente de projetos **não** pode realizar a garantia do projeto. Ao gerente de projetos podem ser delegados alguns poderes de autoridade de mudanças pelo Comitê Diretor do Projeto. Ex.: ele pode decidir sobre as mudanças de custo menores que € 500.

> **NOTA:** cuidado com as palavras NÃO no meio da pergunta.

> **REFERÊNCIA:** *ver item 6.15. Responsabilidades do tema organização.*

Q12. Qual princípio o tema organização suporta? (veja a lista de princípios e escolha)

A12. O tema **organização** apoia o princípio "Papéis e responsabilidades definidos". Esse tema ajuda a garantir que o projeto seja definido e acordado, com papéis e responsabilidades dentro de uma estrutura de organização que envolve os interesses das partes interessadas de negócio, usuário e fornecedor.

> **REFERÊNCIA:** *ver item 6.3. O tema organização através do PRINCE2®.*

Q13. Que nível está presente na estrutura de gerenciamento de projetos, mas não está na equipe de gerenciamento do projeto?

A13. A gerência corporativa ou do programa não faz parte da equipe de gerenciamento do projeto.

> **REFERÊNCIA:** *ver item 6.6. Os quatro níveis da organização de um projeto.*

Q14. **Liste as três partes interessadas principais que sempre devem ser representadas em um projeto.**

A14. Os três interesses do projeto são: negócio, usuário e fornecedor. Isso ajuda a garantir que o projeto esteja corretamente equilibrado e entregue um produto utilizável (saída) que trará valor para o dinheiro investido.

> REFERÊNCIA: *ver item 6.5. Os três interesses do projeto/As três categorias de partes interessadas.*

Q15. **Qual desses papéis deve ser desempenhado por apenas uma pessoa?**

    a) Usuário principal.

    b) Fornecedor principal.

    c) Garantia do projeto.

    d) Executivo.

A15. O papel do executivo é atribuído a uma única pessoa (um único ponto de **responsabilidade** para o projeto).

> REFERÊNCIA: *ver item 6.8. Os papéis do Comitê Diretor do Projeto.*

7. Qualidade

7.1. Introdução ao tema qualidade

Consideremos os aspectos a serem abordados no tema **qualidade**:

- ❖ O propósito do conhecimento no tema qualidade.
- ❖ Definições de termos como qualidade, escopo, sistema de gestão da qualidade, planejamento da qualidade, controle da qualidade e garantia da qualidade.
- ❖ A abordagem do PRINCE2® para a qualidade em duas partes: planejamento da qualidade e controle da qualidade.
- ❖ Expectativas de qualidade dos clientes e como obter tais informações.
- ❖ Como são usados os critérios de aceitação (*checklist*).
- ❖ Adicionando informações de qualidade às descrições de produtos.
- ❖ O documento de estratégia de gerenciamento da qualidade, que define como a qualidade será desenvolvida ao longo do projeto. Você aprenderá que tipo de informações esse documento contém.
- ❖ O registro da qualidade é um diário de eventos de qualidade que é mantido atualizado durante o projeto. Ele ajudará a sua compreensão deste tema.
- ❖ Introdução ao controle da qualidade.
- ❖ A revisão da qualidade do PRINCE2®, que é uma técnica de inspeção da qualidade e inclui os papéis de presidente, revisor, apresentador e administrador.
- ❖ E, finalmente, as responsabilidades dos diferentes papéis no tema qualidade.

7.2. O que acontece no mundo real?

Qualidade é algo de que as metodologias de gerenciamento de projetos falam bastante e também soa muito bem, mas na realidade é algo que alguns gerentes de projetos não entendem. Algumas empresas têm um sistema de gerenciamento da qualidade que descreve como ela deve ser gerida. Na maioria das vezes, isso pode ser feito por determinados departamentos na empresa e é adequado apenas a tipos específicos de produtos. Portanto, outros projetos podem não fazer uso de tal sistema de gerenciamento da qualidade.

A qualidade pode ser difícil de definir (se não se sabe como), e muitas pessoas não sabem como explicá-la de modo simples. Por exemplo, suponhamos que um gerente de vendas tenha solicitado um novo sistema de vendas e você tenha pedido que ele definisse os requisitos. Normalmente você receberia uma lista de requisitos, mas se lhe perguntar "e a qualidade?" ou "quais são os seus requisitos de qualidade?" você pode deixá-lo sem palavras, o que pode não ser uma situação normal para um gerente de vendas. Portanto, cabe a nós como gerentes de projetos elaborarmos perguntas melhores.

Por outro lado, se a qualidade não é considerada no início de um projeto, é muito difícil encerrá-lo com qualidade (produto utilizável). Dessa forma, a qualidade deve ser abordada bem no início do projeto.

A boa notícia é que o tema **qualidade** em PRINCE2® fornece uma solução simples para isso, pois descreve como ela pode ser definida, medida e controlada durante o projeto.

7.3. O tema qualidade através do PRINCE2®

O propósito do conhecimento do tema **qualidade** é definir e implementar um sistema que deverá verificar se os produtos estão adequados para o uso. Assim, este tema define a abordagem PRINCE2® ao garantir que os produtos criados durante o projeto atendam às expectativas e que os produtos finais possam ser usados conforme pretendido.

Se a qualidade dos produtos não for aquela esperada, então os benefícios esperados poderão não ser alcançados.

Deve-se lembrar de que o **foco no produto** é um dos **princípios** do PRINCE2®, o que significa que os produtos de um projeto devem ser claramente definidos no início, ou no processo *Managing a Stage Boundary*, de modo que eles tenham uma linha de base estabelecida antes de o seu desenvolvimento começar. O plano do projeto e o plano de estágio também incluirão as atividades de controle de qualidade.

As descrições de produtos deverão incluir as informações dos critérios de qualidade, de modo que todas as partes interessadas do projeto tenham o mesmo entendimento sobre os produtos que serão criados.

Por exemplo, se você estiver criando um novo abridor de lata, alguns dos critérios de qualidade poderiam ser:

- ❖ O aço inoxidável e o cabo de plástico deverão manter suas cores por vinte anos.
- ❖ O abridor de lata poderá ser colocado na máquina lava-louças.
- ❖ As partes mecânicas deverão ser capazes de abrir 35 mil latas.
- ❖ O abridor de lata deverá ser fácil de usar.

Como se pode ver, os critérios de qualidade detalham bastante o produto.

Assim, o tema **qualidade** fornece um método para ajudar a especificar a qualidade, realizar o controle da qualidade, explicar como obter a correspondente aprovação e facilitar a gestão da qualidade durante o projeto.

7.4. Definições de qualidade

A qualidade tem seus próprios termos, e eles podem ter significados distintos para diferentes pessoas. A terminologia usada pelo PRINCE2® advém principalmente da Norma ISO 9000. Por ora, basta simplesmente ler as definições que se seguem, as quais serão explicadas mais adiante neste capítulo.

Qualidade

Geralmente define-se qualidade como **a quantidade total de funcionalidades ou características de um produto**, de modo que este atenda às expectativas e satisfaça as necessidades estabelecidas. Isso pode soar um pouco estranho, mas pense a respeito por um momento. É o mesmo que dizer que todos os recursos do produto deverão funcionar conforme o esperado durante um determinado período de tempo. Consideremos o exemplo do projeto do abridor de lata. Pense na quantidade total de recursos ou características do abridor de lata, naquilo que um usuário poderá esperar do produto e em quanto tempo o usuário espera que ele dure.

Escopo

O escopo está relacionado ao tamanho do plano, ou seja, à soma de seus produtos, sendo definido através da estrutura analítica do produto e das descrições do produto. Pode-se claramente perceber como o escopo (do principal produto do projeto) e a qualidade estão relacionados.

Gerenciamento da qualidade

O gerenciamento da qualidade é definido como as **atividades** que direcionam e controlam uma organização no que diz respeito à qualidade. Algumas dessas atividades são: definição de qualidade, controle de qualidade, garantia da qualidade e melhoria da qualidade.

Sistemas de gerenciamento da qualidade (SGQ/QMS – *Quality Management System*)

Um sistema de gerenciamento da qualidade é o conjunto completo de normas, procedimentos e responsabilidades de qualidade, em relação a um local ou organização. A maioria das grandes empresas possui um sistema de gerenciamento da qualidade em funcionamento. Portanto, a primeira pergunta a fazer é "Vocês têm um SGQ que pode ser usado nesse projeto?".

Planejamento de qualidade

Para que o projeto atenda às expectativas de qualidade do cliente e aos critérios de aceitação, o gerente de projetos deve ter uma estratégia pronta, o que envolve identificar os produtos necessários e os critérios de qualidade para cada um, bem como planejar os métodos de qualidade (ex.: as tarefas necessárias para o controle de qualidade e aceitação do produto) e designar os responsáveis pela qualidade.

Controle da qualidade

O controle da qualidade se concentra nas técnicas e atividades para inspecionar e testar os produtos, o que também inclui a busca constante de maneiras para melhorar a qualidade e excluir desempenhos que sejam menos que satisfatórios.

Garantia da qualidade

A garantia da qualidade é como a garantia do projeto, mas seu foco é o da qualidade na **organização** e não apenas na qualidade do **projeto**. Ela existe para garantir que as atividades de qualidade planejadas sejam executadas. A garantia da qualidade:

- ❖ Fornece um meio de obter uma revisão independente do processo de qualidade.
- ❖ Verifica se a qualidade está em conformidade com as normas da empresa.
- ❖ Garante que os processos de qualidade estejam em funcionamento.

A garantia do projeto é de responsabilidade do Comitê Diretor do Projeto, enquanto que a gerência corporativa ou gerente do programa é responsável pela garantia da qualidade. Pode-se também dizer que o papel da garantia da qualidade fica fora da equipe de gerenciamento do projeto e que a garantia do projeto fica dentro da equipe de gerenciamento do projeto.

7.5. Introdução à abordagem do PRINCE2® para a qualidade

A abordagem do PRINCE2® para a qualidade tem duas partes: **planejamento da qualidade** e **controle de qualidade**.

Planejamento da qualidade

- ❖ A qualidade começa com a identificação de todos os produtos que o projeto quer controlar. Lembre-se de que o PRINCE2® foca em produtos desde o início do projeto, ou tão logo possam ser descritos/acordados, e antes do início de seu desenvolvimento.

- ❖ O próximo passo é escrever uma descrição para cada produto, o que inclui seus critérios de qualidade, como os produtos serão avaliados, os métodos de qualidade a serem usados para projetar, desenvolver e aceitar os produtos, além das responsabilidades das pessoas envolvidas.

Controle de qualidade

- ❖ O controle de qualidade implementa e rastreia os métodos de qualidade utilizados durante o projeto.

7.6. Introdução ao planejamento da qualidade

Imagine um projeto que lide com a construção de um conjunto de apartamentos. O cliente é uma construtora de tamanho médio. Como gerente de projetos, você precisará estar de acordo com as pessoas que representam o cliente, os fornecedores e outras partes interessadas (por exemplo: arquitetos), e ter uma ideia da qualidade do edifício acabado de apartamentos e de como a qualidade será controlada durante o projeto.

O objetivo do planejamento da qualidade é:

1. Entrar em acordo com o Comitê Diretor do Projeto sobre as expectativas gerais de qualidade:

    » Documentar os critérios de qualidade (por exemplo: tipo de isolamento, qualidade dos materiais utilizados na construção, tipo de fiação e iluminação, etc.).

    » Documentar como os critérios de qualidade serão verificados (por exemplo: usar auditores independentes de obras, medições pelos próprios funcionários, etc.).

2. Comunicar esses acordos a todas as partes interessadas:

   » Todas as partes interessadas devem ter um entendimento comum sobre qual será o produto do projeto.

3. Estabelecer como a qualidade pode ser controlada durante o projeto:

   » Definir linhas de base e tolerâncias para cada produto (por exemplo, o isolamento das paredes deve ser de grau 5 com tolerância de +/- 10%; os acessórios de cozinha devem durar 18 anos, com tolerância de +/- 5%, etc.).

Como se pode imaginar, se tais tópicos não forem discutidos desde o início, o projeto pode ficar bem conturbado, pois todos terão suas próprias ideias sobre como será o produto acabado.

As seguintes perguntas devem ser feitas no planejamento da qualidade:

1. Quais são as expectativas de qualidade do cliente?
2. Como comprovar que cada especificação será atendida?
3. Que critérios de aceitação o cliente usará para aceitar os produtos durante ou ao final do projeto?

7.6.1. Auditoria da qualidade

Os primeiros passos do planejamento da qualidade são listados aqui e mostrados no diagrama a seguir:

1. **Obter as expectativas de qualidade dos clientes:** quesito bastante geral e em alto nível:

   » Requisitos-chave do principal produto (**produto do projeto**) que será desenvolvido.

   » Identificar normas a serem cumpridas e o sistema de gestão da qualidade a ser usado.

   » Medidas que podem ser usadas para avaliar a qualidade (velocidade, tamanho, ruído, etc.). Por exemplo, uma descrição de laptop para um website (duas ou três páginas).

2. **Critérios de aceitação:** adicionar as expectativas de qualidade e os critérios de aceitação do cliente à descrição do produto do projeto (expectativas mensuráveis e priorizadas).

   » O isolamento total de construção deve ser de grau 4? (Sim/Não)

» A manutenção anual por apartamento deve ser menor que € 1.200? (Sim/Não)

3. **Redigir a descrição do produto do projeto**: isso também inclui a adição dos seguintes dados de qualidade relacionados à descrição do produto do projeto:

   » **Níveis de tolerância do projeto:** definir a tolerância para o produto principal como, por exemplo, o nível de ruído externo ser inferior a um determinado valor, com tolerância de +/- X%.

   » **Método de aceitação:** definir como o produto do projeto será aceito.

   » **Responsabilidades de aceitação:** definir quem será a pessoa responsável por aceitar.

4. **Criar o documento de estratégia de gerenciamento da qualidade:** este documento define a estratégia acordada para a qualidade no projeto ou, em outras palavras, as normas/políticas/padrões acerca da qualidade durante o projeto. Falaremos mais sobre isso adiante.

5. **Redigir as descrições** para cada um dos principais produtos e incluir as informações de qualidade, tais como:

   » Critérios de qualidade para cada produto e tolerâncias de qualidade.

   » Método de qualidade (ou seja, como realizar verificações de qualidade após o produto ser criado).

   » Responsabilidades de qualidade para a criação, a verificação de qualidade e a aprovação do produto.

Isto será feito para todos os produtos que compõem o principal produto do projeto. Por exemplo, portas, paredes, janelas e luminárias.

O planejamento com base em produtos (discutido adiante) fornecerá uma lista de todos os produtos, adicionando a seguir as informações de qualidade para cada descrição do produto.

❖ **Por último, definir o registro de qualidade**. Em um primeiro momento, ele estará em branco. Pode-se obter a maioria dos dados nos documentos dos planos (ID do produto, nome do produto, responsável pela produção, aprovador, data-alvo para revisão, data-alvo para aprovação, etc.).

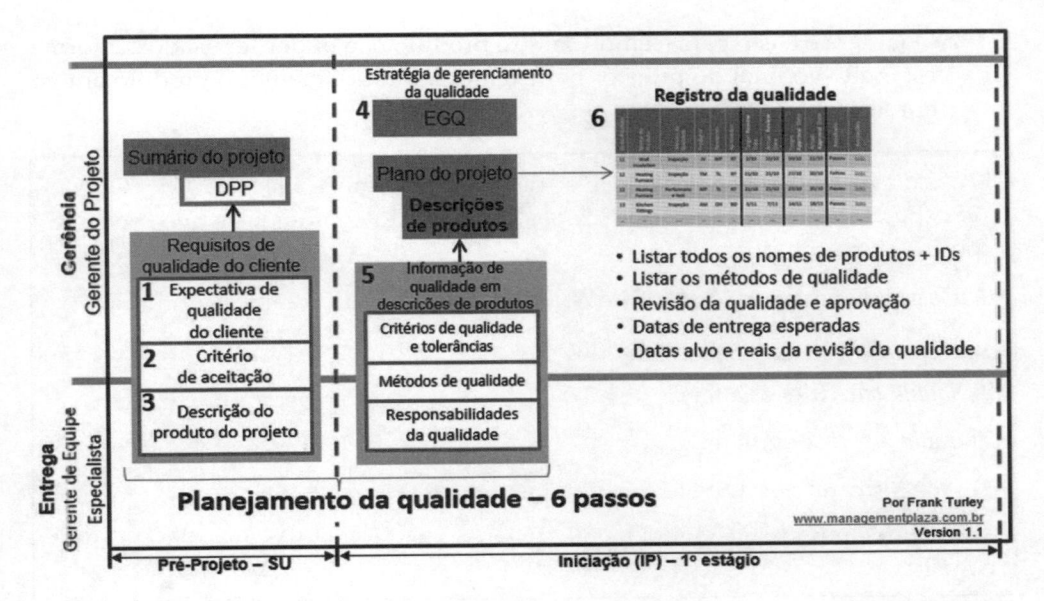

Figura 7.1. Planejamento da qualidade. Fonte: adaptado do material PRINCE2® da AXELOS. Reproduzido sob licença da AXELOS.

7.6.2. Expectativas de qualidade do cliente

Normalmente, não é uma tarefa fácil obter do cliente as **expectativas de qualidade** de um produto. As respostas que você receber podem ser muito vagas, mas isso deve ser feito o mais cedo possível no projeto, para que elas possam ser listadas em detalhe na descrição do produto do projeto. Em alguns projetos, essa descrição pode ser atualizada durante o projeto no processo *Managing a Stage Boundary*. Isso é bom, contanto que cada alteração ocorra através do controle de mudanças.

Algumas empresas podem ter pressa para entregar o produto, ou ter restrições de orçamento que as levem a pensar que podem economizar na qualidade. Há projetos onde os recursos eram escassos no início do projeto, mas uma vez que o produto foi entregue e os clientes começaram a ter problemas, então volumosos recursos foram necessários para iniciar a correção. Tal abordagem é sempre muito mais cara e ruim para os usuários.

Eis algumas boas perguntas a fazer ao cliente, para que ele foque na qualidade:

❖ Que percentual dos recursos deve funcionar quando o produto for lançado e qual é o orçamento para questões *(issues)* críticas (por exemplo, correções, *recalls*, etc.)?

DICA: observe a reação deles quando você perguntar.

❖ Qual será o custo para a empresa, se o produto não puder ser usado conforme esperado ao final do projeto (por exemplo: multas, manter o produto antigo em serviço, etc.)?

> **NOTA:** para priorizar as expectativas de qualidade utilize a técnica "MoSCoW". As expectativas devem ser priorizadas, começando com aquelas que o cliente considera mais importantes.
>
> A técnica de priorização "**MoSCoW**", que será discutida adiante, significa:
>
> 1) *Must have* (obrigatório, precisa ter).
>
> 2) *Should have* (deveria ter).
>
> 3) *Could have* (poderia ter).
>
> 4) *Won't have for now* (não terá por enquanto).
>
> Você também pode usar: alto, médio, baixo ou não requerido, mas "MoSCoW" é melhor.

Veja um exemplo a seguir.

Tabela 7.1. Expectativas de qualidade do cliente do projeto de conjunto de apartamentos. Fonte: adaptado do material PRINCE2® da AXELOS. Reproduzido sob licença da AXELOS.

Expectativas de qualidade do cliente	MoSCoW	Medida	Tolerância
Elevador – Segurança: norma de segurança EC	M	EC 34575	Nenhuma
Elevador – Utilizável por deficientes visuais	M	Verificar	Nenhuma
Ruído emitido para fora em todos os Apartamentos: cumprimento com a Norma XC22	M	Decibéis	Nenhuma
Todas as fiações com garantia de 25 anos	S	Garantia	+/- 10%
Isolamento de paredes deve ser R11	S	Inspeção	R11 a R12
Todas as janelas com isolamento R15	S	Inspeção	R15 a R17

7.6.3. Lista de critérios de aceitação

Os critérios de aceitação são uma lista priorizada dos atributos que o produto do projeto deve ter quando completo, o que é acordado entre o cliente e o fornecedor logo no primeiro processo chamado *Starting up a Project* e, portanto, está vinculado à descrição de produto do projeto.

Consulte a tabela a seguir, pois ela é um bom exemplo:

1. Atributo a ser aceito (obtido a partir das expectativas de qualidade do cliente).
2. Priorizar o status, qual seja "Obrigatório/Precisa ter", "Deveria ter" e assim por diante.
3. Status de aceitação: Sim/Não.

Tão logo a lista de critérios de aceitação esteja completa, ela se tornará parte do sumário do projeto. Os critérios de aceitação também devem ser priorizados utilizando a técnica **MoSCoW**.

Aqui está um exemplo.

Tabela 7.2. Critérios de aceitação para um projeto de website. Fonte: adaptado do material PRINCE2® da AXELOS. Reproduzido sob licença da AXELOS.

Critérios de aceitação	MoSCoW	Sim/Não
Usuários capazes de usar 90% das funcionalidades sem ajuda	M	
Custos de suporte inferiores a € 5.000 por ano	M	
A aparência corresponde ao modelo de layout aprovado	M	
A manutenção de todas as páginas pode ser feita por uma pessoa integrante da equipe de suporte atual	S	
Senha recuperada de forma automática, sem a necessidade de qualquer intervenção humana	M	
Dados protegidos em área restrita para usuários registrados	M	

7.6.4. Descrição do produto do projeto (produto principal)

Não se deve confundir a descrição do produto do projeto com as descrições de produto normais. A descrição do produto do projeto é uma descrição do **principal produto** que será desenvolvido pelo projeto. A descrição do produto do projeto é criada no processo *Starting up a Project* e passa a integrar o sumário do projeto. As descrições de produtos são criadas no estágio de iniciação e pelo processo **IP** como parte da atividade de planejamento.

A descrição do produto do projeto é usada pelo processo *Closing a Project* para ajudar a verificar se o projeto foi entregue conforme o esperado e se foram cumpridos os critérios de aceitação. Um bom exemplo de uma descrição do produto do projeto são as informações sobre laptops veiculadas em algum website. Haverá descrições gerais e das características e especificações, além de informações sobre a garantia. Visite os websites da Dell, da HP e da Asus, por exemplo. Como se pode comprovar, tais descrições não têm cem páginas, mas algo entre duas e quatro páginas.

7.6.5. Exemplo de descrição do produto do projeto (NR)

A melhor maneira de explicar isso é com um exemplo de um produto que a maioria das pessoas conhece, como um tocador de MP3: uma empresa de tecnologia do Reino Unido pretende lançar um novo tocador de MP3, pequeno e simples, que ela espera poder competir muito bem com a marca mais conhecida. Observe a quantidade de informações de qualidade incluída na descrição.

Tabela 7.3. Descrição do produto do projeto. Fonte: adaptado do material PRINCE2® da AXELOS. Reproduzido sob licença da AXELOS.

Item: MP3-01
Título: Tocador de MP3
Propósito
O objetivo é criar um tocador de MP3 de alta tecnologia, elegante, leve, fino e fácil de usar, para pessoas jovens, devendo incluir todas as características normais esperadas de um MP3, além de uma série de características únicas com base no sistema Android e tela sensível ao toque de 2.5 polegadas. Ele deve aceitar cartão de memória, fones de ouvido *bluetooth* e ter garantia de dois anos. O preço sugerido é de € 120, ou seja, aproximadamente 25% mais caro que o modelo mais vendido no mercado, a um custo de produção de € 60.
Composição
Existem dois produtos principais: o tocador de MP3 e os fones de ouvido *bluetooth*.
Composição do tocador de MP3:
❖ MP3 *bluetooth* baseado em Android, com suporte para aplicativos Android. ❖ Armazenamento de 8 a 16 GB com *slot* SD para expansão de memória. ❖ Tela sensível ao toque (*touchscreen*) de 2.5" à prova de arranhões. ❖ Bateria de íons de lítio. ❖ Conexão USB padrão para transferência de dados e carga de bateria. ❖ Processador ARM11 620 MHz. ❖ Suporte a idiomas: 23 línguas.
Fone de ouvido *bluetooth*:
❖ Fones de ouvido *bluetooth* estéreo com microfone. ❖ *Bluetooth* versão 2.1.

Derivação/Origem:

Lista de todos os itens que serão usados para criar o produto final, mas não farão parte do produto final.

- ❖ Requisitos do MP3 (dimensões, velocidade, desempenho da bateria, especificações *bluetooth*).
- ❖ Requisitos do fone de ouvido.

Habilidades de desenvolvimento necessárias:

- ❖ Design: experiência em projetar dispositivos eletrônicos (interno à empresa).
- ❖ Interface de usuário (terceirizada): experiência na concepção da interface do usuário para tocadores de mídia eletrônica.
- ❖ Desenho técnico (terceirizado): experiência em construção de dispositivos eletrônicos portáteis.
- ❖ Testes: experiência em testes de dispositivos eletrônicos (interno à empresa) etc.

Expectativas de qualidade do Cliente	MoSCoW	Medida
Uso médio – todas as partes – cinco anos (incluindo uso acelerado e envelhecimento do equipamento) – empresa externa	M	Inspeção
Fácil de usar para usuários inexperientes (pesquisa com mil pessoas)	M	Pesquisa
Suporte baseado em aplicativos Android (sem suporte GSM ou GPS)	M	Inspeção
Suporte à integração com computadores PC, Linux e Apple	M	Inspeção
Slot SD expansível para suportar cartões de 8, 16 e 32 GB	M	Inspeção
Tela sensível ao toque 2.5" (*touchscreen*)	M	Inspeção
Vida útil da bateria – utilização normal – 36 horas	M	Medição
Carga rápida da bateria – 80% em trinta minutos	S	Medição
Conexão USB para conexão com PC e para carga	M	Inspeção
Tela à prova de arranhões – classe 4	M	Inspeção
Alcance do *bluetooth* – 13 metros	M	Inspeção
Bluetooth estéreo v2.1	M	EC4563
Fones: bateria – 12 horas de utilização	S	Inspeção
Fones de ouvido: com microfone (uso com telefone)	M	Inspeção
Fone de ouvido: alcance do *bluetooth* – 13 metros	M	Inspeção
Outros		

Critérios de aceitação + priorização + tolerâncias do projeto			
Critérios de Aceitação	MoSCoW	Sim/Não	Tolerância
Custos de fabricação da unidade: menor que € 50	M		+5%
Custo de projeto para desenvolver e testar: menor que € 500.000	M		+15%
Cinco anos de durabilidade – teste médio – com certificado da empresa	M		+20%
Fácil de usar para 90% dos usuários	M		-
Suporte a aplicativos Android (sem suporte GSM ou GPS)	M		-
Compatível com sistemas Windows, Apple e Linux	M		-
Slot cartão SD expansível: suporte a cartões de 8, 16 e 32 GB	M		-
Tela sensível ao toque 2.5" (*touchscreen*)	M		+/- 10%
Carga rápida bateria 80% em trinta minutos	S		+/- 10%
Suporte a 23 idiomas	S		+/- 30%
Dimensões – 60mm x 60mm x 4 mm (H*W*D)	S		+/- 7,5%
Peso – 28,3 gramas	S		+/- 10%
Outros			

Método de aceitação

- ❖ Todos os critérios de aceitação devem ser medidos, inspecionados, testados e aprovados, e tal comprovação deverá ser dada para cada critério de aceitação.
- ❖ Durante o projeto, todos os documentos serão disponibilizados pelo gerente de projetos ao gerente de desenvolvimento de produto.

Responsabilidades de aceitação

- ❖ O gerente de projetos deverá coletar todos os registros de inspeção, vistoria e outros documentos e entregá-los às pessoas apropriadas.
- ❖ O executivo confirmará os custos do projeto e os custos unitários de fabricação.
- ❖ O usuário principal será responsável por todos os outros critérios de aceitação.

7.6.6. O documento de estratégia de gerenciamento da qualidade

A estratégia de gerenciamento da qualidade é simultaneamente um documento e um plano de ação e define os requisitos de qualidade e o método de controle de qualidade para todos os produtos do projeto. Este documento também confirma como os sistemas de qualidade e os padrões e as normas do cliente e do fornecedor serão aplicados no projeto. Em outras palavras, o documento de estratégia de gereciamento de qualidade define como a qualidade será realizada ao longo do projeto. Este documento é criado no estágio de iniciação juntamente com os outros documentos de estratégia e passa a integrar o documento de iniciação do projeto.

Tabela 7.4. Importância da estratégia de gerenciamento da qualidade. Fonte: adaptado do material PRINCE2® da AXELOS. Reproduzido sob licença da AXELOS.

NR
A estratégia de gerenciamento da qualidade responde as seguintes perguntas: 1. Qual sistema de gerenciamento da qualidade será utilizado? Do cliente, do fornecedor ou uma combinação de ambos? 2. Quais padrões e normas serão usados? 3. Que instrumentos e técnicas serão usados? 4. Como será realizada a garantia da qualidade? 5. Quem é responsável por documentar as expectativas de qualidade do cliente e os critérios de aceitação? 6. Quem é responsável pela garantia da qualidade, por aprovar a estratégia de gerenciamento da qualidade e por confirmar a aceitação do produto do projeto? 7. Quais dados serão necessários e onde eles serão armazenados? 8. Em que momentos as atividades de qualidade serão executadas?

7.6.7. Descrições do produto

As descrições deverão ser criadas para todos os produtos como parte das atividades de planejamento antes da conclusão do plano do projeto. Isso nem sempre é possível em todos os projetos. Portanto, as descrições do produto podem ser criadas ou atualizadas no processo *Managing a Stage Boundary* e serão acordadas e adicionadas à linha de base antes do desenvolvimento se iniciar.

Os conteúdos típicos de uma descrição do produto são semelhantes à descrição do produto do projeto. Tais conteúdos são os seguintes (novamente, observe as informações de qualidade):

Tabela 7.5. Conteúdo da descrição de produto. Fonte: adaptado do material PRINCE2® da AXELOS. Reproduzido sob licença da AXELOS.

Títulos	Conteúdo da descrição de produto
Identificador	Número exclusivo do produto. Ex.: 047.
Título	Nome pelo qual o produto será conhecido: Ex.: Hard Disk X 250 MB.
Propósito	Quem precisa do produto, por que precisa e o que fará com ele.
Composição	Listar as partes que comporão o produto.
Critérios de qualidade	Ex.: cor, ruído, tamanho, durabilidade, vida útil.
Tolerância de qualidade	Ex.: a cor não pode desaparecer antes de dez anos (+/-10%).
Métodos de qualidade	Ex.: usar máquina para teste de desbotamento; aplicar inspeção.
Habilidades de qualidade requeridas	Ex.: qual conhecimento é necessário para ser possível testar?
Responsabilidades de qualidade	Ex.: quem é responsável por produzir, revisar e aprovar?

7.6.8. Registro da qualidade (NR)

O registro da qualidade é um diário de eventos que acontecem durante o projeto, tais como *workshops*, revisões, testes e aceitação. Em primeiro lugar, o registro da qualidade estará em branco e o gerente de projetos obterá a maioria dos dados a partir dos planos e descrições dos produtos. Muitos gerente de projetos usam planilhas para o registro de qualidade.

Segue um exemplo de registro da qualidade, o qual traz colunas para o produtor, o revisor da qualidade e o aprovador (colunas para data-alvo e data real de revisão e aprovação).

ID do produto	nome do produto	método de qualidade	produtor	revisor	aprovador	data-alvo da revisão	data efetiva de revisão	data-alvo da aprovação	data efetiva da aprovação	resultado	anotações
11	isolação da parede	Inspeção	JV	WP	RT	2/10	10/10	10/10	11/10	passou	links
12	fornalha de aquecimento	inspeção	TM	TL	RT	21/10	21/10	27/10	30/10	falhou	links
12	fornalha de aquecimento	teste de desempenho	MP	TL	RT	21/10	21/10	27/10	30/10	passou	links
124	Elevador	inspeção	Otis	OH	BD	6/12	7/12	8/12	9/12	passou	links
..	...	.....	..	..	..	...	....	....	....	...	....

Figura 7.2. Registro de qualidade. Fonte: adaptado do material PRINCE2® da AXELOS. Reproduzido sob licença da AXELOS.

As colunas são explicadas usando o produto "Elevador" do projeto do conjunto de apartamentos.

1. **ID do produto:** apenas um número de rastreamento do produto do projeto (ex.: 124).

2. **Nome do produto:** um nome comum para se referir ao produto (ex.: "Elevador").

3. **Método de qualidade:** descrição de como fazer o teste (ex.: "Inspeção").

4. **Produtor:** quem produz ou instala o produto (ex.: a companhia Otis).

5. **Aprovador:** quem aprova a qualidade de produto (ex.: BD, que representa a sigla da empresa de segurança).

6. **Data-alvo da revisão:** quando o produto deve ser revisado (ex.: 6/2012).

7. **Data efetiva da revisão:** data em que realmente aconteceu a revisão.

8. **Data-alvo da aprovação:** quando o gerente de projetos aprovará (ex.: 8/12).

9. **Data efetiva da aprovação:** data em que o gerente de projetos recebeu a aprovação.

10. **Resultado:** aprovado ou reprovado.

O registro da qualidade permite ao gerente de projetos acompanhar a qualidade durante o projeto, pois pode verificar se as colunas da data efetiva da revisão e da data efetiva de aprovação estão preenchidas ou não. **Isso possibilita ao gerente de projetos controlar a qualidade.**

Caminho completo da auditoria de qualidade (histórico da qualidade)

Como o registro da qualidade contém todas as atividades da qualidade e é continuamente atualizado durante o projeto, ele fornece o completo caminho de auditoria para a qualidade.

7.7. Introdução ao controle de qualidade

Três partes integram o controle de qualidade:

1. Executar os métodos de qualidade. Por exemplo, as técnicas de revisão da qualidade.
2. Manutenção dos registros de aprovação e de qualidade.
3. Obter aceitação e passar o registro de aprovação ao cliente.

Compare as colunas do registro de qualidade. Trata-se das mesmas informações.

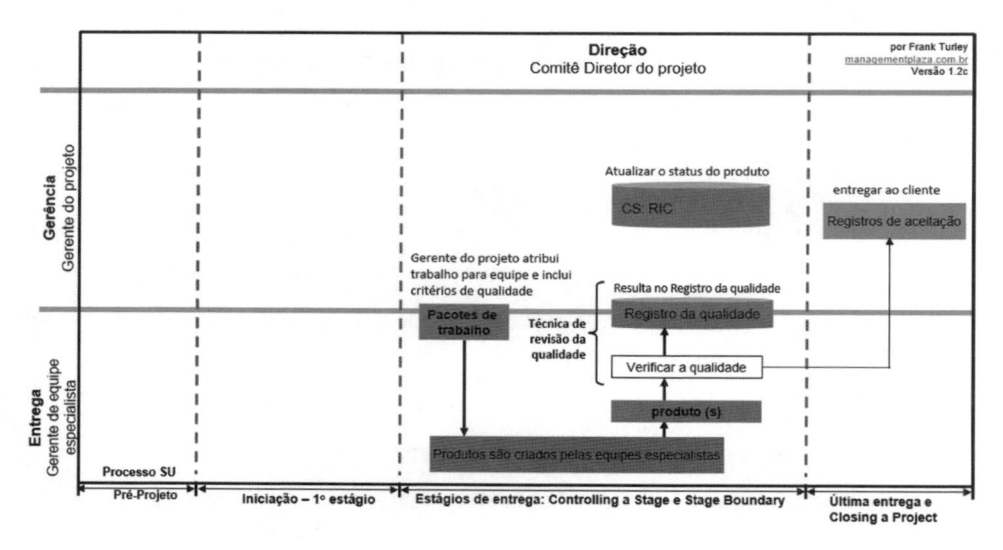

Figura 7.3. Controle de qualidade. Fonte: adaptado do material PRINCE2® da AXELOS. Reproduzido sob licença da AXELOS.

7.8. A técnica de revisão da qualidade do PRINCE2®

Esta é uma técnica de inspeção de qualidade. Possui papéis definidos e segue uma estrutura específica. O objetivo é inspecionar os produtos e verificar se eles atendem aos padrões de qualidade do cliente e aos critérios de qualidade listados na descrição do produto.

A técnica de revisão da qualidade tem quatro papéis específicos:

- **Presidente:** responsável por comandar a reunião.
- **Apresentador:** mostra os produtos e representa os desenvolvedores do produto.
- **Revisor:** confere produtos, envia questionamentos, confirma correções ou melhorias.
- **Administrador:** fornece suporte para o presidente (por exemplo, registro de minutas, resultados e próximas ações).

Tabela 7.6. Exemplo de reunião de qualidade. Fonte: adaptado do material PRINCE2® da AXELOS. Reproduzido sob licença da AXELOS.

Como é executada a reunião de revisão de qualidade? (NR)
Esta é uma visão geral de como pode ser executada uma reunião de revisão de qualidade: - O **presidente** deve introduzir os tópicos.   - O **apresentador** deve fornecer uma breve introdução do produto.   - O **presidente** convidará cada **revisor** a fazer perguntas sobre o produto e perguntará se quaisquer ações ainda são necessárias. Estas serão acordadas e anotadas pelo **administrador**.   - O **apresentador** pode fornecer uma visão geral do produto. Novamente, todas as ações necessárias são acordadas e anotadas (obs.: o revisor também deve ter visto o produto antes da reunião. Assim, o **apresentador** não precisa entrar em detalhes).   - Ao final da reunião, o **revisor** relerá as anotações com as ações e responsabilidades.   - Por fim, o **presidente** decidirá se o produto está: **completo**, **parcialmente completo** (algumas ações ainda são necessárias) ou **incompleto** (outra reunião de revisão de qualidade será necessária).
A próxima etapa após o produto estar completo é solicitar sua aprovação. Em geral, trata-se de uma assinatura da pessoa listada como aprovador no registro de qualidade.

Objetivos da técnica de revisão da qualidade

❖ Avaliar os produtos em comparação aos critérios acordados.

❖ Envolver as partes interessadas e ajudar a promover a qualidade e o projeto.

❖ Fornecer a confirmação de que o produto está completo (obter a concordância).

❖ Verificar a linha de base (aprovada) do produto, de modo que mais nenhuma alteração possa ser feita.

Resultados da reunião de revisão de qualidade e registro da qualidade

A principal saída é uma decisão de qualidade (aprovar ou reprovar) os produtos conforme estejam:

❖ Completos: aprovados no registro de qualidade.

❖ Parcialmente completos: é necessário corrigir *issues* menores; não há necessidade de outra reunião. Isso é anotado no registro da qualidade.

❖ Incompletos: reprovados no registro de qualidade. Cria-se uma nova linha para a próxima verificação de qualidade.

Em suma, a finalidade da técnica de revisão de qualidade é inspecionar se o produto está completo, se respeita os padrões de qualidade do cliente e se satisfaz os critérios de qualidade listados na descrição do produto. Além disso, identifica ações ainda necessárias para promover a qualidade.

7.9. Responsabilidades do tema qualidade

Tabela 7.7. Responsabilidades do tema qualidade. Fonte: adaptado do material PRINCE2® da AXELOS. Reproduzido sob licença da AXELOS.

Papel	Responsabilidades
Gerência corporativa ou do programa	• Fornecer detalhes sobre o sistema de gerenciamento da qualidade corporativo ou do programa. • Fornecer a garantia da qualidade para o projeto.
Executivo	• Aprovar a descrição do produto do projeto. • Aprovar a estratégia de gerenciamento da qualidade.
Usuário principal	• Fornecer as expectativas de qualidade e os critérios de aceitação para o produto do projeto. • Aprovar a descrição do produto do projeto. • Providenciar a aceitação do produto do projeto (encerramento).

Papel	Responsabilidades
Fornecedor principal	• Provê recursos para realizar as atividades de qualidade do fornecedor.
Gerente de projetos	• Documentar as expectativas de qualidade do cliente e os critérios de aceitação. • Preparar a descrição do produto do projeto com outras pessoas. • Preparar as descrições do produto com outras pessoas. • Preparar o documento de estratégia de gerenciamento da qualidade.
Gerente da equipe especialista	• Produzir produtos consistentes com as descrições do produto. • Avisar o gerente de projetos sobre o status da qualidade do produto.
Garantia de qualidade	• Aconselhar o gerente de projetos sobre o sistema de gerenciamento da qualidade (SGQ). • Garantir ao Comitê Diretor do Projeto a implementação do SGQ.
Suporte do projeto	• Fornecer suporte administrativo para o controle de qualidade. • Manter o registro e as anotações de qualidade.

7.10. O que você precisa saber para o exame *Foundation*

Você deve:

❖ Ser capaz de reconhecer os diferentes papéis numa reunião de revisão de qualidade: presidente, revisor, administrador e apresentador.

❖ Ser capaz de reconhecer o propósito do tema qualidade: definir e implementar um sistema que criará produtos e verificará se são adequados para uso.

❖ Saber a diferença entre a garantia da qualidade e a garantia do projeto.

> DICA: a quem a garantia da qualidade e a garantia do projeto se reportam?

❖ Estar ciente dos objetivos da técnica de revisão de qualidade. Ver item 7.8. A técnica de revisão da qualidade do PRINCE2®.

❖ Estar ciente das diferenças entre as expectativas de qualidade do cliente e dos critérios de aceitação (vide itens 7.6.2 e 7.6.3).

❖ Conhecer o objetivo da descrição de produto do projeto, das descrições do produto, do registro da qualidade e da estratégia de gerenciamento da qualidade (e saber responder por que cada documento é necessário).

❖ Estar ciente de como o princípio "Foco em produtos" é suportado pelo tema qualidade (você não precisa saber disso para o exame).

7.11. Perguntas

Q1. Nas suas próprias palavras, qual é o propósito do tema **qualidade**? (concentre-se apenas em obter a ideia geral do tema **qualidade** e tente pensar em duas ou três palavras-chave)

Q2. Em qual produto são colocados os resultados da reunião da revisão da qualidade?

Q3. Quem são os responsáveis pela garantia do projeto e pela garantia da qualidade?

Q4. Liste **apenas um** item da composição de uma descrição do produto (não se preocupe com a formulação correta, pois você só tem que reconhecer as informações em uma questão de exame; não é preciso conhecer todos os itens da composição).

Q5. Sobre a técnica da revisão da qualidade, responda:

   a) Quem introduz (apresenta) o produto para a revisão e representa o(s) produtor(es) do produto?

   b) Quem revisa os produtos, envia perguntas e confirma correções ou melhorias?

> **DICA:** pense PRAA.

Q6. A descrição do produto do projeto define o que o projeto precisa entregar para obter a aprovação do cliente (critérios de aceitação)?

Q7. Em qual produto da qualidade a tolerância é definida? (apenas pense onde você adiciona a informação da qualidade de cada produto).

Q8. Você encontra as **expectativas de qualidade do cliente** na descrição do produto do projeto (produto principal), nas descrições dos produtos ou em ambos?

Q9. Liste apenas um objetivo da técnica da revisão da qualidade com suas próprias palavras (você só precisa ter uma ideia do porquê a técnica da revisão da qualidade é usada).

Q10. O planejamento da qualidade começa em qual processo?

Q11. Qual das seguintes opções não é documentada em uma descrição de produtos?

   a) Habilidades de qualidade requeridas.
   b) Critérios de qualidade.
   c) Resultados de uma verificação de qualidade.
   d) Composição.

Q12. Nomeie duas recomendações para papéis da equipe de revisão da qualidade (papéis que estão envolvidos na reunião da técnica da revisão da qualidade).

> **DICA:** pense PRAA.

Q13. Qual documento deveria ser atualizado se um produto falhasse na verificação da qualidade? (ex.: resultado = falha)

   a) Registro de risco.
   b) Registro de *issue*.
   c) Registro da qualidade.
   d) Notas de lições.

Q14. Em qual processo o cliente e o fornecedor definem o critério de aceitação? (pense no documento onde as informações são armazenadas)

Q15. Quais dessas atividades são de responsabilidade da gerência corporativa ou do programa?

   a) Atividades de planejamento da qualidade.
   b) Atividades de revisão da qualidade.
   c) Atividades de controle da qualidade.
   d) Atividades de garantia da qualidade.

7.12. Perguntas e respostas

Q1. Nas suas próprias palavras, qual é o propósito do tema qualidade? (concentre-se apenas em obter a ideia geral do tema qualidade e tente pensar duas ou três palavras-chave)

A1. Você pode dizer algo como o seguinte (todos os itens dizem a mesma coisa):

- ❖ O propósito do conhecimento no tema qualidade é definir e implementar um sistema que irá criar e verificar se os produtos são adequados para uso.

- ❖ O tema qualidade define a abordagem no PRINCE2® para garantir que os produtos criados durante o projeto satisfaçam as expectativas, e que o produto final possa ser usado como pretendido.

- ❖ O tema qualidade define de que forma o projeto garantirá que todos os produtos sejam adequados para o seu propósito (ou atendam às expectativas).

Se respondeu algo parecido, você está no caminho certo para compreender o propósito.

> **REFERÊNCIA:** *ver item 7.3. O tema qualidade através do PRINCE2®.*

Q2. Em qual produto são colocados os resultados da reunião da revisão da qualidade?

A2. Os resultados da qualidade devem ser colocados no registro da qualidade, pois este fornece tanto um plano para todas atividades da qualidade como um histórico de todas as atividades da qualidade (resultados) que ocorreram. O registro da qualidade é também um importante produto de controle para o gerente de projetos, que pode conferir se as verificações da qualidade ocorreram como planejado e se os produtos passaram nas verificações.

> **REFERÊNCIA:** *ver item 7.8. A técnica de revisão da qualidade do PRINCE2®.*

Q3. Quem são os responsáveis pela garantia do projeto e pela garantia da qualidade?

A3. A garantia do projeto é de responsabilidade do Comitê Diretor do Projeto, enquanto a gerência corporativa ou do programa é responsável pela garantia da qualidade. Você também pode dizer que o papel da garantia da qualidade está fora da equipe de gerenciamento do projeto, enquanto a garantia do projeto está dentro.

> **REFERÊNCIA:** *ver item 7.4. Definições de qualidade.*

Q4. Liste apenas um item da composição de uma descrição do produto (não se preocupe com a formulação correta, pois você só tem que reconhecer as informações em uma questão de exame; não é preciso conhecer todos os itens da composição).

A4. Uma descrição do produto contém as seguintes informações sobre a qualidade:

- ❖ Critério de qualidade: descreve o nível de qualidade que precisa ser alcançado.
- ❖ Tolerância da qualidade: lista de tolerância (ex.: +- 10%).
- ❖ Métodos da qualidade: lista os diferentes testes de qualidade que podem ser usados (ex.: inspeção).
- ❖ Habilidades da qualidade: são requeridas por pessoas que farão a verificação da qualidade.
- ❖ Responsabilidades da qualidade definem o produtor, o revisor de qualidade e o aprovador.

REFERÊNCIA: ver item 7.6.7. Descrições do Produto.

Q5. Sobre a técnica da revisão da qualidade, responda:

    a) Quem introduz (apresenta) o produto para a revisão e representa o(s) produtor(es) do produto?

    b) Quem revisa os produtos, envia perguntas e confirma correções ou melhorias?

DICA: pense PRAA

A5. O **apresentador** introduz os produtos e o **revisor** confere os produtos.

REFERÊNCIA: ver item 7.8. A técnica de revisão da qualidade do PRINCE2®.

Q6. A descrição do produto do projeto define o que o projeto precisa entregar para obter a aprovação do cliente (critérios de aceitação)?

A6. Sim, a descrição do produto define tanto as expectativas de qualidade do cliente como o critério de aceitação que é como uma lista de verificação da qualidade que o cliente usará para aceitar o produto.

REFERÊNCIA: ver item 7.6.1. Auditoria da qualidade.

Q7. Em qual produto da qualidade a tolerância é definida? (apenas pense onde você adiciona a informação da qualidade de cada produto)

A7. A informação da tolerância da qualidade está documentada nas descrições do produto. Elas também contêm os critérios, os métodos, as habilidades e as responsabilidades da qualidade. A descrição do produto do projeto inclui as tolerâncias da qualidade no nível do projeto.

REFERÊNCIA: ver item 7.6.1. Auditoria da qualidade.

Q8. Você encontra as expectativas de qualidade do cliente na descrição do produto do projeto (produto principal), nas descrições dos produtos ou em ambos?

A8. As expectativas de qualidade do cliente estão incluídas na descrição do produto do projeto, que é uma descrição do produto principal que será desenvolvido pelo projeto. Assim, as expectativas de qualidade do cliente são redigidas uma vez, como os critérios de aceitação. Um projeto pode ter muitas descrições de produtos, por isso não seria uma boa ideia adicioná-las aqui; assim, você só encontra as expectativas de qualidade do cliente na descrição do produto do projeto.

REFERÊNCIA: ver item 7.6.1. Auditoria da qualidade.

Q9. Liste apenas um objetivo da técnica da revisão da qualidade com suas próprias palavras (você só precisa ter uma ideia do porquê a técnica da revisão da qualidade é usada).

A9. Alguns dos objetivos da técnica da revisão da qualidade são:

- ❖ Avaliar os produtos em comparação aos critérios de qualidade acordados.
- ❖ Envolver as principais partes interessadas e ajudar a promover a qualidade no projeto.
- ❖ Fornecer a confirmação de que o produto está completo (obter a concordância).
- ❖ Verificar a linha de base (aprovada) do produto para que mais nenhuma mudança possa ser feita.

REFERÊNCIA: ver item 7.8. A técnica de revisão da qualidade do PRINCE2®.

Q10. O planejamento da qualidade começa em qual processo?

Q10. O planejamento da qualidade inicia no processo **SU** (pré-projeto), com a criação do documento de descrição do produto do projeto. Portanto, você precisa adicionar as seguintes informações nesse documento:

- ❖ Expectativas de qualidade do cliente (que devem estar bem definidas).
- ❖ Critério de aceitação (lista de verificação usada pelo cliente no final do projeto).

REFERÊNCIA: ver item 7.6.1. Auditoria da qualidade.

Q11. Qual das seguintes opções não é documentada em uma descrição de produtos?

a) Habilidades de qualidade requeridas.
b) Critérios de qualidade.
c) Resultados de uma verificação de qualidade.
d) Composição.

A11. A resposta é C. Os resultados são gravados no registro da qualidade e não na descrição de produtos. O registro da qualidade fornece um histórico completo ou todas as atividades da qualidade que tenham ocorrido. Lembre-se também de que as descrições dos produtos são linhas de base e, uma vez acordadas, não podem ser atualizadas sem passar pelo procedimento de gerenciamento de mudanças.

REFERÊNCIA: ver item 7.6.7. Descrições do Produto.

Q12. Nomeie duas recomendações para papéis da equipe de revisão da qualidade (papéis que estão envolvidos na reunião da técnica da revisão da qualidade).

DICA: pense PRAA.

A12. Podem ser: presidente, revisor, administrador e apresentador.

REFERÊNCIA: ver item 7.8. A técnica de revisão da qualidade do PRINCE2®.

Q13. Qual produto deveria ser atualizado se um produto falhasse na verificação da qualidade? (ex.: resultado = falha)

a) Registro de risco.
b) Registro de issue.
c) Registro da qualidade.
d) Notas de lições.

A13. É o registro da qualidade. Uma nova linha deveria ser criada para planejar a próxima verificação da qualidade.

> REFERÊNCIA: ver item 7.8. A técnica de revisão da qualidade do PRINCE2®.

Q14. Em qual processo o cliente e o fornecedor definem o critério de aceitação? (pense no documento onde as informações são armazenadas)

A14. O cliente e o fornecedor entram em acordo com o critério de aceitação no processo *Starting up a Project* e essa informação é adicionada na descrição do produto do projeto (a descrição do produto principal).

> REFERÊNCIA: ver item 7.6.1. Auditoria da qualidade.

Q15. Quais dessas atividades são de responsabilidade da gerência corporativa ou do programa?
   a) Atividades de planejamento da qualidade.
   b) Atividades de revisão da qualidade.
   c) Atividades de controle da qualidade.
   d) Atividades de garantia da qualidade.

A15. A garantia da qualidade é de responsabilidade da gerência corporativa ou do programa. Isso faz sentido; caso contrário, cada projeto definiria suas próprias políticas de qualidade e normas. A garantia do projeto é de responsabilidade do Comitê Diretor do Projeto.

> REFERÊNCIA: ver itens 7.4. Definições de qualidade e 7.9 Responsabilidades do tema qualidade.

8. Planos

8.1. Introdução ao tema planos

Vejamos o que será abordado no tema **planos**:

- ❖ O propósito do tema planos e como as informações deste capítulo podem ajudá-lo.
- ❖ Introdução aos planos e planejamento; por exemplo, o que é um plano e o que se entende por planejamento.
- ❖ Os três níveis de plano e como eles se comparam aos níveis de gerenciamento.
- ❖ Introdução aos diferentes tipos de planos: plano do projeto, plano de estágio e plano de equipe especialista.
- ❖ Introdução ao plano de exceção, por que ele é usado e quando é criado.
- ❖ A abordagem do PRINCE2® para planos.
- ❖ Introdução ao planejamento baseado em produtos, que tem quatro etapas.
- ❖ A lista de produtos (*product checklist*), sua estrutura e seu valor para o gerente de projetos.
- ❖ E, finalmente, as responsabilidades dos diferentes papéis no tema planos.

8.2. O que acontece no mundo real?

Muitos gerentes de projetos parece olhar ao redor para ver como os outros gerentes fazem seu planejamento e, em seguida, seguem uma abordagem semelhante, afinal eles querem ser os primeiros a se enquadrar a algum padrão já utilizado.

Os gerentes de projetos que trabalham em um ambiente de programa serão capazes de tirar proveito do aprendizado de projetos que já foram feitos no passado e obter exemplos de como os planos de projeto deverão ser criados. Esses planos padrão (*templates*) podem ser de grande ajuda.

O PRINCE2® pode dar a impressão de que você precisa saber tudo antecipadamente, antes de criar o plano do projeto e todas as descrições do produto. Isso é possível com alguns projetos, mas em muitos projetos de TI, por exemplo, é necessária uma abordagem mais flexível, e cada estágio pode ser uma iteração. Assim, o processo *Managing a Stage Boundary* pode ser usado para criar descrições para os novos produtos que serão criados no estágio seguinte.

Tenha em mente a forma como você irá comunicar o plano do projeto e outros planos ao Comitê Diretor do Projeto, já que eles não estão interessados em ler um documento de vinte a trinta páginas. Você poderia perguntar ao executivo como ele quer receber essas informações importantes (pergunte sobre projetos anteriores).

Uma ferramenta de planejamento/controle/emissão de relatórios favorita de muitos é a **lista de produtos**. Ela é fácil de criar, manter e ler, e, mais importante, é uma boa maneira de se comunicar com as partes interessadas que necessitam dessas informações. Você encontrará um exemplo de lista de produtos mais tarde neste tema.

Uma das primeiras coisas a serem efetuadas para o planejamento é tentar ter uma ideia do escopo. É muito fácil um projeto começar como algo simples, mas quando você começa a desenhar os requisitos em uma estrutura analítica de produtos, ela mostra exatamente o que o até então chamado **projeto simples** envolve. A estrutura analítica de produtos torna mais fácil discutir o escopo e os requisitos com o usuário principal.

Poucos gerentes de projetos usam a técnica do planejamento baseado em produtos, especialmente a técnica estrutura analítica de produtos, o que é uma pena, pois é muito útil. Talvez a principal razão para isso seja o pouco tempo dedicado a esse tópico nos treinamentos em gerenciamento de projetos. Portanto, este manual inclui um exemplo simples e mostra como você pode usar a ferramenta para ajudá-lo a começar. Para o exame *Foundation*, você só precisa estar ciente de como o planejamento baseado em produtos funciona.

8.3. O tema planos através do PRINCE2®

O propósito do tema **planos** é fornecer uma estrutura para desenhar, desenvolver e manter os planos, que são: plano do projeto, plano de estágio, plano de exceção e plano de equipe especialista.

Este tema ajuda a responder as seguintes perguntas:

- ❖ O que é necessário para planejar?
- ❖ Como será realizado e por quem?
- ❖ Qual é a melhor forma para criar os produtos?
- ❖ Qual será o procedimento (os passos)?
- ❖ Como é feito o planejamento baseado em produtos?
- ❖ Que qualidade tem de ser alcançada?
- ❖ Quanto vai custar?
- ❖ Qual será o nível de detalhe necessário para cada plano?

Lembre-se: sem um plano não há nenhum controle; portanto, um plano é necessário para o projeto.

> **NOTA:** falhar em planejar é planejar para falhar!

O próprio ato de planejamento ajuda a equipe de gerenciamento de projetos a pensar adiante e evitar duplicações, omissões e ameaças.

8.4. Definição de planos

O que é um plano?

Às vezes as pessoas pensam que um plano é um gráfico de Gantt, mas é muito mais que isso. É um documento que descreve como, quando e por quem um alvo específico (ou um conjunto de metas) será alcançado. Você pode pensar que o alvo é apenas para criar o produto do projeto, mas também haverá metas de prazo, custo, qualidade, escopo, riscos, benefícios e, claro, produtos.

Um plano, portanto, deve conter informações suficientes para mostrar que essas metas são alcançáveis.

Como você pode imaginar, a espinha dorsal de qualquer projeto é o plano. Ele é criado no início do projeto e é continuamente atualizado durante o projeto para mostrar o que foi realizado até agora (atual) e o que ainda resta fazer. O plano **original** também poderia ser comparado ao plano **durante** o projeto ou **no final do projeto** para ver como ele está evoluindo em relação ao plano original. O plano original também pode ser conhecido como a primeira linha de base de planejamento (assinada e datada).

> **NOTA:** um plano do projeto responde a perguntas como: por que, o que, por quem, quando, quanto e **como controlar**.

O que é planejamento?

O planejamento é o ato ou o processo de criar e manter o plano. O termo **planejamento** é usado para descrever as ações usadas para criar os planos e documentos associados. Às vezes, o estágio de planejamento pode ser acelerado, pois há pressão para começar a criar os produtos que o cliente quer usar.

8.5. Os três níveis de um plano

Muitas vezes é impossível planejar um projeto por inteiro desde o início, já que você só pode planejar de forma precisa um curto período de tempo. Isso é conhecido como **horizonte de planejamento**, ou seja, quão longe você pode ver. Dessa forma, é uma boa ideia ter diferentes níveis de planos. O PRINCE2® recomenda três níveis, e para cada nível um tipo de plano:

- ❖ O plano do projeto é usado no nível de direção e, portanto, é usado pelo Comitê Diretor do Projeto. Ele é criado durante o processo *Initiating a Project* e é um plano de alto nível para todo o projeto. Ele vai mostrar os principais produtos do projeto, quando serão entregues e o custo associado. É o principal documento de controle do Comitê Diretor do Projeto. Este plano é atualizado pelo gerente de projetos durante todo o projeto.

- ❖ O plano de estágio destina-se ao nível de gerenciamento. Ele é criado para cada estágio (exemplo: por um período de dois meses) e é usado pelo gerente de projetos como base para o dia a dia. É muito mais detalhado do que o plano do projeto e só foca em um estágio.

- ❖ Os planos de equipe especialista são usados no nível de entrega. Eles são criados e utilizados pelo gerente da equipe especialista no processo *Managing Product Delivery*. O foco é planejar o trabalho que é designado ao gerente da equipe especialista através dos pacotes de trabalho. Trata-se de um plano não obrigatório.

Os outros planos criados durante o projeto incluem o plano de exceção, que irá substituir um plano do projeto existente ou plano de estágio, e o plano de revisão de benefícios, que é abordado no tema *business case*.

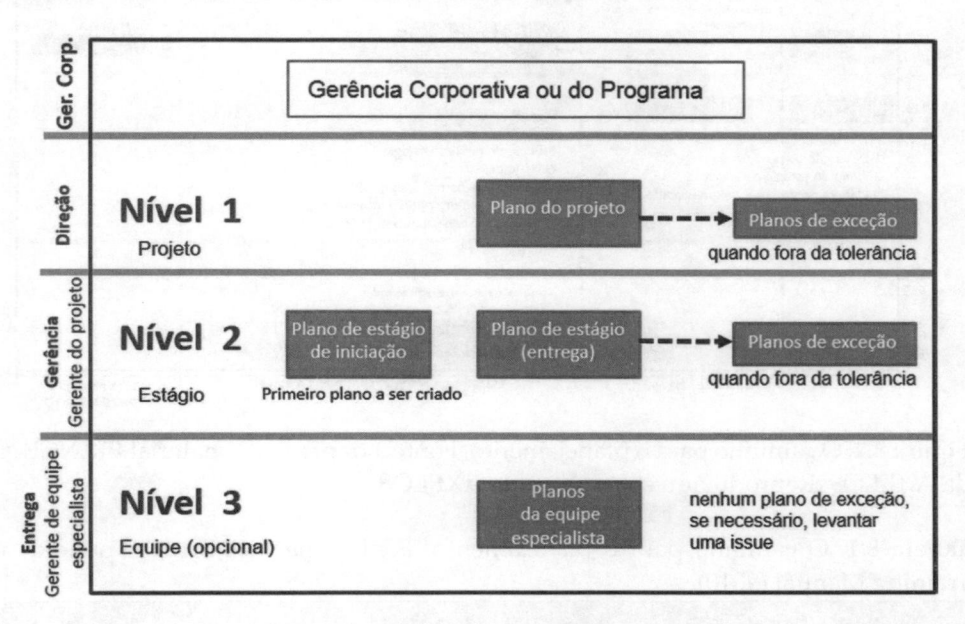

Figura 8.1. Níveis de planejamento PRINCE2®. Fonte: adaptado do material PRINCE2® da AXELOS. Reproduzido sob licença da AXELOS.

8.6. O caminho para o planejamento

Aqui mostramos uma visão simples das etapas de planejamento em um projeto típico, ficando mais fácil de entender quando os planos são criados e o seu valor para o projeto. Todos os planos são explicados nas páginas seguintes. Sugerimos que retorne a esse diagrama quando você estiver lendo as próximas seções.

❖ O plano de projeto é feito uma vez e atualizado ao longo do projeto. O plano de estágio é feito a cada estágio e atualizado ao longo do estágio. E o plano de equipe especializada (não obrigatório) é feito a cada estágio de entrega (pode se relacionar a um pacote de trabalho ou mais).

❖ Pode haver plano de exceção para o plano do projeto ou para o plano de estágio.

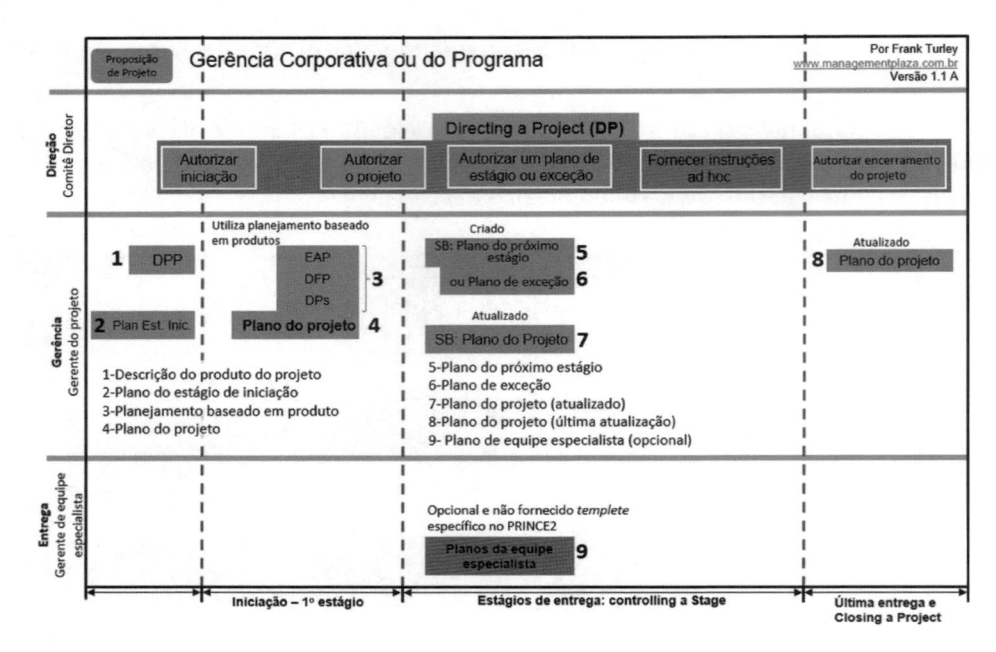

118 Preparatório para Certificação PRINCE2® Foundation

Figura 8.2. O caminho para o planejamento. Fonte: adaptado do material PRINCE2® da AXELOS. Reproduzido sob licença da AXELOS.

Tabela 8.1. O caminho para o planejamento. Fonte: The PRINCE2® Foundation Training Manual (2010).

	Descrição
1	Criar a descrição de produto do projeto (DPP). A criação da DPP é a primeira parte do planejamento baseado em produtos.
2	Este é o plano de estágio de iniciação; ele é criado pelo gerente de projetos. Este é o plano do dia a dia para o estágio de iniciação, que é o primeiro estágio do projeto.
3	O planejamento baseado em produtos pode ser usado nos processos **SU**, **IP** e **SB**. Os seguintes documentos são produzidos por essa técnica: Descrição do produto do projeto (criada apenas no processo **SU**). Estrutura analítica de produtos (EAP). Descrições do produto (DPs). Diagrama de fluxo de produto (DFP). Descrições do produto são responsabilidade do gerente de projetos ou do gerente de equipe.

	Descrição
4	O plano do projeto é um plano de alto nível para todo o projeto. Ele fornece informações para o *business case* de custo e prazo e precisa ser aprovado pelo Comitê Diretor do Projeto. Após a aprovação, torna-se linha de base (deverá ser assinado e armazenado).
5	Planos de estágio são criados pelo gerente de projetos e são produzidos perto do fim do estágio atual. É um plano de nível diário (detalhado) do estágio seguinte.
6	Planos de exceção podem ser usados para colocar o projeto, ou o estágio, de volta <u>nos trilhos</u>, se o projeto ou o estágio saiu da tolerância. O plano de exceção "pega" o projeto no ponto do plano que <u>saiu fora dos eixos</u> e o conduz até o final.
7	O plano do projeto é atualizado em cada processo *Managing a Stage Boundary* e mostra quando e quais produtos foram criados no último estágio. O plano do projeto também é atualizado para incluir qualquer informação nova de planejamento para o próximo plano de estágio e talvez outras informações de previsão.
8	No final do projeto, o plano do projeto é atualizado pelo gerente de projetos mostrando o custo total e o prazo, e também mostrando o que foi entregue. O Comitê Diretor do Projeto pode comparar este plano com o plano de linha de base original para ver quão bem (ou mal) o projeto foi.
9	Planos da equipe especialista são criados pelos gerentes de equipe especialista e são opcionais.

8.7. O plano do projeto, o plano de estágio e o plano de equipe especialista

O que é um plano do projeto?

Este é um plano de alto nível usado principalmente pelo Comitê Diretor do Projeto. Ele fornece uma indicação de como e quando metas de prazo, custo, escopo e qualidade do projeto serão atingidas. O plano do projeto mostra os principais produtos, atividades e recursos necessários para o projeto.

Pergunta: como o plano do projeto é usado pelo Comitê Diretor do Projeto?

Resposta: o plano do projeto é usado pelo Comitê Diretor do Projeto como uma linha de base para monitorar o progresso de estágio por estágio. O Comitê Diretor do Projeto pode verificar o status do projeto no final de cada estágio para ver o quão bem (ou mal) o projeto está progredindo em relação ao plano original do projeto.

O que é um plano de estágio?

Ele é necessário para cada estágio do projeto. O plano de estágio é semelhante ao plano do projeto, porém muito mais detalhado, visto que o gerente de projetos o usará no dia a dia. Lembre-se: o plano do projeto é de alto nível, já que é para o projeto inteiro.

Criando o plano de estágio

Cada plano de estágio é produzido perto do fim do estágio atual no processo *Managing a Stage Boundary*. Uma vantagem do uso de estágios é permitir que um grande projeto seja dividido em partes gerenciáveis. Alguns outros métodos de gerenciamento de projetos usam subprojetos para dividir os projetos maiores.

O que são planos de equipe especialista?

Eles são produzidos pelo gerente da equipe especialista para planejar a execução de um ou mais pacotes de trabalho. Os planos de equipe especialista são opcionais, dependendo do tamanho do projeto, da complexidade e do número de recursos envolvidos na criação de produtos.

O PRINCE2® não fornece um formato para um plano de equipe especialista, e as equipes podem ser de diferentes fornecedores, que podem ter o seu próprio formato de plano. Os gerentes da equipe especialista podem criar seus planos em paralelo à criação do plano de estágio pelo gerente de projetos.

8.8. O plano de exceção – fora da tolerância

Um plano de exceção é usado para se recuperar do efeito de desvio de tolerância (estar fora da tolerância). Por exemplo, se durante um estágio o gerente de projetos prevê que o projeto sairá da tolerância em 15% no custo (ou saiu de fato), então ele deve avisar ao Comitê Diretor do Projeto sobre esse desvio (também chamado de "exceção"). O Comitê Diretor do Projeto provavelmente irá pedir um plano atualizado para completar o estágio atual, e este plano (plano de exceção) irá substituir o atual plano de estágio. Então, o gerente de projetos criará um plano de exceção e, se aprovado pelo Comitê Diretor do Projeto, este substituirá o atual plano de estágio, para permitir que o gerente de projetos possa completar o estágio atual.

Um plano de exceção é criado no mesmo nível de detalhe que o plano que ele substitui. Ele pega de onde o atual plano foi interrompido e vai até o trabalho ser encerrado. Planos de exceção podem ser usados para substituir planos de estágio e planos do projeto, mas não os planos de equipe especialista.

8.9. As etapas de planejamento do PRINCE2® e o desenho do plano

O PRINCE2® tem uma abordagem única para o planejamento. Começa com a identificação dos produtos necessários e só então considera as atividades, dependências e recursos necessários para entregar os produtos. Muitos outros métodos de gerenciamento de projetos e *frameworks* começam com as atividades. Talvez você tenha ouvido a expressão "Estrutura Analítica do Projeto" (*Work Breakdown Structure* – WBS).

A abordagem do PRINCE2® para planos possui os sete passos seguintes, que são fáceis de entender.

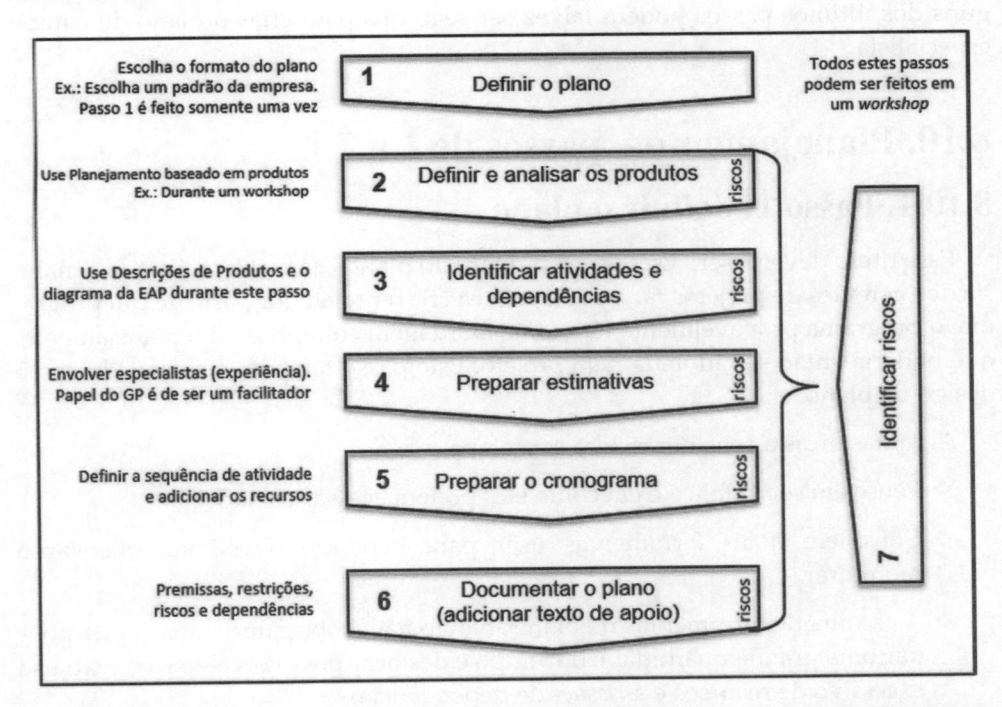

Figura 8.3. Etapas de planejamento. Fonte: adaptado do material PRINCE2® da AXELOS. Reproduzido sob licença da AXELOS.

1. **Definir o plano:** ou seja, escolher o estilo e o formato do plano.
2. **Definir e analisar os produtos:** planejamento baseado em produtos é usado para fazer isso.
3. **Identificar atividades e dependências:** atividades para criar os produtos.

4. **Preparar estimativas:** de tempo, recursos e custos.

5. **Preparar o cronograma:** colocar as atividades em um cronograma e mostrar a sequência.

6. **Documentar o plano (adicionar texto de apoio):** adicionar narrativa para explicar o plano usando suposições, lições usadas, pré-requisitos, plano introdutório, monitoramento, controle, orçamentos e tolerâncias.

7. **Analisar os riscos:** efetuado em paralelo. Para cada uma das etapas citadas, informações sobre riscos novos e existentes serão descobertas e precisam ser analisadas e seguidas.

Esses passos são usados para criar o plano do projeto, o plano de estágio e alguns dos últimos passos podem talvez ser seguidos para criar o plano de equipe especialista.

8.10. Planejamento – passos de 1 a 7

8.10.1. Passo 1: definir o plano

Esse título deveria ser "Escolher o formato do plano", já que isso é o que a maioria dos gerentes de projetos faz no mundo real. Se o projeto for parte de um programa, o programa provavelmente terá uma abordagem comum para o planejamento, que poderia então ser adotada pelo projeto. Este passo também é conhecido como design do plano.

Algumas dicas a considerar para esta etapa:

❖ Pense em seu público e em como eles podem acessar os dados.

❖ Considere quais ferramentas usar para itens como estimar, planejar e monitorar.

❖ A escolha de ferramentas de planejamento não é obrigatória, mas pode poupar uma grande quantidade de tempo e destacar possíveis *issues*, como o uso excessivo de recursos e as *issues* de dependência.

8.10.2. Passo 2: definir e analisar os produtos

O PRINCE2® utiliza a técnica de **planejamento baseado em produtos (PBP)** para identificar e analisar os produtos necessários. As quatro etapas no planejamento baseado em produtos são:

1. **Redigir a descrição do produto do projeto:** descrever o produto principal (processo **SU**).

2. **Criar a estrutura analítica de produtos:** listar todos os produtos que precisam ser criados.

3. **Redigir as descrições de produtos:** para os produtos (subprodutos) necessários.

4. **Criar o diagrama de fluxo de produtos:** mostrar o fluxo de produtos e interdependências.

O planejamento baseado em produtos é um processo iterativo e possui uma série de benefícios:

❖ Identifica claramente e documenta os produtos e interdependências do plano.

❖ Mostra claramente o que o projeto envolve; isso evita a geração de expectativas erradas.

❖ Envolve usuários no fornecimento de requisitos do produto, aumentando assim o seu apoio.

❖ Melhora as comunicações, pois proporciona uma visão simples do que precisa ser feito e facilita muito mais a obtenção de *feedback*.

❖ Esclarece o que está dentro e fora do escopo; isso ajuda a evitar o *scope creep* (aumento de escopo).

❖ E, finalmente, é mais fácil de obter um acordo claro sobre o que precisa ser produzido.

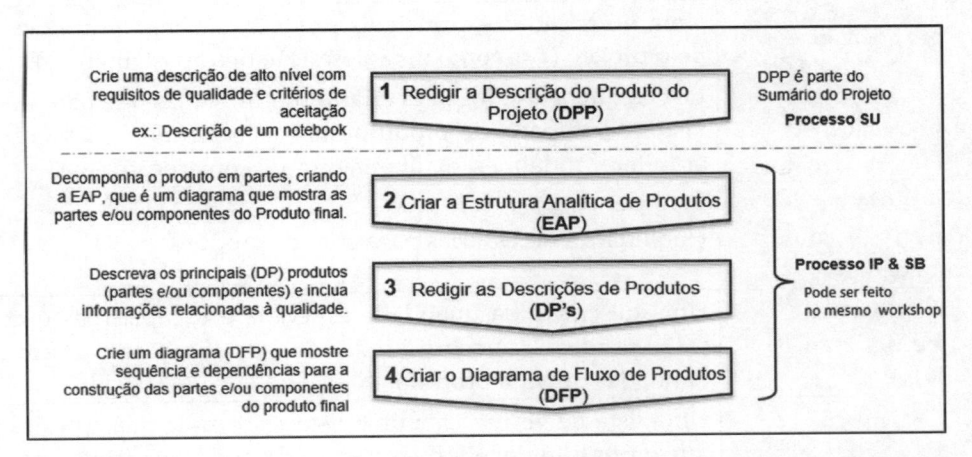

Figura 8.4. A técnica de planejamento baseada em produtos. Fonte: adaptado do material PRINCE2® da AXELOS. Reproduzido sob licença da AXELOS.

8.10.2.1. PBP etapa 1: redigir a descrição do produto do projeto

Esta é uma descrição do produto principal que o projeto irá desenvolver (por exemplo, o "prédio de apartamentos"). Já abordamos este item no tema **qualidade** e aprendemos que uma descrição detalhada do produto do projeto é muito importante para entender o que precisa ser feito pelo projeto e também qual qualidade é necessária.

O usuário principal é responsável por fornecer as informações sobre a descrição do produto do projeto. O gerente de projetos irá coordenar o trabalho na preparação desse documento. Ele consultará o usuário principal, o executivo e outros especialistas. A descrição do produto do projeto deve ser tão detalhada e completa quanto possível e pode ter a seguinte composição:

Tabela 8.2. Descrição do produto do projeto. Fonte: adaptado do material PRINCE2® da AXELOS. Reproduzido sob licença da AXELOS.

Descrição do produto do projeto	
Identificador	Identificador único (usado junto com a gestão de configuração).
Título	O nome do produto (por exemplo, "prédio de apartamentos").
Propósito	Qual é a finalidade do produto? (ex.: construir o prédio de apartamentos de alta qualidade com oito unidades de dois quartos para alugar).
Composição	Uma descrição dos principais produtos a serem entregues pelo projeto (tais como uma descrição dos apartamentos).
Derivação	Lista de itens usados para criar o produto, mas que não são vistos como parte do produto final (por exemplo, plano do arquiteto, andaimes, equipamentos de construção, etc.).
Habilidades de desenvolvimento requeridas	Habilidades necessárias para criar os produtos.
Expectativa de qualidade do cliente	Uma descrição da qualidade esperada e dos padrões que serão usados. Isso cobrirá todas as especificações e funcionalidades de cada produto.
Critérios de aceitação	Uma lista de verificação: uma lista priorizada dos critérios que o produto deve fornecer antes de poder ser aceito pelo cliente. Veja isso como uma planilha enumerando todas as expectativas de qualidade, com uma coluna extra para assinalar "aceito".

	Descrição do produto do projeto
Tolerâncias	Tolerância de prazo, custos, qualidade, escopo, riscos e benefícios.
Método de aceitação	Descrição de como o produto do projeto pode ser aceito/validado.
Responsabilidades de aceitação	Quem será o responsável pela aceitação?

Nem sempre é possível definir essa descrição no início do projeto, então ela pode ser refinada ainda mais no estágio de iniciação (**IP**). O PRINCE2® também pode dar a ilusão de que todas as características de produto devem ser descritas antecipadamente, mas este não é o caso. Descrições de novo produto podem ser criadas durante o projeto, e isso vai acontecer no processo *Managing a Stage Boundary* como parte do planejamento do próximo estágio. O PRINCE2® apenas afirma que todas as descrições de produto precisam ser acordadas com a respectiva **linha de base** antes de poder iniciar o desenvolvimento, o que é uma boa coisa.

8.10.2.2. PBP etapa 2: criar a estrutura analítica de produtos

Um produto do projeto é dividido em grandes produtos, que por sua vez são divididos em mais produtos, o que proporciona uma visão hierárquica. Isso é chamado de uma estrutura analítica de produtos (EAP). Também poderia ser usado um diagrama de "mapa mental". Na verdade, sugerimos que você comece com um mapa mental. Não se preocupe em quão bem você consegue fazer isso. Se puder usar a EAP para ajudar a explicar como você vê as peças do projeto para outra pessoa, então você está no caminho certo.

Ao criar uma estrutura analítica de produtos, você deve considerar os seguintes pontos:

- ❖ É uma boa ideia envolver um grupo de pessoas (*workshop*) que represente os diferentes interesses do projeto como usuário, fornecedor e pessoas que tenham conhecimento específico.
- ❖ Use *post-its* ou um quadro branco, assim será mais fácil fazer alterações.
- ❖ Deixe claro qual estrutura/modelo usará para o diagrama da estrutura analítica de produtos, decidindo sobre a questão após um consenso com os outros. Vamos usar o exemplo de um novo projeto de laptop. Você poderia "quebrá-lo" assim:
  - » Como você adquire as partes de produtos de diferentes fornecedores.
  - » A quantidade de partes de alimentação utilizada.

» Itens eletrônicos e não eletrônicos.

❖ Identifique produtos externos através de círculos ou elipses. Para ter uma ideia melhor, olhe para o exemplo simples a seguir.

8.10.2.3. Exemplo

Tabela 8.3. Exemplo de uma descrição do produto do projeto para um projeto de site simples. Fonte: The PRINCE2® Foundation Training Manual (2010).

Título	Website do livro
Propósito	Criar um website para promover um novo livro. Ele deve permitir que os visitantes se registrem, vejam uma amostra, comprem o livro e assinem uma *newsletter*.
Composição	Página de boas-vindas
	Página de registro
	Página da *newsletter*
	Página de compra
	Cópia do livro
	Nome do provedor de hospedagem
Derivação	Necessidades de design do site e layout
	Template do website
	Layout da página de registro
	Nome do provedor de hospedagem fornecido
Habilidade de desenvolvimento necessárias Etc.	Conhecimento de Joomla
	Conhecimento de configuração e ajustes do site no provedor de hospedagem

Para aqueles que não costumam criar uma estrutura analítica de produtos, sugerimos que comece com uma lista estruturada (indentada) como a seguinte. Isso irá ajudá-lo a desenhar a Estrutura Analítica do Produto. A vantagem de uma lista identada é que é fácil de criar e alterar.

Lista indentada: website do livro

Ela fornece as mesmas informações da tabela.

1. Site configurado
    1.1. Esqueceu a senha – configurado
        1.1.1. Esquecer a senha de extensão (externo)
        1.1.2. Página esquecer a senha
    1.2. Página de registro – configurado
        1.2.1. Página de extensão (externo)
        1.2.2. Página de registro
    1.3. Página de pagamento – configurado
        1.3.1. Componente de pagamento (externo)
        1.3.2. Requisitos
    1.4. Design e layout – configurados
        1.4.1. Design e layout atualizados
        1.4.2. Requisitos de layout e design (externo)
2. Informações adicionadas
    2.1. Texto do site (externo)
    2.2. Livro de amostra (externo)
    2.3. Livro (externo)
3. Site ativado
    3.1. URL configurada
        3.1.1. Nome da URL (externo)
        3.1.2. URL registrada
    3.2. Hospedagem configurada
        3.2.1. Nome da empresa de hospedagem (externo)
        3.2.2. Registrado com a empresa de hospedagem

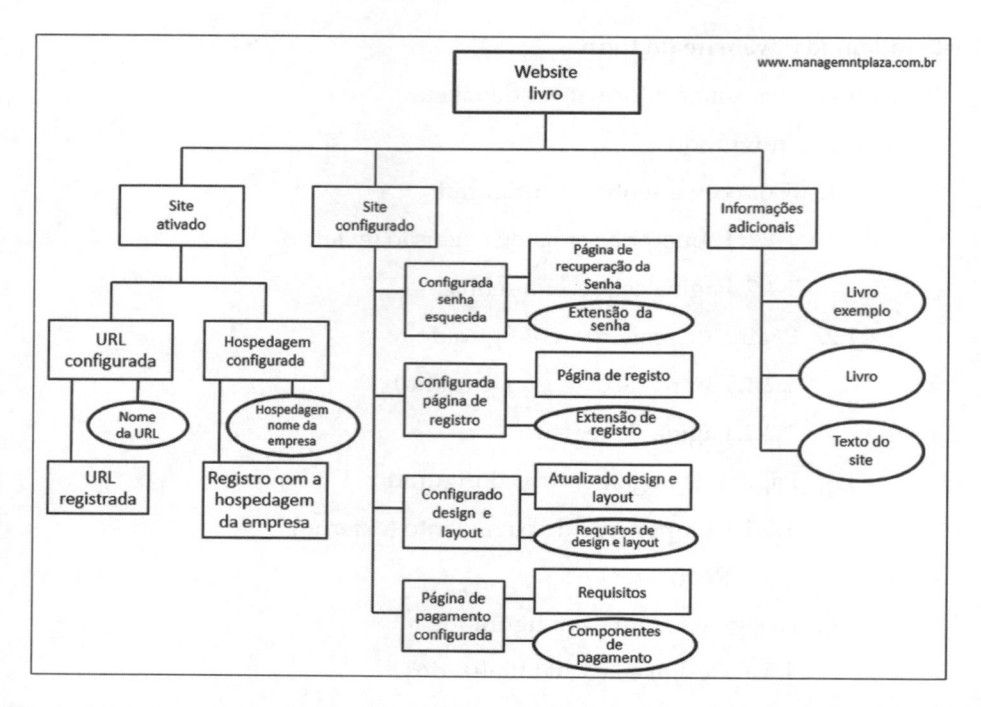

Figura 8.5. Estrutura analítica de produto para o site do livro. Fonte: The PRINCE2® Foundation Training Manual (2010).

8.10.2.4. PBP etapa 3: redigir as descrições de produtos (NR)

Uma descrição normalmente é redigida para cada um dos produtos identificados na estrutura analítica de produtos, se necessário. Aqui estão algumas coisas a serem consideradas ao criar tais descrições. Lembre-se de que informações de qualidade formam uma boa parte dessas descrições.

- ❖ Esta etapa deve iniciar assim que os produtos forem identificados e deve envolver todas as pessoas necessárias.

- ❖ Uma vez que o plano do projeto está completo, todas as descrições de produtos tornam-se linha de base e ficam sob administração do controle de mudanças, caso estas sejam necessárias.

- ❖ Pessoas que representam os usuários devem participar na definição dos critérios de qualidade dos produtos e de outras informações de qualidade.

- ❖ Como os projetos são muitas vezes semelhantes dentro de uma empresa, algumas descrições de produtos a partir de projetos anteriores poderiam ser usadas, em vez de criar cada descrição a partir do zero.

❖ Referir-se a normas (sempre que possível), em vez de redigir a especificação em detalhe.

❖ Para projetos pequenos, pode ser necessário redigir apenas a descrição do produto do projeto.

Tabela 8.4. Exemplo de descrição de produto para um elevador. Fonte: adaptado do material PRINCE2® da AXELOS. Reproduzido sob licença da AXELOS.

Item	Descrição do produto "Elevador"
Identificador	Código único (usado pelo gerenciamento da configuração).
Título	Este é o nome do produto (ex.: "Elevador").
Propósito	Qual é o propósito do produto?
Composição	Uma lista de todas as partes dos produtos (por exemplo, elevador, poço do elevador, seção de manutenção, portas de proteção, etc.).
Derivação	Lista de produtos utilizados para criar o produto, mas que não são consideradas parte integrante do produto final (por exemplo: o plano de arquiteto, andaimes e equipamento de construção).
Formato e apresentação	As características do produto – a maneira como é apresentado (por exemplo, portas de aço inoxidável e uma descrição do interior do elevador).
Habilidades de desenvolvimento	Habilidades necessárias para criar ou configurar os produtos (por exemplo, técnico de elevador da empresa de elevadores).
Critérios de qualidade	As especificações de qualidade que devem ser atendidas (por exemplo, cinco anos de garantia, atender ao código de operação do elevador e normas 95/16/CE).
Tolerância de qualidade	A gama de critérios de qualidade que seria aceitável (ex.: ruído de funcionamento e vibração podem ter valor de tolerância). Verificações de segurança podem não ter nenhuma tolerância (ex.: aprovado ou reprovado).
Método de qualidade	O método utilizado para verificar a qualidade do produto. Inspeção: nível de ruído pode ser feito com um medidor de db. Inspeção: código de segurança do elevador e padrões de operação.
Habilidades de qualidade requeridas	Habilidades necessárias para realizar verificações de qualidade. Habilidade técnicas em elevadores. Empresa de segurança credenciada.

Item	Descrição do produto "Elevador"
Responsabilidade de qualidade	Responsável por produzir, revisar e aprovar. Empresa de elevadores para produzir. Revisão: empresa de segurança credenciada, técnico de elevador. Aprovador: este poderia ser o arquiteto do edifício ou o usuário principal.

8.10.2.5. PBP etapa 4: criar o diagrama de fluxo de produtos

Um diagrama de fluxo de produto define a sequência em que os produtos do plano serão desenvolvidos e mostra as dependências entre eles. O diagrama também mostra os produtos que estão fora do escopo do projeto. Com o diagrama concluído, os próximos passos seriam considerar as atividades que são necessárias, bem como elaborar a estimativa e o cronograma.

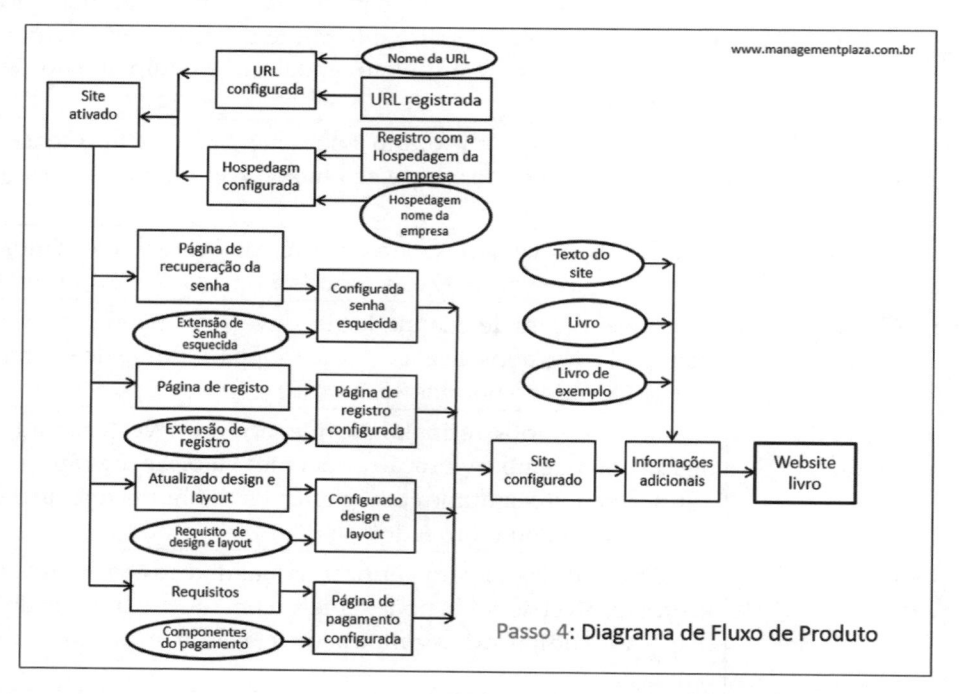

Figura 8.6. Diagrama de fluxo de produto – website livro. Fonte: The PRINCE2® Foundation Training Manual (2010).

Aqui estão alguns pontos a serem considerados ao criar um diagrama de fluxo de produto:

- ❖ O gerente de projetos deve garantir o envolvimento de outras pessoas que vão ajudar a entregar os produtos em vez de tentar fazer isso sozinho.

- ❖ Você pode efetuar a criação do diagrama de fluxo de produto na mesma reunião promovida para fazer a estrutura analítica de produto, já que as pessoas com o conhecimento necessário estarão com você.

- ❖ Use símbolos no diagrama (um retângulo para um produto. Uma elipse para um produto de fora).

Um bom exemplo de diagrama de fluxo de produto é o diagrama de montagem que você recebe quando compra uma mobília. Ele mostra as etapas que você deve seguir.

8.10.3. Passo 3: identificar atividades e dependências (NR)

Este é o terceiro passo da abordagem PRINCE2® para os planos.

Atividades

O objetivo é fazer uma lista de atividades que precisam ser feitas, e isso é muito mais fácil agora que você tem as informações dos documentos do planejamento baseado em produto junto com a estrutura analítica de produtos, o diagrama de fluxo de produtos e as descrições de produtos.

Dependências

Procure as dependências entre as atividades e observe-as. Existem dois tipos de dependências, internas e externas, e há uma pista no nome. Dependências **internas** estão dentro do projeto, enquanto as **externas** são de fora.

8.10.4. Passo 4: preparar estimativas (NR)

Estimar é decidir quanto tempo e quantos recursos são necessários para realizar um trabalho em um padrão aceitável. O gerente de projetos deve fazer a menor quantidade de estimativa quanto possível, pois é melhor pedir a alguém que possui mais experiência naquele trabalho específico. Assim, o gerente de projetos deve fazer um *workshop* (oficina) e convidar as pessoas necessárias. Isso pode ser feito no mesmo *workshop* do planejamento baseado em produtos.

A estimativa envolve:

- ❖ Identificação do tipo de recurso necessário, já que habilidades específicas são cruciais. Considere recursos não humanos, como equipamento (ex.: de teste e medição), suprimentos, viagens e dinheiro.

- Estimar o esforço requerido para cada atividade, já que nós nunca podemos garantir realmente o tempo exato para uma atividade.

8.10.5. Passo 5: preparar o cronograma (NR)

Existem muitas abordagens diferentes para cronograma e mais e mais pessoas estão usando ferramentas computadorizadas para ajudá-las. O gerente de projetos já deve ter **uma lista de todas as atividades, suas dependências e o tamanho do esforço das atividades** antes que possa começar essa tarefa de cronograma. Então, aqui estão algumas das etapas que um gerente de projetos irá realizar:

- Definir quais são as atividades e sua respectiva sequência.
- Avaliar a disponibilidade de recursos.
- Designar recursos.
- Nivelar o uso de recursos.
- Acordar pontos de controle.
- Definir marcos (*milestones*).
- Calcular os requisitos de recursos e custos totais.
- Apresentar o cronograma.

Se você já fez algum cronograma antes, você cobriu a maior parte desses passos. É claro que o PRINCE2® deu a cada um deles um nome e o MS Project permite que você faça a maioria de uma só vez.

8.10.6. Passo 6: documentar o plano (adicionar texto de apoio) (NR)

O objetivo aqui é adicionar narrativa, semelhante à seguinte, para ajudar a explicá-lo e identificar quaisquer restrições ou dependências:

1. **Descrição de plano:** breve descrição do que o plano abrange.
2. **Pré-requisitos do plano:** aspectos que devam estar presentes para o sucesso do plano.
3. **Dependências externas:** lista de dependências de fora que podem influenciar o plano.
4. **Premissas de planejamento:** lista dos pressupostos em que se baseia o plano.
5. **Lições incorporadas:** lições de projetos similares ou anteriores.

6. **Monitoramento e controle:** descreve como o plano será monitorado e controlado.
7. **Informações de orçamentos:** tais como prazo, custo e as previsões para riscos e mudanças.
8. **Tolerâncias:** visão geral de tolerâncias para as seis variáveis de projeto.
9. **Descrição de produtos:** abrange as descrições dos produtos do projeto. Tolerâncias de qualidade serão definidas na descrição de produto.
10. **Cronograma:** pode incluir gráficos de Gantt, EAP, DFP e outros.

8.10.7. Passo 7: analisar os riscos

Esta etapa é efetuada em paralelo, pois, à medida que você conhece mais a fundo as características do produto final e de seus componentes, existe uma excelente oportunidade de você identificar riscos novos. Lembre-se de que todos os riscos devem ser registrados no registro de risco. Além disso, todos os riscos possuem no mínimo uma resposta associada (vejas as categorias de resposta a riscos no capítulo de riscos).

8.11. A lista de produtos (NR)

Esta é uma lista dos produtos principais de um plano, incluindo as datas para sua entrega. A lista de produtos pode ser uma planilha contendo as seguintes informações (descritivas, datas planejadas e reais):

- ❖ **ID do produto:** número e título de produtos.
- ❖ **Descrição do produto:** data prevista e a data efetiva.
- ❖ **Rascunho de produto:** data prevista e a data efetiva do rascunho.
- ❖ **Verificação de qualidade:** data prevista e a data efetiva.
- ❖ **Data de aprovação:** data prevista e a data efetiva.
- ❖ **Passagem operacional:** data prevista e a data efetiva (se aplicável).

Tabela 8.5. Lista de produtos. Fonte: Com base no material PRINCE2® da AXELOS. Reproduzido sob licença da AXELOS.

ID	Título de produtos	Rascunho da descrição do produto		Descrição aprovada de produtos		Verificação da qualidade concluída		Aprovado	
		Planejado	Real	Planejado	Real	Planejado	Real	Planejado	Real
101	Interface do usuário	22/2	22/2	14/5	18/5	20/5	20/5	20/5	
102	Árvore de navegação	23/2	25/2	14/5		04/7		14/5	
103	Registro do usuário	24/2	25/2	12/6		20/7		12/6	
104	Autossenha	25/2	25/2	18/6		22/7		18/6	

Sabemos que alguns gerentes de projetos usam a lista de produtos. É uma maneira muito simples de comunicar o progresso do projeto às partes interessadas e também é a nossa preferida ferramenta de planejamento, por toda a facilidade que apresenta.

8.12. Responsabilidades do tema planos

Tabela 8.6. Responsabilidades do tema planos. Fonte: adaptado do material PRINCE2® da AXELOS. Reproduzido sob licença da AXELOS.

Papel	Responsabilidades
Gerência corporativa ou do programa	• Definir as tolerâncias do projeto (documentadas na proposição de projeto). • Aprovar planos de exceção do projeto (previsão de que as tolerâncias no nível do projeto sejam excedidas).
Executivo	• Aprovar o plano do projeto e os planos de exceção no nível de estágio. • Definir as tolerâncias para cada estágio e aprovar o plano de estágio.
Usuário principal	• Prover recursos para ajudar no planejamento baseado em produtos.
Fornecedor principal	• Prover recursos para ajudar no planejamento baseado em produtos.

Papel	Responsabilidades
Gerente de projetos	• Facilitar processo completo de planejamento baseado em produtos. • Redigir as descrições dos produtos (compartilhar a responsabilidade com o gerente da equipe especialista). • Criar os planos de projeto, estágio e exceção (se necessário). • Atualizar o plano do projeto (processo **SB**) para mostrar os dados atuais até o momento.
Gerente da equipe especialista	• Auxiliar o gerente de projetos com o planejamento e preparar os planos de equipe especialista. • Compartilhar a responsabilidade de redigir as descrições de produtos e o diagrama de fluxo de produtos.
Garantia do projeto	• Dar conselhos de planejamento para o gerente de projetos. • Assegurar o Comitê Diretor do Projeto sobre a implementação do SGQ.
Suporte do projeto	• Auxiliar com a compilação dos planos do projeto e planos de estágio.

8.13. O que você precisa saber para o exame *Foundation*

Você deve:

❖ Saber o propósito do tema planos:

   » Fornecer uma estrutura para fazer o design, desenvolver e manter o plano do projeto, o plano de estágio, o plano de exceção e o plano de equipe especializada.

   » Facilitar a comunicação e o controle definindo os meios de entrega dos produtos.

❖ Saber os três níveis de um plano recomendado pelo PRINCE2®:

   » Plano do projeto.

   » Plano de estágio.

   » Plano de equipe especializada.

❖ Reconhecer e compreender as quatro etapas no Planejamento Baseado em Produtos:

   » Ver item 8.10.2. Passo 2: definir e analisar os produtos.

❖ Compreender como os planos se relacionam com os princípios.
  » Planos ajudam a:
    ✓ Focar em produtos.
    ✓ Gerenciar por estágios.
❖ Saber o propósito de cada plano: quem cria, quem lê, qual nível de detalhe.
❖ Saber o propósito do plano de exceção e como ele é usado.
❖ Lembrar-se de alguns conteúdos típicos de um plano:
  » Pré-requisitos do plano, premissas de planejamento, lições incorporadas, orçamentos (custos, previsões de mudança e de risco) e informações sobre monitoramento e controle.
  » As tolerâncias de prazo, custo, escopo e, talvez, risco, qualidade e benefícios.
  » Descrições de produtos, incluindo suas informações de qualidade.
❖ Saber quando os planos são criados e por quem:
  » Ver item 8.6. O caminho para o planejamento.

8.14. Perguntas

Q1. Quais são os três primeiros planos a serem criados usando as informações do tema de planos e quando eles são criados (em qual processo)?

Q2. Quais planos são usados pelos diferentes níveis na equipe de gerenciamento de projetos?

Q3. Quais dos seguintes planos são obrigatórios em um projeto?
  ❖ Plano de equipe.
  ❖ Plano de exceção.
  ❖ Plano do projeto.
  ❖ Plano de estágio.
  ❖ Plano do programa.

Q4. Qual das seguintes sentenças é incorreta?
  a) Planos de estágio são produzidos perto do momento em que as atividades planejadas ocorrerão.

b) Planos de estágio fornecem uma base para o controle diário do gerente de projetos durante o estágio.

c) Planos de estágio fornecem uma base para o controle diário pelo Comitê do Projeto.

Q5. Qual é a ordem correta para a técnica de planejamento baseado em produto e em qual processo é criada a descrição do produto do projeto?

- ❖ Descrição de produtos.
- ❖ Estrutura analítica de produto.
- ❖ Descrição do produto do projeto.
- ❖ Diagrama de fluxo de produtos.

Q6. Que papel define e planeja as tolerâncias do projeto, do estágio e da equipe?

Q7. Quem aprova o plano de exceção se ele precisar substituir o atual plano do projeto?

Q8. Dos itens a seguir, quais são identificados quando da criação de uma estrutura analítica de produtos (EAP)?

a) Produtos a serem criados por recursos internos (S/N)

b) Estimar o tempo para desenvolver cada produto (S/N)

c) Recursos necessários para desenvolver os produtos (S/N)

d) Produtos externos (produtos existentes ou fora do escopo) (S/N)

DICA: a EAP acontece antes da descrição dos produtos e do diagrama de fluxo de produtos.

Q9. Quais são os três propósitos do tema planos?

a) Facilitar a comunicação (S/N)

b) Estabelecer a estrutura de responsabilidade do projeto (S/N)

c) Definir os meios de entrega de produtos (S/N)

d) Entender se as metas são alcançáveis (S/N)

e) Avaliar e controlar a incerteza (S/N)

DICA: qual você acha que se encaixa com o planejamento?

Q10. Que tema fornece informações sobre o que é necessário, como será realizado e por quem?

Q11. Quais são os dois benefícios de usar a técnica de planejamento baseado em produto?

a) Todos os produtos necessários do projeto serão entregues no prazo e custo previstos. (S/N)

b) Melhorar a comunicação, pois fornece uma visão geral simples dos produtos. (S/N)

c) Mostrar claramente quanto tempo um projeto levará. (S/N)

d) Reduzir o risco de escopo incorreto no projeto. (S/N)

Q12. Cite os três níveis de plano recomendados pelo PRINCE2® (nome dos planos) e que plano é opcional em um projeto.

Q13. Quais são os dois papéis que têm a responsabilidade de redigir as descrições do produto?

> **DICA:** ao efetuar a redação de descrições de produtos você deverá envolver outras pessoas, e sempre é bom citar os responsáveis.

Q14. Quem o gerente da equipe especialista deveria notificar se o orçamento dele ficar fora da tolerância?

Q15. Qual plano é **atualizado** (não criado) no processo *Managing a Stage Boundary* e por quê?

8.15. Perguntas e respostas

Q1. Quais são os três primeiros planos a serem criados usando as informações do tema de planos e quando eles são criados (em qual processo)?

A1. O primeiro plano criado é o plano de estágio de iniciação no processo **SU**. O segundo plano criado é o plano do projeto no processo **IP**. O terceiro plano criado é o plano de estágio para o primeiro estágio de entrega (segundo estágio no projeto) no processo **SB**. O plano de revisão de benefícios é criado no processo **IP**, mas ele não necessariamente usa informações dos planos.

> REFERÊNCIA: *ver item 8.5. Os três níveis de um plano.*

Q2. Quais planos são usados pelos diferentes níveis na equipe de gerenciamento de projetos?

A2. O Comitê Diretor do Projeto usa principalmente o plano do projeto. O gerente de projetos usa o plano de estágio no seu dia a dia e também atualiza o plano do projeto no processo **SB**, usando-o para criar o próximo plano de estágio. O gerente da equipe especialista usa apenas o plano de equipe especialista.

REFERÊNCIA: ver item 8.5. Os três níveis de um plano.

Q3. Qual dos seguintes planos são obrigatórias em um projeto?
- Plano de equipe.
- Plano de exceção.
- Plano do projeto.
- Plano de estágio.
- Plano do programa.

A3. O plano do projeto e o plano de estágio são mandatórios.

REFERÊNCIA: ver item 8.5. Os três níveis de um plano.

Q4. Qual das seguintes sentenças é incorreta?
   a) Planos de estágio são produzidos perto do momento em que as atividades planejadas ocorrerão.
   b) Planos de estágio fornecem uma base para o controle diário do gerente de projetos durante o estágio.
   c) Planos de estágio fornecem uma base para o controle diário pelo Comitê Diretor do Projeto.

A4. A resposta é a letra C, pois o Comitê Diretor do Projeto usa o plano do projeto como uma base para controle. Em outras palavras, ele monitora o progresso do projeto e compara com o plano do projeto.

REFERÊNCIA: ver item 8.5. Os três níveis de um plano.

Q5. Qual é a ordem correta para a técnica de planejamento baseado em produto e em qual processo é criada a descrição do produto do projeto?
- Descrição de produtos.
- Estrutura analítica de produto.
- Descrição do produto do projeto.
- Diagrama de fluxo de produtos.

A5. A ordem correta é a seguinte:

1. **Descrição do produto do projeto:** criada no processo **SU** (torna-se parte do sumário do projeto).
2. **Estrutura analítica de produto:** criada usando mapa mental, lista indentada, etc.
3. **Descrição de produtos.**
4. **Diagrama de fluxo de produtos:** mostra a sequência de desenvolvimento.

As três últimas etapas podem ser feitas em um *workshop*.

REFERÊNCIA: *ver item 8.10.2. Passo 2: definir e analisar os produtos.*

Q6. Que papel define e planeja as tolerâncias do projeto, do estágio e da equipe?

A6. A gerência corporativa ou do programa define as tolerâncias do projeto e o Comitê Diretor do Projeto define as tolerâncias de estágio. O gerente de projetos e o gerente da equipe especialista entram em acordo sobre as tolerâncias para cada pacote de trabalho.

REFERÊNCIA: *Veja item 8.12. Responsabilidades do tema planos.*

Q7. Quem aprova o plano de exceção se ele precisar substituir o atual plano do projeto?

A7. A gerência corporativa ou do programa aprova o plano de exceção que substituirá o plano do projeto atual. O Comitê Diretor do Projeto aprovará o plano de exceção que substituirá o plano de estágio atual. Não há plano de exceção para o pacote de trabalho ou o plano de equipe especialista.

REFERÊNCIA: *ver item 8.12. Responsabilidades do tema planos.*

Q8. Dos itens a seguir, quais são identificados quando da criação de uma estrutura analítica de produtos (EAP)?

a) Produtos a serem criados por recursos internos (S/N)
b) Estimar o tempo para desenvolver cada produto (S/N)
c) Recursos necessários para desenvolver os produtos (S/N)
d) Produtos externos (produtos existentes ou fora do escopo) (S/N)

DICA: a EAP acontece antes da descrição dos produtos e do diagrama de fluxo de produtos.

A8. Respostas:
   a) SIM.
   b) NÃO. Isso é decidido mais tarde no planejamento.
   c) NÃO. Isso é decidido mais tarde no planejamento.
   d) SIM.

REFERÊNCIA: *ver item 8.10.2.2. PBP etapa 2: criar a estrutura analítica de produtos*.

Q9: Quais são os três propósitos do tema planos?
   a) Facilitar a comunicação. (S/N)
   b) Estabelecer a estrutura de responsabilidade do projeto. (S/N)
   c) Definir os meios de entrega de produtos. (S/N)
   d) Entender se as metas são alcançáveis. (S/N)
   e) Avaliar e controlar a incerteza. (S/N)

DICA: qual você acha que se encaixa com o planejamento?

A9. Respostas:
   a) SIM. Usar *workshops*, diagramas.
   b) NÃO. Isso é organização.
   c) SIM. Isso é discutido e acordado.
   d) SIM. Isso é discutido.
   e) NÃO. Isso é gerenciamento de risco.

REFERÊNCIA: *ver item 8.3. O tema planos através do PRINCE2®*.

Q10. Que tema fornece informações sobre o que é necessário, como será realizado e por quem?

A10. Este é o tema **planos**. Planejamento fornece informações sobre o que é necessário, como será alcançado e por quem, quando eventos vão acontecer e se as metas são realizáveis. Ele começa com a criação da descrição de produto do projeto.

REFERÊNCIA: *ver item 8.3. O tema planos através do PRINCE2®*.

Q11. Quais são os dois benefícios de usar a técnica de planejamento baseado em produto?

    a) Todos os produtos necessários do projeto serão entregues no prazo e custo previstos (S/N)

    b) Melhorar a comunicação, pois fornece uma visão geral simples dos produtos (S/N)

    c) Mostrar claramente quanto tempo um projeto levará (S/N)

    d) Reduzir o risco de escopo incorreto no projeto (S/N)

A11. Respostas:

    a) NÃO

    b) SIM

    c) NÃO

    d) SIM

> **NOTA:** Planejamento baseado em produtos é feito antes das estimativas.

> *REFERÊNCIA: ver item 8.10.2. Passo 2: definir e analisar os produtos.*

Q12. Cite os três níveis de plano recomendado pelo PRINCE2® (nome dos planos) e que plano é opcional em um projeto.

A12. Plano do projeto, plano de estágio e plano de equipe especialista. O plano de equipe especialista é opcional.

> *REFERÊNCIA: ver item 8.5. Os três níveis de um plano*

Q13. Quais são os dois papéis que têm a responsabilidade de redigir as descrições do produto?

> **DICA:** ao efetuar a redação de descrições de produtos você deverá envolver outras pessoas, e sempre é bom citar os responsáveis.

A13. O gerente de projetos e o gerente da equipe especialista têm a responsabilidade de redigir as descrições de produtos.

> *REFERÊNCIA: ver item 8.12. Responsabilidades do tema planos.*

Q14. Quem o gerente da equipe especialista deveria notificar se o orçamento dele ficar fora da tolerância?

A14. O gerente da equipe especialista deveria notificar o gerente de projetos registrando uma *issue*.

> REFERÊNCIA: *ver item 8.5. Os três níveis de um plano.*

Q15. Qual plano é atualizado (não criado) no processo *Managing a Stage Boundary* e por quê?

A15. O plano do projeto é atualizado para mostrar os dados efetivos para datas (marcar o que foi entregue no último estágio), e a previsão para o resto do projeto também pode ser atualizada com base no novo plano de estágio.

> REFERÊNCIA: *ver item 8.6. O caminho para o planejamento.*

9. Risco

9.1. Introdução ao tema risco

Consideremos o que será abordado no tema **risco**. Você irá:

- ❖ Ser capaz de responder: (a) o que é um risco, (b) o que está em risco no projeto e (c) o que é gerenciamento de risco. Além disso, você vai aprender o que é apetite de risco e os três passos para o gerenciamento de riscos: a identificação, a avaliação e o controle.

- ❖ Saber como o tema risco se refere ao método de gerenciamento de riscos (*Management of Risk* – M_o_R®) da AXELOS.

- ❖ Aprender sobre o registro de risco, como ele é usado e seu conteúdo típico.

- ❖ Aprender os cinco passos do procedimento de gerenciamento de riscos, que são identificar, avaliar, planejar, implementar e comunicar (IAPIC).

- ❖ Saber mais sobre o orçamento de risco.

- ❖ Aprender sobre os papéis e responsabilidades quando se tratar de riscos.

9.2. O que acontece no mundo real?

A maioria dos gerentes de projetos realmente não tem muita chance de praticar gerenciamento de risco. O assunto é muito bem abordado em todos os métodos de gerenciamento de projetos, mas parece ser esquecido tão logo o projeto é iniciado. Mesmo quando os gerentes de projetos investem uma quantidade de tempo adequada no gerenciamento de riscos, começam a "desanimar" uma vez que percebem que ninguém está interessado em obter as informações sobre risco (pode haver pouca consciência sobre gerenciamento de riscos na organização, com as pessoas imaginando que risco está relacionado à má gestão ou simplesmente achando chato).

Gerentes de projetos não são os culpados. Primeiro eles precisam de uma abordagem de gerenciamento de riscos a ser seguida, e o resto da organização também tem que estar ciente da importância do gerenciamento de riscos. Se você estiver trabalhando em um ambiente de programa, provavelmente haverá uma abordagem padrão para gerenciamento de riscos e, espera-se, você terá recebido treinamento.

Se você não estiver trabalhando em um ambiente de programa, então deve verificar se existem procedimentos e padrões disponíveis para o gerenciamento de riscos na empresa ou em uso por outros gerentes de projetos.

O conhecimento fornecido no tema **risco** oferece uma excelente abordagem para gerenciamento de riscos, que você será capaz de entender e usar. Acreditamos que a coisa mais importante a compreender neste tema é a estrutura do risco, como usá-la para trabalhar as informações de risco e como controlar/acompanhar os riscos durante o projeto.

Uma boa dica é perguntar ao executivo: "como os riscos devem ser avaliados, controlados e comunicados durante o projeto?". Isso lhe dará uma boa ideia acerca da conscientização que ele tem sobre os riscos para o projeto e, talvez, para a empresa.

9.3. O tema risco através do PRINCE2®

Este tema destina-se a fornecer uma abordagem para "identificar, avaliar e controlar as incertezas durante um projeto e, como resultado, melhorar a possibilidade de o projeto ter sucesso".

Você também poderia dizer que o propósito do tema **risco** é "identificar, avaliar e controlar incertezas para melhorar a possibilidade de sucesso".

Por que há risco em um projeto?

Fazer projetos é fazer algo novo! Toda mudança introduz incerteza! E toda incerteza é um risco; assim, risco é inerente a projeto. Você precisa saber como identificar o risco, como avaliá-lo, como controlá-lo e como o risco pode afetar os objetivos do projeto.

Quando o gerenciamento de riscos é feito no projeto?

Gerenciamento de riscos não é feito apenas no início do projeto; deve ser uma atividade contínua durante toda a sua vida; é, portanto, uma das **principais** tarefas para o gerente de projetos. O executivo é responsável pelo risco em um projeto, e ele conta com o gerente de projetos para continuamente identificar, avaliar e controlar os riscos ao longo do projeto.

9.4. Definições de risco

O que é risco?

PRINCE2® tem uma definição específica para o risco, que surge a partir do método M_o_R®.

> *Risco é um conjunto de eventos que, caso ocorram, terão um efeito sobre os objetivos do projeto.*

Outra definição é:

> *Risco é um evento incerto que, se ocorrer, terá um efeito positivo ou negativo sobre um objetivo de projeto.*

Já que o risco é incerto, ele pode trazer um efeito positivo ou negativo, ou seja, pode ser visto como uma ameaça ou oportunidade. Descrever risco como positivo – ou diríamos uma oportunidade – pode ser novo para você, então aqui está um exemplo. Em um projeto para desenvolver um novo sistema CRM (*Customer Relationship Management*, gestão de relacionamento com cliente) foi identificada a possibilidade de obter uma redução de 50% sobre o módulo de integração do armazém, a um custo de R$ 15.000. Trata-se de uma oportunidade, já que terá impacto positivo no projeto.

O que está em risco?

Você poderia responder a essa pergunta dizendo que o projeto estava sob risco, ou, talvez, que a satisfação do usuário com o uso do produto estava sob risco. O PRINCE2® considera outro ponto de vista. Ele busca identificar quais **objetivos do projeto estão em risco**, e estes incluem as seis metas de desempenho, de tempo, custo, qualidade, escopo, benefícios e o próprio desempenho de riscos.

O que é gerenciamento de riscos?

O gerenciamento de riscos está relacionado aos passos a serem tomados de forma sistemática que lhe permitirão identificar, avaliar e controlar (planejar, implementar e comunicar) os riscos. Este tema fornece uma abordagem para gerenciar o risco em um projeto. Há três etapas **principais** para gerenciamento de risco, que são:

- ❖ **Identificação:** como identificar e descrever o risco.
- ❖ **Avaliação:** probabilidade, proximidade e impacto nos objetivos.
- ❖ **Controle:** como responder da melhor maneira possível (planejar, implementar as ações, acompanhar e comunicar).

Um novo risco pode surgir a qualquer momento no projeto. O gerente de projetos deve fazer perguntas como:

- ❖ "Esse risco afetará o *business case*?"
- ❖ "Como este risco afeta quaisquer dos riscos atuais já registrados?"

9.5. O método de gerenciamento de riscos M_o_R® e o contexto do risco

O PRINCE2® utiliza outro método do AXELOS Limited, que é o gerenciamento de riscos (M_o_R®). Como resultado, o PRINCE2® aproveita todos esses procedimentos e princípios que já foram definidos em vez de tentar reinventar a roda. O método M_o_R® é uma abordagem genérica para riscos com as seguintes etapas:

1. Em primeiro lugar, deve-se entender o contexto do projeto, ou seja, compreender o ambiente de projeto.
2. Envolver as partes interessadas (usuários, fornecedores, equipes, etc.) para ajudar a identificar os riscos.
3. Estabelecer uma abordagem para o projeto e documentá-la.
4. Apresentar relatórios periódicos sobre riscos.
5. Definir papéis e responsabilidades para os riscos.

Contexto de risco

Explicando melhor o que queremos dizer com "compreender o contexto do projeto":

- ❖ Se alguém lhe perguntar o que significa uma determinada palavra, você pode perguntar "em que contexto?". É a mesma coisa, porém no ponto de vista dos riscos.
  - » **Exemplo 1**: se temos um projeto espacial da NASA e um dispositivo que precisa funcionar por dez anos em órbita (contexto), temos um bom exemplo de um projeto de baixíssima tolerância a riscos.
  - » **Exemplo 2**: estamos desenvolvendo um protótipo simples apenas para uso interno, e este produto terá uma vida de até quatro meses; e nem tudo tem que funcionar 100% neste produto (contexto). Este é um exemplo de um projeto de alta tolerância a riscos.

> **NOTA:** um projeto com **alta tolerância** a riscos pode absorver muitos riscos. Isso também pode ser chamado de "grande apetite" por riscos.

Ao efetuar as primeiras considerações sobre risco, a primeira pergunta deve ser: "que políticas de risco já existem na empresa, ou no ambiente do programa, que podem ser usadas?" e "então não há nenhuma necessidade de reinventá-las?". Se houver alguma diretiva, então ela fornecerá as seguintes informações:

- ❖ A atitude da organização em relação a riscos – também chamado de apetite por risco.
- ❖ Tolerâncias a riscos.
- ❖ Procedimentos para escalar para o nível superior hierárquico.
- ❖ Papéis e responsabilidades.
- ❖ Exemplo de um documento de estratégia de gerenciamento de riscos.

9.6. A estratégia de gerenciamento de riscos

O PRINCE2® recomenda que cada projeto tenha seu próprio documento de **estratégia de gerenciamento de riscos**. Ele define os procedimentos do projeto para gerenciamento de riscos, em termos de como o risco será identificado, avaliado e controlado (planejado, implementado e comunicado) no projeto.

Outra maneira de dizer isso é: a estratégia de gerenciamento de riscos descreve as técnicas e padrões específicos a serem aplicados durante o projeto e as responsabilidades para fornecer um bom e consistente procedimento de gerenciamento de riscos.

Isso pode parecer uma tarefa grande, mas se seu projeto é parte de um programa, então a maior parte da estratégia de gerenciamento de riscos já lhe será fornecida em um modelo detalhado que você pode atualizar de acordo com o projeto. A estratégia de gerenciamento de riscos é criada (ou personalizada de acordo com o projeto) no estágio de iniciação (*Initiate a Project*) pelo gerente de projetos. A garantia do projeto fará um trabalho de revisão, aconselhamento e certificação.

9.7. O registro de riscos – histórico dos riscos

O registro de riscos captura e mantém as informações (ameaças e oportunidades) sobre todos os riscos que foram identificados e relacionados ao projeto. Assim, ele fornece um registro de todos os riscos, incluindo seu histórico e o status.

Veja o registro de riscos como uma planilha com as seguintes informações:

Nome do Projeto:	Village Concert		Escalas de Risco do projeto	
Número do Projeto:	005		Risco Alto	€4.000
Gerente do Projeto:	C. Turley		Médio	> €2,500
Executivo do Projeto:	G. Johnson		Risco Baixo	< €2,500

Figura 9.1. Registro de riscos. Fonte: The PRINCE2® Foundation Training Manual (2010).

Registro de Risco												
ID Risco	Autor do risco	Data do registro	Categoria de risco	Descrição de risco	Probabilidade	Impacto	Probabilidade X impacto	Categoria de resposta	Resposta - ação/ações	Status do risco	Dono do risco	Executor da ação
56	G. Patrick	20/10	Segurança	As preocupações da segurança poderá criar dificuldades de licenciamento.	4%	€40.000	€1.600	Reduzir	Trabalho com oficial da cidade, criar plano	Ativo	K.Jones	W. Maths
57	P. Smith	21/10	Organização	Devido ao verão, poderá haver dificuldades em obter os colaboradores necessários.	66%	€6.100	€4.026	Reduzir	Tentar trabalhar com voluntários	Ativo	T. Jarvis	T. Jarvis
58	K. Jackson	25/10	Financeiro	Tempo britânico, chuva reduzirá o consumo de cerveja.	15%	€3.500	€525	Reduzir	Verificar outras bebidas para vender	Ativo	Y. Young	O. Stella

Figura 9.2. Exemplo do registro de riscos. Fonte: adaptado do material PRINCE2® da AXELOS. Reproduzido sob licença da AXELOS.

Tabela 9.1. Risco descrito. Fonte: The PRINCE2® Foundation Training Manual (2010).

Identificador de risco	Este é apenas um número único (ex.: 042).
Autor do risco	Pessoa que levantou o risco.
Data de registro	Data em que o risco foi registrado.
Categoria de risco	Um projeto pode ter suas próprias categorias. Por exemplo: qualidade, rede, legal e fornecedor.
Descrição de risco	A descrição do risco deve ser específica, contendo a causa, o evento e o efeito.
Probabilidade impacto	Um valor em uma escala (muito baixa, baixa, normal, etc.).
Proximidade	Em quanto tempo (quando) o risco deve acontecer.
Categoria de resposta a risco	**Se uma ameaça:** evitar, reduzir, retroceder, transferir, aceitar ou compartilhar. **Se oportunidade:** explorar, ampliar/aumentar, rejeitar ou compartilhar.
Resposta a risco	Lista de ações para fazer frente ao risco (associadas à categoria).

Status do risco	Status atual do risco: ativo ou fechado.
Dono do risco	Cita a pessoa responsável por gerenciar o risco.
Executor da ação para riscos	Pessoa que irá executar as ações descritas na resposta (obs.: também pode ser o dono do risco).

O último ponto que gostaríamos de ressaltar sobre o registro de riscos é que o gerente de projetos é responsável por ele, mas é o papel de suporte do projeto que vai mantê-lo. A estratégia de gerenciamento de riscos irá descrever como o registro de riscos deve ser configurado e usado.

9.8. Introdução ao procedimento de gerenciamento de riscos

O procedimento de gerenciamento de riscos é um conjunto de cinco passos recomendados pelo PRINCE2®. Para ajudar a lembrar disso, pense na seguinte sigla quando você pensar em riscos: IAPIC – **identificar, avaliar, planejar, implementar** e **comunicar**. Os quatro primeiros passos são sequenciais, enquanto a comunicação sempre será feita para informar as partes interessadas do que está acontecendo e para obter um *feedback* contínuo durante esse processo. **Lembre-se**: este é um procedimento sistêmico e constante.

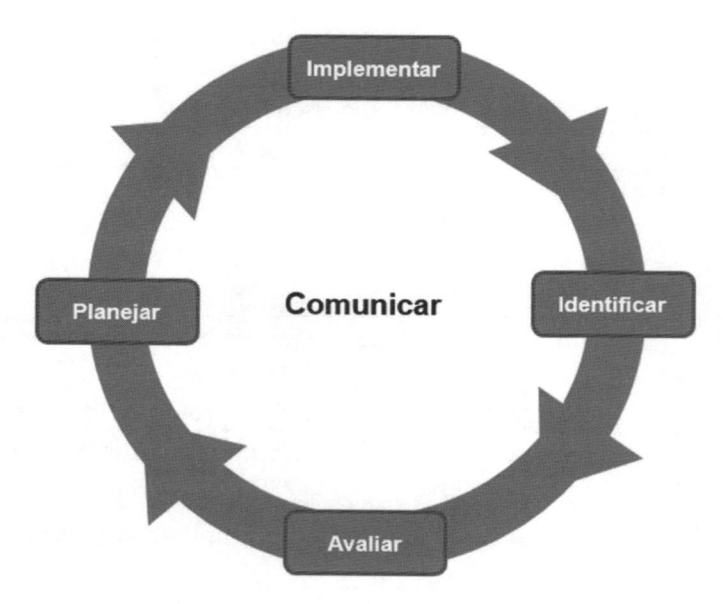

Figura 9.3. O procedimento de gerenciamento de riscos. Fonte: AXELOS Limited 2009. Todos os direitos reservados. Material reproduzido sob licença da AXELOS.

Tabela 9.2. Descrições dos passos do procedimento de gerenciamento de riscos. Fonte: adaptado do material PRINCE2® da AXELOS. Reproduzido sob licença da AXELOS.

Passos	Descrições
Identificar	Primeiro preencha o documento de estratégia de gerenciamento de riscos para o projeto e, em seguida, identifique os riscos (ameaças e oportunidades) que possam afetar o projeto.
Avaliar	Avalie os riscos em termos de probabilidade e impacto sobre os objetivos do projeto. Analise também a proximidade (o quão próximo está de ocorrer).
Planejar	Prepare respostas específicas às ameaças (ex.: para ajudar a reduzir ou evitar a ameaça); ou mesmo para maximizar a probabilidade de um risco acontecer, no caso de uma oportunidade.
Implementar	Realizar as respostas planejadas mencionadas.
Comunicar	Comunique-se com as partes interessadas. Use os relatórios criados durante o projeto (ex.: relatório de final de estágio).

9.9. Passo 1: identificar

A etapa de identificação pode ser dividida em uma série de pequenos passos.

Identificar o contexto: trata-se de entender o projeto a partir do ponto de vista do risco; se este é um projeto de tolerância alta ou baixa; como é o apetite da organização para riscos, etc. Faça perguntas como:

1. Que tipo de projeto é este? Ou, quantas pessoas vão usar o produto?
2. Qual é o custo para a empresa, se o produto não funciona?
3. Quão complexo é este projeto e/ou a abordagem da organização para riscos?

Preencher o documento de estratégia de gerenciamento de riscos.

1. Ele irá fornecer informações sobre qual procedimento seguir, a estrutura do registro de riscos, categorias de risco, relatórios, papéis e responsabilidades, escalas para probabilidade, impacto, proximidade, etc.

Identificar os riscos usando várias técnicas.

1. Revisão de lições, registros de riscos e de *issues* de projetos antigos.
2. Checar se as listas de verificação estão disponíveis (listas de aviso).
3. Fazer sessões de *brainstorming* com participação de especialistas.

Por fim, **descrever** os riscos em termos de evento, causa e efeito. Veja o próximo tópico.

9.9.1. Como expressar o risco

Vamos aprender agora como expressar o risco ou, em outras palavras, como **descrever** o risco. O PRINCE2® recomenda que o risco deve ser descrito de uma certa maneira. Por exemplo, não podemos dizer que o risco para uma conferência de negócios internacionais em Londres pode ser um vulcão. Isso não nos diz muito em termos de como o vulcão poderia afetar o projeto. O PRINCE2® recomenda que descrevamos o risco em termos de **evento**, **causa** e **efeito**. Temos alguns exemplos.

Exemplo 1: digamos que nosso projeto é organizar uma conferência europeia sobre energia solar em Londres e convidamos as trezentas pessoas mais influentes para este evento que deverão, em sua maioria, ir ao evento de avião. Agora vamos descrever esse risco do vulcão em termos de evento, causa e efeito.

> *Devido a um vulcão na Islândia que está liberando cinzas, há uma ameaça de que os ventos possam trazer essas cinzas para o espaço aéreo do Reino Unido. Com a complicação dos pousos das aeronaves, 80% das pessoas poderão faltar ao evento, com prejuízo de € 22.000.*

Agora vamos olhar a causa, o evento e o efeito na última declaração:

- ❖ A causa é o vulcão na Islândia que está liberando cinzas (já acontecendo).
- ❖ O evento é uma ameaça de que os ventos poderiam trazer as cinzas para o espaço aéreo do Reino Unido e que os aviões poderiam ficar em terra. Esse evento pode acontecer, então este é o risco (ameaça).
- ❖ O efeito sobre o nosso projeto é que ele faria com que 80% das pessoas perdessem o evento ou não fossem capazes de voltar para casa, causando prejuízo ao evento.

Exemplo 2: (extraído do manual do PRINCE2®): primeiramente vamos misturar a frase para que você possa pensar sobre a causa, o evento que é uma ameaça e o efeito: "colheitas de agricultores podem ficar danificadas devido à forte chuva, já que os campos podem ficar alagados".

- ❖ Qual é a causa original? A forte chuva.
- ❖ Qual é a ameaça? Os campos ficarem alagados.
- ❖ Qual é o risco? As colheitas podem ser danificadas se o risco ocorrer.

Assim, a maneira correta de descrever esse risco seria:

> *Devido à chuva forte, há uma ameaça dos campos serem inundados, o que iria prejudicar as colheitas.*

Exemplo 3: digamos que o projeto seja organizar um concerto ao ar livre a dez quilômetros do aeroporto de Heathrow, porém próximo da rota aérea. Os organizadores do concerto veem este risco do vulcão como uma oportunidade, visto que assim não haverá nenhum ruído aéreo.

Poderíamos escrever este risco com a seguinte estrutura: de causa, evento e efeito.

Devido ao fato de que um vulcão está ativo e liberando cinzas, **há uma oportunidade** de que os ventos possam soprar as cinzas para o espaço aéreo no Reino Unido e para as pistas de pouso, o **que resultaria** em uma melhor experiência para frequentadores do concerto, por haver menos ruídos e uma estimativa de 20% a mais de visitantes.

> **DICA:** escreva a frase da seguinte maneira, já que isso irá tornar mais fácil: devido a (causa)... há o risco (evento)... que poderia resultar em (efeito)....

9.10. Passo 2: avaliar

Aqui temos duas ações: estimativa e avaliação de risco. Você vai ver que elas sempre andam juntas.

A **estimativa** versa sobre como avaliar a **probabilidade,** o **impacto** e a **proximidade** para cada ameaça ou oportunidade. Essas informações são três das colunas no registro de riscos.

Avaliar é agrupar todos os riscos juntos (ameaças e oportunidades) e obter um valor de risco geral para o projeto como um todo.

9.10.1. Estimativa

Há uma série de técnicas para estimar o risco, como árvores de probabilidade, valor esperado, análise de Pareto e matriz de impacto de probabilidade. Você não precisa conhecer essas técnicas para o exame. Daremos um exemplo, para você ter uma boa ideia de como usá-las.

Técnica do valor esperado

Esta técnica combina o custo de impacto (ex.: € 80.000) com a probabilidade (ex.: 5%). Em outras palavras, ela combina o custo do impacto.

Exemplo: o risco é que alguns equipamentos especializados de testes de computador que você usa em seu projeto sejam danificados ou roubados. O impacto disso seria € 80.000, já que este é o custo de comprar novos equipamentos. Digamos que a probabilidade disso acontecer é de 2%. O **valor esperado** é a combinação do impacto pela probabilidade; assim, € 80.000 x 2% = **€ 1.600**.

ID do risco	Probabilidade	Impacto	Valor esperado (probabilidade * impacto)
04	2%	€ 80.000	€ 1.600
05	4%	€ 10.000	€ 400
06	10%	€ 15.000	€ 1.500
...	....	.....	......
Valor monetário esperado			**€ 3.500**

Figura 9.4. Exemplo do valor monetário esperado. Fonte: The PRINCE2® Foundation Training Manual (2010).

Você pode usar a técnica apresentada na figura ilustrada anteriormente e colocar um valor para cada risco, facilitando a comparação entre eles.

O PRINCE2® recomenda que, para cada ameaça e cada oportunidade, seja entendido o seguinte:

❖ A probabilidade do risco (ou seja, a probabilidade de isso acontecer).

❖ O impacto (quantificar em termos de objetivos do projeto, ou seja, quais serão os prejuízos?).

❖ A proximidade dessas ameaças, ou seja, quando o risco deverá acontecer. (ex.: chuvas torrenciais podem ocorrer durante quatro meses no ano; porém muito mais perto de ocorrer no seu evento se este for realizado em fevereiro).

❖ Como o impacto do risco pode mudar ao longo da vida do projeto. Precisamos dar um exemplo para explicar isso:

» Digamos que haja uma ameaça de que um fornecedor leve 20% a mais de tempo para fazer suas tarefas do que o previsto. O impacto no início refletirá para todo o projeto, enquanto o impacto no final abrangerá apenas uma fase. Assim, o impacto desse risco ficará menor conforme o projeto avança.

O PRINCE2® recomenda plotar as estimativas em um **diagrama sumário de risco**. Trata-se de um diagrama de **probabilidade** *versus* **impacto** e é uma maneira fácil de comparar os riscos uns com os outros. Recomendamos fortemente que você dê uma boa olhada no exemplo do diagrama sumário de risco e entenda a sua estrutura.

Este diagrama possui uma série de vantagens:

❖ É fácil obter uma visão geral de todos os riscos.

❖ É muito útil para comunicar a nível de risco do projeto para o Comitê Diretor do Projeto.

❖ Você pode ver quais riscos vão precisar de maior atenção.

❖ Você pode desenhar uma linha de tolerância de risco no diagrama e distinguir riscos que têm um maior impacto e maior taxa de probabilidade daqueles com um menor nível de probabilidade e impacto.

❖ Para todos os riscos acima desta linha de tolerância ao risco pode ser necessário tomar medidas mais drásticas.

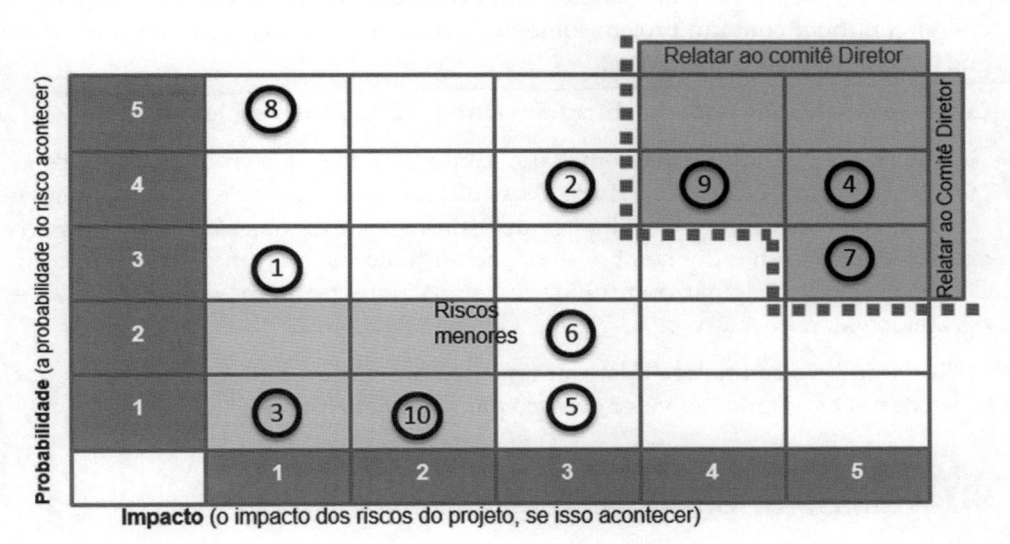

Figura 9.5. Diagrama sumário de risco. Fonte: adaptado do material PRINCE2® da AXELOS. Reproduzido sob licença da AXELOS.

O gerente de projetos deve fornecer informações de risco para o executivo e para o Comitê Diretor do Projeto, por exemplo, no final de cada fase. Assim, o gerente de projetos incluirá informações sobre quaisquer alterações no risco acima da linha de tolerância (ver a linha pontilhada) do relatório de estágio final. O gerente de projetos informará imediatamente o executivo se um risco se move de baixo para cima da linha de tolerância ao risco.

NOTA: você poderá baixar a versão em cores da figura 9.5 no site www.athem.net.br.

9.10.2. Avaliação

O que é avaliação e como ela difere da estimativa?

O objetivo aqui é analisar todo o conjunto de riscos (ameaças e oportunidades) e obter um valor de risco geral para o projeto como um todo. Do ponto de vista corporativo, do gerenciamento de programa ou do Comitê Diretor do Projeto, seria muito útil ter acesso a esse valor antes de começar cada projeto. Por exemplo, eles podem querer continuar com um projeto somente se o risco geral do projeto for menor do que uma determinada tolerância.

Como você acha que poderia obter um valor de risco para o projeto inteiro?

Anteriormente nesse tema demos um exemplo usando a técnica do **valor esperado** para atribuir valor a um risco. O cálculo no exemplo foi de € 1.600. Imagine somar todos esses valores resultantes de cada risco. Você obterá o valor do risco do projeto como um todo. Lembre-se de incluir todas as oportunidades no cálculo. Como você pode imaginar, oportunidades terão valores positivos, enquanto as ameaças terão valores negativos.

Resumindo, a **estimativa** lida com um risco por vez e a **avaliação** agrupa todos os riscos juntos, dando um valor de risco para o projeto inteiro.

9.11. Passo 3: planejar

Aqui trata-se de planejar respostas específicas para as ameaças e oportunidades.

> O objetivo do planejamento de respostas aos riscos é reduzir as ameaças e maximizar as oportunidades.

Se o gerente de projetos falhar ao planejar uma resposta a um risco, ele será pego desprevenido se esse risco se materializar. É sempre bom estar preparado. Afinal, **falhar em planejar é planejar para falhar**. Por exemplo, se seu projeto é organizar um evento ao ar livre e um dos riscos é uma ameaça de chuva... se você não fizer nada para se preparar para isso e no meio do evento começa a chover fortemente, é tarde demais para começar a erguer uma tenda ou encomendar capas de plásticos para distribuir.

Respostas a ameaças	
Evitar	Tome medidas para que a ameaça não tenha impacto ou não possa acontecer.
Reduzir	Reduzir a **probabilidade** do risco Reduzir o **impacto** se o risco ocorrer
Retroceder	Um plano de ações que seria feito caso o risco ocorra (plano de contingência)
Transferir	Transferir o risco financeiro para outra parte. Ex.: seguros ou fornecedor
Compartilhar	Ex.: Compartilhar custos/lucros entre cliente e fornecedor
Aceitar	Uma vez que nada pode ser feito, ou nada viável pode ser feito, basta apenas aceitar o risco.

Figura 9.6. Respostas a ameaças. Fonte: adaptado do material PRINCE2® da AXELOS. Reproduzido sob licença da AXELOS.

O PRINCE2® sugere seis possíveis respostas para ameaças e quatro respostas para oportunidades.

❖ As seis respostas para ameaças são: evitar, reduzir, retroceder, transferir, compartilhar e aceitar.

❖ As quatro respostas para oportunidade são: explorar, ampliar, compartilhar e rejeitar.

NOTA: nosso objetivo é reduzir/impedir o risco negativo de ter um efeito sobre nosso projeto. Por exemplo, nós podemos impedir o efeito da chuva em nosso evento se pudermos movê-lo para dentro de casa. Ainda pode chover, mas não terá mais tanto impacto no projeto.

9.11.1. Plano de respostas às ameaças

Aqui explicaremos as diferentes respostas a ameaças e dar um exemplo de cada.

1. **Evitar**

Objetivo: tomar medidas para que a ameaça não tenha impacto ou não aconteça.

Exemplo: você está organizando um concerto ao ar livre para seiscentas pessoas em abril em Londres. Um dos riscos é que pode chover, então você decide mover o concerto para uma área fechada, evitando assim o risco. Essa resposta removeu a ameaça. Agora, se chover, isso não influencia mais o concerto. Outro exemplo de evitar é cancelar o concerto.

2. **Reduzir**

    Aqui, são tomadas medidas para:

    a) Reduzir a **probabilidade** do risco.

    b) Reduzir o **impacto**, se o risco ocorrer.

Para ajudar a entender isso, daremos um exemplo para ambas as possibilidades. Esta é a maneira mais comum de lidar com riscos.

Exemplo para reduzir a probabilidade: o objetivo é reduzir a probabilidade do risco acontecer. Usando o exemplo do concerto com a ameaça de chuva, poderíamos avançar o concerto para o julho, quando a probabilidade de chuva é três vezes menor. Este é um exemplo claro de redução da probabilidade, porém o risco ainda está lá.

Exemplo para reduzir o impacto: o objetivo é reduzir o impacto caso o risco ocorra. Aqui os organizadores poderiam encomendar capas de plástico para serem oferecidas aos frequentadores do concerto. Se chovesse durante o concerto, as pessoas não ficariam encharcadas e, assim, estaria reduzido o impacto da chuva.

3. **Retroceder (*fallback*, contingência ou contorno)**

Retroceder é também conhecido como contingência. Veja isso como um plano de ações de contorno que pode ser feito se o risco ocorrer e se tornar um problema. Essas ações ajudariam a reduzir o impacto da ameaça.

Exemplo: há um jogo de tênis importante em Wimbledon na quadra central que agora tem um telhado que pode ser fechado. O plano é fechar o telhado, uma vez que comece a chover. Com isso não pararia de chover, levaria cinco minutos para fechar o telhado da quadra de tênis, e mesmo assim a grama ainda poderia ter algumas gotas de chuva. Essa ação reduz o impacto da chuva e ainda permite que o jogo continue.

> **NOTA:** a ação de fechamento do telhado é feita somente caso a ameaça se concretize.

4. **Transferir**

Aqui você pode transferir o risco financeiro para outra empresa. Por exemplo, usando uma apólice de seguro você pode recuperar alguns custos se a ameaça acontecer.

Exemplo: vamos usar o exemplo do concerto novamente. Uma das ameaças é que um dos seus principais artistas não seja capaz de tocar no evento devido a uma doença ou algum outro motivo. Os frequentadores podem querer ter seu dinheiro de volta, mas você já gastou muito apenas para organizar o evento. Então, você usa uma apólice de seguro para cobrir eventuais perdas que poderiam incorrer caso esse risco aconteça.

5. **Aceitar**

Aqui, toma-se a decisão de aceitar o risco. Pode custar muito dinheiro fazer algo em relação ao risco, ou pode não ser possível fazer nada. No entanto, você mantém o status do risco como "em aberto" e continua a monitorá-lo.

Exemplo: há um risco de que outro concerto ao ar livre seja realizado no mesmo dia, o que pode afetar a venda de ingressos. Após algumas considerações, você pode decidir não fazer nada sobre isso e continuar como planejado. Mudar o concerto para outra data custaria muito, e algumas pessoas já compraram ingressos, então você apenas aceita e acompanha o risco.

6. **Compartilhar**

Compartilhar é tanto uma resposta para ameaças quanto para oportunidades. É uma resposta muito comum em projetos onde cliente e fornecedor compartilham o ganho se os custos forem menores que os custos planejados e compartilham a perda se os custos forem excedidos.

Exemplo: usando o exemplo do concerto, suponha que você deseje fornecer tíquete de estacionamento. Existe um certo custo fixo que você tem que pagar e você entra em acordo com o fornecedor para compartilhar os lucros se a receita for superior a esse montante de custo fixo. Você também pode compartilhar as perdas se for abaixo desse valor.

9.11.2. Plano de respostas para oportunidades

Respostas a Oportunidades	
Explorar	Se o risco acontecer, você vai aproveitá-lo e usá-lo a seu favor.
Aumentar	Você toma medidas para melhorar a probabilidade de ocorrer o evento
Compartilhar	Ex.: Compartilhar custos/lucros entre cliente e fornecedor
Rejeitar	Você decide não tomar qualquer ação sobre esta oportunidade.

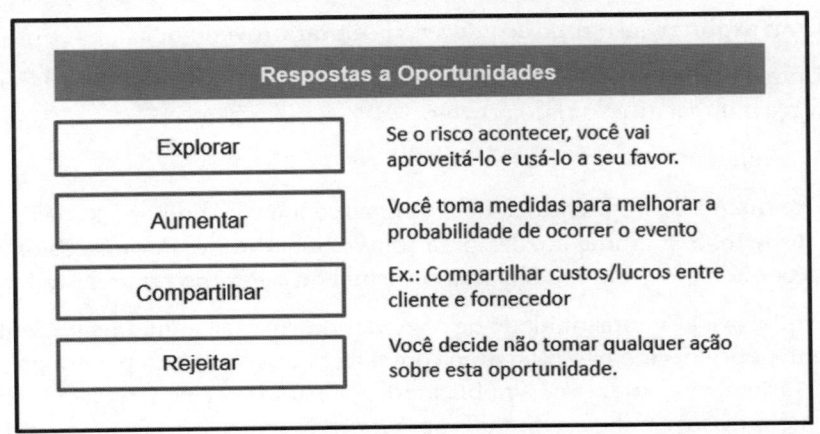

Figura 9.7. Respostas para oportunidades. Fonte: adaptado do material PRINCE2® da AXELOS. Reproduzido sob licença da AXELOS.

> **NOTA:** para o exame, você só precisa ser capaz de reconhecer essas respostas.

1. Compartilhar

Já abordamos esta resposta anteriormente, quando discutimos o planejamento de respostas a ameaças. Trata-se de compartilhar os lucros e as perdas com outra parte.

2. Explorar

Se o risco acontecer, você levaria vantagem.

Exemplo: usaremos o projeto de evento de concerto ao ar livre. O risco é que o tempo fique muito bom e você venda mais sorvete. Se esse risco acontecer, você vai explorá-lo e lucrar mais.

3. Ampliar

Aqui você toma ações para melhorar o impacto aumentando a probabilidade de ocorrência da oportunidade. Isso não é o mesmo que "explorar", mas fazer certas coisas dará uma chance maior para que a oportunidade aconteça.

Exemplo: o risco é que o tempo fique muito bom e você venda uma grande quantidade de sorvete. Você toma as seguintes medidas para melhorar esta oportunidade:

- Entrar em contato com a empresa de sorvetes e solicitar que fiquem de sobreaviso para levar mais sorvetes, carrinhos, publicidade, etc.
- Entrar em contato com uma agência de emprego, que ficará de sobreaviso para fornecer mais vendedores.

Então, qual é a diferença em relação à resposta "explorar"?

- Com **explorar**, se o risco acontecer, você tirar proveito dele.
- Com **ampliar**, você tenta aumentar as chances de fazer isso acontecer ou reforça o impacto, se o risco ocorrer.

4. Rejeitar

Ocorre quando você identifica uma oportunidade e decide não tomar qualquer ação a respeito. São muitas razões para tomar essa atitude. Por exemplo, poderia causar a perda de foco em seu objetivo principal ou o retorno poderia ser baixo.

Exemplo: existe a oportunidade de convidar outro artista igualmente conhecido; no entanto, você decide não ir adiante com isso, já que você não pode mencionar o nome do artista nos cartazes e na publicidade, portanto você não iria vender bilhetes extras. Além disso, vai lhe custar mais para fornecer instalações para esse artista extra. Então soou como uma ideia legal, mas não trouxe qualquer valor agregado para o concerto, apenas custos adicionais.

Mais uma vez, esperamos que esses exemplos tenham ajudado na sua compreensão sobre como responder a uma oportunidade.

9.12. Passo 4: implementar

O objetivo desta etapa é garantir que as respostas planejadas para os riscos sejam efetuadas (ou seja, monitoradas) e ações corretivas sejam tomadas. A principal coisa a decidir nesta etapa é:

* Quem vai controlar esses riscos? (**dono/proprietário do risco**)
* Quem vai realizar as respostas planejadas para os riscos? (**executor da ação para o risco**)

O manual do PRINCE2® menciona duas funções específicas:

O **proprietário do risco** é responsável por gerenciar e monitorar aspectos de riscos. Eles também podem realizar ações que foram atribuídas a eles.

O **executor de ação para o risco** é alguém que executa uma determinada ação e apcia o proprietário do risco. Portanto, não é responsável pelo monitoramento ou gerenciamento de risco.

Deixe-nos dar um exemplo:

Digamos que você esteja trabalhando em um projeto e precise adquirir peças muito específicas de um fornecedor na Ásia. Você tem uma reserva de uma semana para essas peças chegarem em sua empresa, mas precisa de alguém para monitorar isso e colocar as ações de respostas planejadas em prática se os produtos chegarem atrasados. Como medida de precaução, algumas das peças vão ficar na fábrica e podem ser enviadas por via aérea se houver um problema com o serviço de correios mais barato encomendado. Então você precisa que uma pessoa tenha a responsabilidade de monitorar e tornar-se "dono" do risco. Você também precisa de uma pessoa para colocar o plano de resposta em ação, que seria organizar o frete aéreo. Nesse caso, o gerente da equipe especialista que irá utilizar esses produtos será o **proprietário do risco**. O **executor de ação para o risco** será uma pessoa no departamento de compras que tenha experiência com frete aéreo.

> **NOTA:** o proprietário do risco e o executor de ação podem ser a mesma pessoa.

9.13. Passo 5: comunicar

Comunicar é o ultimo passo, mas é na verdade feito durante todo o procedimento de gerenciamento de riscos do PRINCE2®. Esta etapa garante que as informações relacionadas com as ameaças e oportunidades enfrentadas pelo projeto sejam comunicadas para todas as partes interessadas, internas ou externas ao projeto.

Como você acha que o gerente de projetos se comunica?

Os relatórios de gerenciamento a seguir são utilizados para fornecer informações sobre os riscos:

- ❖ Relatórios de ponto de controle (*checkpoint reports*).
- ❖ Relatórios de destaques (*highlight reports*).
- ❖ Relatórios de final de estágio (*end stage reports*).
- ❖ Relatórios de final de projeto (*end project reports*)
- ❖ Relatórios de lições (*lessons reports*).

As diretrizes para reportar provêm do documento de estratégia de gerenciamento de comunicação.

Como o gerente de projetos decide quais informações de risco comunicar?

O gerente de projetos fará perguntas como: "o que mudou desde o último relatório?", uma vez que o risco nunca é estático. Pense novamente no **diagrama sumário de risco** (figura ilustrada anteriormente neste capítulo) e note que o risco pode se mover em torno do diagrama durante o projeto, seja para cima ou para baixo da linha de tolerância, conforme as condições de mudança e de contexto organizacional. Também podem ser usados outros métodos mais formais, como reuniões e memorandos.

9.14. O que é um orçamento de risco?

Trata-se de uma soma em dinheiro reservada apenas para lidar com respostas específicas de ameaças ou de oportunidades. **Não pode** ser usada para qualquer outra coisa. Certas respostas a risco exigirão determinadas ações que para serem feitas custarão dinheiro; isso deverá constar no orçamento de risco.

Para que o orçamento de risco pode ser usado?

O manual do PRINCE2® nos lembra que este orçamento é usado para responder a riscos. Ele **não** deve ser usado para financiar necessidades extras que são introduzidas no projeto ou para cobrir custos de eventuais atrasos. O orçamento de risco não tem nada a ver com o orçamento de mudança, portanto não deve ser "invadido" se o orçamento de mudança estiver zerado.

9.15. Responsabilidades do tema riscos

Tabela 9.3. Responsabilidades do tema riscos. Fonte: adaptado do material PRINCE2® da AXELOS. Reproduzido sob licença da AXELOS.

Papel	Responsabilidades
Gerência corporativa ou do programa	• Fornecer a política de gerenciamento de riscos e informações adicionais.
Executivo	• Responsável por todos os aspectos do gerenciamento de riscos. • Garantir a existência de uma estratégia de gerenciamento de riscos. • Certificar-se de que riscos do *business case* são identificados, avaliados e controlados.
Usuário principal	• Assegurar que os riscos para os usuários sejam identificados, avaliados e controlados.
Fornecedor principal	• Assegurar que os riscos para o fornecedor sejam identificados, avaliados e controlados.
Gerente de projetos	• Criar o documento de estratégia de gerenciamento de riscos. • Criar e manter o registro de risco e o diagrama sumário de risco. • Assegurar que os riscos sejam continuamente identificados, avaliados e controlados.
Gerente da equipe especialista	• Ajudar com a identificação, a avaliação e o controle de riscos.
Garantia do projeto	• Rever as práticas de gerenciamento de riscos em relação à estratégia de gerenciamento de riscos do projeto.
Suporte do projeto	• Auxiliar o gerente de projetos a manter o registro de risco.

9.16. O que você precisa saber para o exame *Foundation*

Você deve:

❖ Lembrar-se da definição de risco e saber a diferença entre uma ameaça e uma oportunidade.

❖ Conhecer as respostas recomendadas para ameaças e oportunidades.

- ❖ Saber a diferença entre o dono do risco e o executor de ação para o risco.
- ❖ Ser capaz de reconhecer o propósito do tema **risco**:
  - » Fornecer uma abordagem para "identificar, avaliar e controlar as incertezas durante um projeto e, como resultado, melhorar a capacidade de o projeto ter sucesso".
- ❖ Compreender cada etapa do procedimento recomendado de gerenciamento de riscos:
  - » **i**dentificar, **a**valiar, **p**lanejar, **i**mplementar e **c**omunicar (**IAPIC**).
- ❖ Compreender o propósito do orçamento de risco.
- ❖ Compreender os termos **probabilidade**, **impacto** e **proximidade** de risco.
- ❖ Compreender a diferença entre causa, evento e efeito ao expressar os riscos.
- ❖ Compreender que um risco contém causa, evento e efeito; caso contrário, **NÃO** é um risco.
- ❖ Compreender a finalidade da estratégia de gerenciamento de riscos e o registro de risco.
- ❖ Compreender o conceito de **apetite** para risco.
- ❖ Compreender o conceito de **tolerância** ao risco.

9.17. Perguntas

Q1. Quais itens descrevem o apetite para o risco e a tolerância ao risco?

    a) Atitude de uma organização em relação a assumir mais riscos.

    b) Provável efeito sobre a entrega dos objetivos do projeto.

    c) Provável prazo dentro do qual pode ocorrer um risco.

    d) Nível de exposição ao risco que, quando excedido, dispara uma exceção.

Q2. Qual opção você acha que é o propósito da estratégia de gerenciamento de riscos?

    a) Capturar e manter informações sobre todos os riscos relacionados ao projeto que foram identificados.

    b) Documentar ações específicas para responder aos riscos.

    c) Descrever os procedimentos e as técnicas para o gerenciamento de riscos do projeto.

Q3. Liste duas das respostas a uma ameaça.

Q4. Aponte a **causa do risco** na seguinte frase: "devido ao tempo instável, há uma ameaça de chuva, o que reduziria o número de visitantes em cerca de 50%".

Q5. Qual é o propósito do orçamento de risco? (responda com suas próprias palavras)

Q6. O orçamento de risco pode ser usado para financiar requisições extras de mudança no último estágio, se ele não for usado durante o projeto?

Q7. Quais opções descrevem o propósito do tema **risco**?

    a) Identificar os riscos que podem ter um impacto na concretização dos objetivos do projeto. (S/N)

    b) Avaliar o impacto dos riscos na concretização dos objetivos do projeto. (S/N)

    c) Gerenciar os riscos no nível corporativo ou do programa da organização. (S/N)

Q8. "Se a oportunidade de risco acontecer, então você vai aproveitá-la". Que resposta a risco é esta?

    a) Transferir.

    b) Compartilhar.

    c) Retroceder.

    d) Explorar.

    e) Reduzir.

Q9. Liste duas respostas a uma oportunidade.

> **DICA:** existe uma resposta que serve tanto para oportunidades como para ameaças.

Q10. Que tema avalia e controla a incerteza dentro de um projeto?

Q11. Que palavra melhor descreve a possibilidade de risco: impacto, probabilidade, proximidade ou gravidade?

Q12. Quais são os dois efeitos da estratégia do gerenciamento de riscos?

    a) Definir as técnicas para serem utilizadas na avaliação de riscos do projeto. (S/N)

    b) Resumir a exposição a riscos do programa, do projeto, estratégicos e operacionais. (S/N)

    c) Recomendar respostas para cada um dos riscos do projeto. (S/N)

d) Criar as políticas da empresa para gerenciamento de riscos. (S/N)

e) Estabelecer um procedimento para ajudar a identificar, avaliar e controlar os riscos do projeto. (S/N)

Q13. Qual termo é usado para descrever quando um risco pode ocorrer e o efeito do risco se isso acontecer?

a) Impacto.

b) Proximidade.

c) Probabilidade.

d) Avaliar.

e) Gravidade.

Q14. Quais são a primeira e a segunda etapas dentro do procedimento recomendado de gerenciamento de riscos?

a) Comunicar.

b) Avaliar.

c) Identificar.

d) Implementar.

e) Planejar.

Q15. Quem (qual papel) ajuda o gerente de projetos a manter o registro de risco?

9.18. Perguntas e respostas

Q1. Quais itens descrevem o apetite para o risco e a tolerância ao risco?

a) **Atitude de uma organização em relação a assumir mais riscos.**

b) Provável efeito sobre a entrega dos objetivos do projeto.

c) Provável prazo dentro do qual pode ocorrer um risco.

d) **Nível de exposição ao risco que, quando excedido, dispara uma exceção.**

A1. Apetite para o risco é a atitude de uma organização em relação a assumir mais riscos **(A)**. Tolerância ao risco é o nível de exposição ao risco que, quando excedido, dispara uma exceção **(D)**.

> **REFERÊNCIA:** *ver item 9.5. O método de gerenciamento de riscos M_o_R® e o contexto do risco.*

Q2. Qual opção você acha que é o propósito da estratégia de gerenciamento de riscos?

a) Capturar e manter informações sobre todos os riscos relacionados ao projeto que foram identificados.

b) Documentar ações específicas para responder aos riscos.

c) Descrever os procedimentos e as técnicas para o gerenciamento de riscos do projeto.

A2. A resposta é **C**. As informações descritas em A e B são armazenadas no registro de riscos.

> REFERÊNCIA: *ver item 9.6. A estratégia de gerenciamento de riscos.*

Q3: Liste duas das respostas a uma ameaça.

A3. São seis: evitar, reduzir, retroceder, transferir, compartilhar e aceitar.

> REFERÊNCIA: *ver item 9.11. Passo 3: planejar.*

Q4. Aponte a causa do risco na seguinte frase: "devido ao tempo instável, há uma ameaça de chuva, o que reduziria o número de visitantes em cerca de 50%".

A4. Aqui, a causa do risco é o tempo instável. A causa deve descrever a origem do risco, ou seja, o evento ou situação que dá origem ao risco. A frase anterior inclui a causa, o evento (ameaça de chuva) e o efeito (impacto – reduzir as visitas).

> REFERÊNCIA: *ver item 9.9.1. Como expressar o risco.*

Q5. Qual é o propósito do orçamento de risco? (responda com suas próprias palavras)

A5. O objetivo do orçamento de risco é prover um caixa para cobrir os custos de implementação de respostas específicas de riscos (por exemplo: para reduzir o impacto dos riscos, para implementar planos de contingência). Essas respostas são descritas no registro de risco.

> REFERÊNCIA: *ver item 9.14. O que é um orçamento de risco?*

Q6. O orçamento de risco pode ser usado para financiar requisições extras de mudança no último estágio, se ele não for usado durante o projeto?

A6. O orçamento de risco deve ser devolvido para o Comitê Diretor do Projeto se não for usado. Ele não pode ser usado para qualquer outra coisa durante o projeto.

> **REFERÊNCIA:** *ver item 9.14. O que é um orçamento de risco?*

Q7. Quais opções descrevem o propósito do tema risco?

a) Identificar os riscos que podem ter um impacto na concretização dos objetivos do projeto. (S/N)

b) Avaliar o impacto dos riscos na concretização dos objetivos do projeto. (S/N)

c) Gerenciar os riscos no nível corporativo ou do programa da organização. (S/N)

A7. Respostas:

    a) SIM

    b) SIM

    c) NÃO

O tema **risco** versa apenas sobre o gerenciamento de riscos do **projeto**.

> **REFERÊNCIA:** *ver item 9.3. O tema risco através do PRINCE2®.*

Q8. "Se a oportunidade de risco acontecer, então você vai aproveitá-la". Que resposta a risco é esta?

a) Transferir.

b) Compartilhar.

c) Retroceder.

d) Explorar.

e) Reduzir.

A8. Resposta: D. Por exemplo, se o tempo está bom, então poderíamos explorar a oportunidade de vender sorvete.

> **REFERÊNCIA:** *ver item 9.11.2. Plano de respostas para oportunidades.*

Q9: Liste duas respostas a uma oportunidade.

> **DICA:** Existe uma resposta que serve tanto para oportunidades como para ameaças.

A9. As quatro respostas a oportunidades são: compartilhar, explorar, aumentar e rejeitar. Compartilhar é também uma resposta para uma ameaça.

REFERÊNCIA: ver item 9.11.2. Plano de respostas para oportunidades.

Q10. Que tema avalia e controla a incerteza dentro de um projeto?

A10. Risco. O propósito do tema **risco** é identificar, monitorar e controlar incertezas, e, consequentemente, melhorar a capacidade de o projeto ser bem-sucedido.

REFERÊNCIA: ver item 9.3. O tema risco através do PRINCE2®.

Q11. Que palavra melhor descreve a possibilidade de risco: impacto, probabilidade, proximidade ou gravidade?

A11. Probabilidade.

- Impacto: provável efeito sobre o projeto entregar seus objetivos.
- Gravidade: a escala ou o efeito do risco.
- Proximidade: provável prazo dentro do qual pode ocorrer o risco.

REFERÊNCIA: ver item 9.10.1. Estimativa.

Q12. Quais são os dois efeitos da estratégia do gerenciamento de riscos?

    a) Definir as técnicas para serem utilizadas na avaliação de riscos do projeto. (S/N)

    b) Resumir a exposição a riscos do programa, do projeto, estratégicos e operacionais. (S/N)

    c) Recomendar respostas para cada um dos riscos do projeto. (S/N)

    d) Criar as políticas da empresa para gerenciamento de riscos. (S/N)

    e) Estabelecer um procedimento para ajudar a identificar, avaliar e controlar os riscos do projeto. (S/N)

A12. Respostas:

    a) SIM

    b) NÃO

    c) NÃO

    d) NÃO

    e) SIM

A estratégia de gerenciamento de riscos descreve as técnicas e os padrões específicos de gerenciamento de risco a serem aplicados durante o projeto, assim como as responsabilidades para que haja um procedimento consistente para o gerenciamento de riscos.

REFERÊNCIA: *ver item 9.6. A estratégia de gerenciamento de riscos.*

Q13. Qual termo é usado para descrever quando um risco pode ocorrer e o efeito do risco se isso acontecer?

  a) Impacto.
  b) Proximidade.
  c) Probabilidade.
  d) Avaliar.
  e) Gravidade.

A13. O termo usado para descrever **quando** um risco pode ocorrer é a **Proximidade (B)**. O termo usado para descrever o **efeito** do risco do projeto é o **impacto**.

REFERÊNCIA: *ver item 9.10.1. Estimativa.*

Q14. Quais são a primeira e a segunda etapas dentro do procedimento recomendado de gerenciamento de riscos?

  a) Comunicar.
  b) Avaliar.
  c) Identificar.
  d) Implementar.
  e) Planejar.

A14. O processo de gestão de risco é identificar, avaliar, planejar, implementar e comunicar. Você pode usar a sigla IAPIC para se lembrar disso. Portanto, a resposta é **C e B**.

REFERÊNCIA: *ver item 9.8. Introdução ao procedimento de gerenciamento de riscos.*

Q15. Quem (qual papel) ajuda o gerente de projetos a manter o registro de risco?

A15. Suporte do projeto normalmente ajudará o gerente de projetos com o registro de risco.

REFERÊNCIA: *ver item 9.7. O registro de riscos – histórico dos riscos.*

10. Mudanças

10.1. Introdução ao tema mudanças

Consideremos o que será abordado neste capítulo.

- ❖ Você aprenderá o propósito do tema mudanças – que abrange gestão de mudanças, que está relacionada a como cuidar dos produtos do projeto e questões (*issues*), e gestão do controle de mudanças, que está relacionada a como lidar com questões (*issues*) e solicitações de mudanças.

- ❖ Você será capaz de responder às seguintes perguntas: o que é gerenciamento de configuração? O que é um item de configuração? O que é uma *issue*? Quais são os três tipos de *issues*?

- ❖ Você vai conhecer a abordagem do PRINCE2® para mudanças.

- ❖ Você vai conhecer o documento da estratégia de gerenciamento de configuração.

- ❖ Você vai saber como priorizar *issues* e como acompanhar a sua gravidade/severidade.

- ❖ Você vai aprender sobre a Autoridade de Mudanças e sobre o Orçamento de Mudanças.

- ❖ Você vai aprender sobre o processo de gerenciamento de configuração, que tem essas cinco atividades: planejamento, identificação, controle, descrição do status e verificação e auditoria.

- ❖ Você vai aprender sobre o procedimento de controle de *issue* e mudanças, que possui cinco etapas: capturar, examinar, propor, decidir e implementar.

❖ Por último, você vai conhecer os papéis e responsabilidades relevantes para o tema mudanças.

10.2. O que acontece no mundo real?

Uma dos maiores questões (*issues*) que muitos gerentes de projetos possuem é a capacidade de dizer **não** – ou pelo menos é isso que gostariam de dizer quando lhes é solicitado adicionar mais requisitos no projeto. Isso, claro, depende da organização. Os gerentes de projetos que dizem **não** geralmente não são vistos como membros da equipe e podem desenvolver rapidamente uma reputação de não cooperativos.

Em alguns casos, pode haver pressa para iniciar o projeto – e, assim, a quantidade de tempo necessária para definir os requisitos e as descrições de produtos não é utilizada. Como consequência, o orçamento ERRADO é definido para o projeto. Mais tarde, uma funcionalidade **aparentemente** adicional deve ser incluída e o gerente de projetos precisa saber como lidar com essa situação.

Uma das coisas de que gostamos bastante no tema **mudanças** é que ele mostra que você, na qualidade de gerente de projetos, não precisa dizer **não** ou **sim**; quando solicitado a adicionar uma nova funcionalidade, você pode até mesmo agradecer a pessoa por sugerir a alteração e então lhe fornecer um formulário de solicitação de mudanças para preencher e oferecer sua ajuda se necessário. Você, em seguida, promete dar seguimento a essa solicitação de mudança e deixa claro ao solicitante que quem vai decidir sobre isso será a **autoridade de mudanças** ou o **Comitê Diretor do Projeto**.

O tema **mudanças** também descreve os papéis e as responsabilidades do executivo e do Comitê Diretor do Projeto. Isso é útil, pois talvez você precise lembrá-los disso. É fácil encontrar projetos onde o executivo é a própria pessoa que coloca pressão sobre o gerente de projetos para permitir mudanças que influenciem o projeto, sem fornecer recursos adicionais. Assim, este tema irá mostrar-lhe como lidar com tais situações.

A maioria dos gerentes de projetos também está ciente de que precisa cuidar dos produtos desenvolvidos pelo projeto; isso é chamado de gerenciamento de configuração e envolve principalmente rastrear mudanças, certificar-se de que as pessoas corretas têm acesso às últimas versões dos documentos de linha de base e proporcionar um local de armazenamento central e acessível. Algumas empresas fornecem um sistema de documentação de TI de fácil uso, o que torna mais simples gerenciar, controlar e distribuir informações do projeto. Outras empresas fornecem sistemas muito complicados que acabam não sendo usados. A boa notícia é que não é difícil obter um sistema *on-line* de fácil utilização que irá fornecer a maioria das funcionalidades necessárias, incluindo a proteção de acesso à informação.

O último ponto antes de seguirmos é que a maioria dos gerentes de projetos não planeja qualquer tempo para atividades de gerenciamento de configuração, acreditando que isso é algo que podem fazer numa tardezinha ou, talvez, enquanto está em uma conferência telefônica. Cuidado! Recomenda-se planejar esse trabalho.

10.3. O tema mudanças através do PRINCE2®

O tema **mudanças** destina-se a ajudá-lo a identificar, avaliar e controlar qualquer mudança potencial dos produtos que já foram aprovados em relação à linha de base. Este tema não trata apenas de solicitação de mudanças; é também sobre o tratamento de *issues* que surgem durante o projeto. Na verdade, é melhor dizer que o tema **mudanças** oferece uma abordagem comum para **controle de** *issues* **e de mudanças**.

A mudança é inevitável em qualquer projeto, e todos os projetos precisam de uma boa abordagem para identificar, avaliar e controlar as *issues* que podem resultar em mudanças.

Quando ocorre o controle de *issues* **e de mudanças?**

O controle de *issues* e de mudanças acontece durante todo o ciclo de vida do projeto. Lembre-se: o objetivo não é impedir mudanças, e sim obter consenso e aprovação antes de executá-las.

Cada projeto requer um sistema de gerenciamento de configuração que rastreie os produtos e registre quando estes são aprovados e têm a linha de base efetuada. Isso ajuda a garantir que as versões corretas estejam sendo utilizadas durante o projeto e sejam entregues ao cliente.

10.4. Definições de mudanças

Gerenciamento de configuração

É a atividade técnica e administrativa referente à criação, à manutenção e às mudanças controladas da configuração de um produto. Essa é uma maneira agradável de dizer que o gerenciamento de configuração cuida dos produtos do projeto.

Item de configuração

É o nome dado a uma entidade (ou item) controlada pelo gerenciamento de configuração. Assim, em um novo projeto de um *laptop*, o Item de configuração poderia ser:

- ❖ um componente do laptop (ex.: ventilador, *chip* de memória, etc.);
- ❖ o *laptop* em si; ou
- ❖ uma versão do *laptop* com uma configuração específica (ver *release*).

Você também poderia dizer que um **item de configuração** é qualquer coisa que você deseja rastrear durante o projeto.

Release

É um conjunto completo e coerente de produtos que são gerenciados, testados e implantados como uma única entidade para ser entregue aos usuários. Um exemplo poderia ser um *laptop* com uma certa versão de sistema operacional, CPU e BIOS específicos e determinadas versões de aplicativos.

Issue

O PRINCE2® usa o termo *issue* para cobrir qualquer evento relevante que aconteceu, que não foi planejado e que requer alguma ação de gerenciamento (por exemplo, um questionamento ou uma requisição de mudança). As *issues* podem ser geradas a qualquer momento durante o projeto e por qualquer pessoa.

Existem três tipos de *issues*:

- ❖ **Requisição de mudança:** proposta para uma mudança em um linha de base de um produto, ou seja, um produto que já foi aprovado. Isso pode ser um documento de descrição de produtos para um dos produtos do especialista que está sendo criado pelo projeto. Exemplo: uma parte interessada solicita suporte a um novo idioma.

- ❖ **Não conformidade:** quando algo foi entregue e está diferente do que foi acordado e, portanto, está fora de especificação. Exemplo: o fornecedor não entregou a função automática "Esqueci a senha"; portanto, a senha terá de ser redefinida manualmente pelo administrador central.

- ❖ **Problema/Preocupação:** qualquer outra *issue* que o gerente de projetos precisa resolver ou escalar; isso pode ser positivo ou negativo. Exemplo: um membro da equipe foi retirado do projeto durante uma semana.

10.5. A abordagem do PRINCE2® para mudanças

A abordagem de *issues* e gestão de mudanças será decidida no estágio de iniciação. Ela pode ser revista no final de cada estágio no processo *Managing a Stage Boundary*.

O PRINCE2® possui seis produtos de gerenciamento que são usados para controlar *issues*, mudanças e gerenciamento de configuração.

Aqui está uma rápida visão desses seis produtos:

- ❖ **A estratégia de gerenciamento de configuração.** Este documento contém a estratégia sobre como *issues* e mudanças serão tratadas no projeto (por exemplo, como identificar e controlar produtos e como fazer a descrição de status e verificação).

❖ **Registros de itens de configuração:** eles fornecem um conjunto de dados para cada produto utilizado no projeto (como metadados). Por exemplo: a mesa central da biblioteca teria um cartão para cada livro, com informações específicas, incluindo localização, classificação, número de ISBN, etc.

❖ **Descrição do status do produto:** este é um relatório sobre o estado dos produtos (por exemplo, status da lista de todos os produtos desenvolvidos pelo fornecedor X no estágio 3).

❖ **Diário do projeto (*daily log*):** este *log* é usado pelo gerente de projetos como um diário para todas as situações que podem ser tratadas de maneira informal. Situações que precisam ser tratadas de maneira formal são colocadas em um registro (de *issue* ou de risco).

❖ **Registro de *issues*:** imagine uma planilha para registrar e manter *issues* (formal).

❖ **Relatório de *issues*:** descreve uma *issue* em detalhes. De acordo com PRINCE2®, uma *issue* pode ser: 1) uma requisição de mudança; 2) uma não conformidade; ou 3) um problema/preocupação. Um relatório de *issues* também poderia descrever *issues* relacionadas.

10.6. Estratégia de gerenciamento de configuração

Este documento contém a estratégia de como serão tratadas as *issues* e mudanças no projeto. Uma das primeiras perguntas que o gerente de projetos deve fazer é: quais são os padrões existentes na empresa para controle de *issues* e mudanças?

Se o projeto estiver em um ambiente de programa, normalmente haverá disponível um modelo de estratégia de gerenciamento de configuração. A estratégia de gerenciamento de configuração deve responder às seguintes perguntas:

❖ **P1:** como devem ser identificados e controlados os produtos? (gerenciamento de configuração)

❖ **P2:** como são tratadas as *issues* e mudanças? (capturar, examinar, propor, decidir e implementar – CEPDI)

❖ **P3:** quais ferramentas serão usadas para ajudar a rastrear *issues* e informações sobre o produto (por exemplo, SharePoint, Niku Clarity, Shared Drive, uma planilha)?

❖ **P4:** quais dados devem ser mantidos para cada produto (por exemplo, registros de itens de configuração)?

- **P5:** com que frequência o gerente de projetos avaliará os controles de *issue* e de mudanças (por exemplo, uma vez por semana, duas vezes por mês, etc.)?

- **P6:** quem será responsável pelo quê? Em outras palavras, quais serão os papéis e responsabilidades? (por exemplo, de quem é o papel de autoridade de mudanças?)

- **P7:** como as *issues* e mudanças são priorizadas? Que escala será usada para priorizar *issues*?

- **P8:** que escala será usada para a gravidade das *issues* (por exemplo: 1 a 4, baixa-média-alta)?

- **P9:** que níveis de gerenciamento vão lidar com *issues* de diferentes gravidades? (por exemplo: *issue* de gravidade 1 poderia ser o gerente de projetos, itens de gravidade 3 e 4 deveriam ir para a autoridade de mudanças).

O documento de estratégia de gerenciamento de configuração é criado pelo gerente de projetos no estágio de iniciação, no processo *Initiating a Project*, e será aprovado pelo Comitê Diretor do Projeto.

10.7. Como priorizar as *issues* e controlar a gravidade

Há muitas maneiras de priorizar uma requisição de mudança, e o PRINCE2® introduz a técnica **MoSCoW** para ajudar com isso. As iniciais de **MoSCoW** significam *Must have* (deve ocorrer), *Should have* (deveria ocorrer), *Could have* (poderia ocorrer) and *Won't have for now* (não ocorrerá por enquanto). Veja maiores detalhes na próxima tabela.

Tabela 10.1. MoSCoW. Fonte: adaptado do material PRINCE2® da AXELOS. Reproduzido sob licença da AXELOS.

Must have (deve ocorrer)	A mudança é essencial para a viabilidade do projeto e sua ausência afetará os objetivos do projeto (por exemplo, o produto final pode não funcionar como necessário).
Should have (deveria ocorrer)	A mudança é importante e sua ausência enfraquece o *business case*. No entanto, o projeto ainda assim atingirá seus principais objetivos.
Could have (poderia ocorrer)	A mudança é útil, mas sua ausência não enfraquece o *business case*.
Won't have for now (não ocorrerá por enquanto)	A mudança não é essencial e não é importante; então pode esperar.

No entanto, pode ser difícil de explicar esses quatro níveis de priorização para um solicitante e na maioria das vezes eles querem dizer que a sua requisição de mudança é **muito importante**. Então, aqui estão algumas simples perguntas que devem ajudá-lo a obter as informações corretas do solicitante:

- *Must have*: o produto final funcionará se não resolvido? (Sim)
- *Should have*: ele afeta o *business case*? (Sim); então pergunte como.
- *Could have*: isso afeta o *business case*? (Não)
- *Won't have for now*: essa mudança é essencial ou importante? (Não)

Prioridade e gravidade

A técnica **MoSCoW** é boa para priorizar, mas e a classificação da gravidade de uma *issue*?

- Exemplo: você pode usar uma escala de números como 1-5 ou palavras de significado como menor, significante, maior e crítica.
- Você pode vincular um nível de gravidade a uma *issue* ligando uma gravidade a um papel.
    - » **Menor** → Suporte do projeto.
    - » **Normal** → Gerente de projetos.
    - » **Significante** → Autoridade de mudanças.
    - » **Maior** → Comitê Diretor do Projeto.
    - » **Crítica** → Gerência do programa (ex.: projeto saiu da tolerância).

10.8. Autoridade de mudanças e orçamento para mudanças

A autoridade de mudanças é uma pessoa ou grupo que considera as requisições de mudança e não conformidades. É de responsabilidade do Comitê Diretor do Projeto – eles podem fazer isso eles mesmos, o que é mais comum quando poucas mudanças são esperadas, ou podem atribuir isso a outras pessoas. Se muitas mudanças forem esperadas, então isso irá demandar muito tempo do Comitê Diretor do Projeto, e é melhor dar autoridade a outra pessoa ou grupo.

Que tipo de pessoa pode assumir esse papel?

Isso tudo depende do tamanho e do valor do projeto, do orçamento para mudanças, da quantia que a autoridade de mudanças pode gastar em cada mudança e outros fatores. Assim, poderia ser um "braço" do executivo, alguém do Comitê, do departamento financeiro ou qualquer outra pessoa competente. Deve ser capaz de representar o negócio.

A autoridade de mudanças terá um **orçamento para mudanças**, que é uma soma em dinheiro que o cliente e o fornecedor concordam em usar para financiar o custo das requisições de mudanças. É aconselhável ter um orçamento para mudanças em cada projeto. O Comitê Diretor do Projeto pode limitar o custo de uma única mudança ou limitar o montante a ser gasto por estágios.

O processo de controle de mudanças é uma ferramenta muito importante para o gerente de projetos. Vamos dar um exemplo. Membros seniores da organização estão requisitando mudanças e você não quer parecer negativo ou ser forçado a adicionar algo novo que vai colocar o projeto em risco. Assim, quando lhe pedirem para adicionar algo novo ao projeto, você pode começar dizendo: "certamente. Aqui está o nosso formulário de requisição de mudança. Eu posso explicar isso para você ou ajudar a preenchê-lo". Adicionalmente, você poderá explicar por que tal formulário é importante para o projeto e para a organização. Você pode então passar a requisição de mudança para a autoridade de mudanças sem precisar dizer **não**, parecendo assim útil em todos os momentos.

10.9. Produtos de gerenciamento usados pelo tema mudanças

Aqui estão os produtos de gerenciamento (documentos) usados pelo tema **mudanças**.

Registros de item de configuração (RIC)

O propósito dos registros de itens de configuração é fornecer um conjunto de registros que descrevam os produtos de um projeto. A melhor maneira de explicar isso é usando o exemplo de um cartão de biblioteca que fornecerá dados para cada livro na biblioteca ou as informações de *tag* de MP3 para um arquivo de música.

Segue um exemplo de um **RIC** para o produto "Elevador" em um projeto de construção de um novo edifício.

Tabela 10.2. Exemplo de Registro de Item de Configuração. Fonte:The PRINCE2® Foundation Training Manual (2010).

Item	Registro de item de configuração
Identificador do projeto	B024
Identificador de item	B024-034
Versão atual	V03
Título do item	Elevador 1
Data da última mudança de status	22 jan. 2009
Dono	Gerente de manutenção
Locação	Geldof Street 2, 1050, Bruxelas
Tipo de item	Elevador
Atributos do item	Computador do elevador (B024-634), iluminação do elevador (B024-724)
Estágio	Estágio 3: acessórios elétricos
Usuários	Todos
Status	Aprovada e em uso. Próxima verificação de segurança 24 out. 2009
Produtor	Otis
Data alocada	05 jan. 2009
Fonte	Comprado da Otis
Relacionamento com outros itens	Eixo elevatório (B024-024), sistema eletrônico (B024-104), portas de elevador (B024-89 a B024-94),
Referências cruzadas	Plano de arquitetura da construção

Descrição do status do produto

O propósito da descrição do status do produto é fornecer informações sobre o estado dos produtos. Isso pode ser um relatório sobre um produto, um grupo de produtos, ou todos os produtos criados durante um estágio.

Exemplo: um relatório sobre o status de todos os produtos que foram criados pelo fornecedor X nos estágios 3 e 4 ou uma lista de todos os produtos conectados em um determinado local.

Diário do projeto (*daily log*)

O diário do projeto é usado para registrar *issues* **informais**, notas, etc. que não são capturadas em outros documentos do projeto. Para o gerente de projetos, é como um diário em um arquivo de texto com colunas como data, comentário, pessoa responsável e data de acompanhamento se necessário.

Exemplo: uma parte interessada enviou um e-mail dizendo que gostaria de participar de uma reunião de revisão da qualidade de um produto específico, ou uma parte interessada pediu para reenviar algumas informações.

Aqui está um exemplo do tipo de dado que você iria armazenar: no primeiro momento em que você ouvir sobre uma *issue*, você pode não ter muita informação, ou pode não ser muito grave, então você decide colocar no diário do projeto. Se a *issue* se tornar mais grave e precisar de medidas de acompanhamento, ela pode em seguida ser inserida em um registro de *issues*.

Nome do projeto	Edifício – B04			
Nº do projeto	B024			
Gerente de projetos	P. James			
Executivo do projeto	G. Owens			
Diário do projeto				
Data	Problema, ação, comentário	Pessoa responsável	Data prevista	Resultados
03/01/09	Recebi uma chamada do fornecedor para confirmar a entrega do item B024-034.	P. Egan	**Encerrado**	Confirmado por e-mail (ver pasta de itens enviados)
04/01/09	Pacote de trabalho 056 pode estar atrasado; isso afeta os pacotes de trabalho 67 e 69.	K. Cooper	**05/01/09**	Verificar o progresso
04/01/09	Partes interessadas: prefeitura requer reunião para o próximo mês.	P. James	**08/01/09**	Planejar e preparar reunião

Figura 10.1. Exemplo de diário do projeto. Fonte: adaptado do material PRINCE2® da AXELOS. Reproduzido sob licença da AXELOS.

> **DICA:** Dicas de como usar o diário do projeto:
>
> Você também pode usar uma planilha. Assim, poderá classificar através da data prevista, para que você saiba o próximo item a dar seguimento.
>
> Mantenha o diário do projeto aberto no seu computador, assim é fácil adicionar novas informações e verificar se você tem alguma tarefa a ser concluída.

Registro de *issues*

O propósito do registro de *issues* é capturar e manter informações sobre todas as *issues* (*issues* que devem ser tratadas formalmente). Veja isso como uma planilha com um número de colunas como identificador de *issue*, tipo de *issue* (requisição para mudança, não conformidade ou preocupação), prioridade, gravidade, data de levantamento, levantado por, descrição de *issue*, status e data de encerramento.

ID da issue	Tipo	Data de levantamento (identificação)	Descrição	Custo de resolução	Gerado por	Dono da issue	Status	Prioridade	Data Alvo	Data de encerramento
124	Requisição	03/01/2009	Display do elevador diferente, mais fácil de ver durante o dia.	€ 500	K. Green	K Green	Aceita	Média	04/02/2009	06/02/2009
125	Não conformidade	07/01/2009	Fornecedor, não couberam extratores corretos na cozinhas	0	L. Murphy	K Green	Aberta	Média	25/03/2009	
126	Problema	14/01/2009	Isolamento do Telhado - pode ter um problema de entrega	0	K. Green	K Green	Fechada	Alta	20/01/2009	20/01/2009

Figura 10.2. Exemplo de registro de issues. Fonte: adaptado do material PRINCE2® da AXELOS. Reproduzido sob licença da AXELOS.

Relatório de *issue*

Um relatório de *issue* é um descrição de um ou mais *issues*, que podem ser de três tipos:

- ❖ Requisição de mudança.
- ❖ Não conformidade.
- ❖ Problema/preocupação.

Ele também contém uma avaliação do impacto da *issue*. O relatório é geralmente criado (as informações iniciais são adicionadas) quando a *issue* é registrada inicialmente no registro de *issue*. Informações básicas podem ser acrescentadas, como: identificador, tipo de *issue*, data em que foi levantada e quem levantou a *issue*. Então o registro pode ser atualizado novamente depois que a *issue* for examinada, as soluções propostas e a solução escolhida.

10.10. O procedimento de gerenciamento de configuração

Gerenciamento de configuração (GC) é um conjunto de atividades que mantêm e controlam as mudanças para cada produto durante todo o ciclo de vida do projeto, e depois que o projeto está concluído. Ou seja, significa olhar e acompanhar os produtos do projeto. O PRINCE2® sugere que as seguintes cinco atividades sejam seguidas:

No início do projeto

- ❖ **Planejamento:** até que nível vamos fazer o GC – quão detalhado, quais produtos?
- ❖ **Identificação:** ex.: sistema de codificação (projeto-produto-dono-versão-data).

Durante o projeto

- ❖ **Controle:** atividades como criar linha de base, arquivamento, distribuição de cópias, etc.
- ❖ **Descrição do status:** *check-up* e relatório sobre um grupo de produtos.
- ❖ **Verificação e auditoria:** os produtos estão de acordo com os documentos do RIC?

10.10.1. O que acontece no planejamento?

Decida quais documentos e produtos que você deseja controlar. O que você acha que é importante?

Ex.: em um projeto de CRM, você pode desejar acompanhar os seguintes documentos:

- ❖ Produto principal.
- ❖ Todos os principais componentes.
- ❖ Documentos de *design*.
- ❖ Processos.
- ❖ Documentação do usuário.

Ex.: em um projeto para um evento com cem participantes, você pode querer olhar:

- Lista de convidados.
- Notas dos palestrantes.
- Panfletos.
- Informações de serviços de bufê.
- Contratos de aluguel de locais.

10.10.2. O que acontece na identificação?

Decida um sistema de codificação para identificar cada produto exclusivo do projeto.

<Código do Produto> <Iniciais do Dono> <Número da Versão> <Número da última modificação>

Ex.: 045-FT-v04-20112304.pdf

10.10.3. O que acontece no controle?

Trata-se de como controlar as alterações feitas nos produtos durante o projeto, já que, uma vez que um produto é aprovado, "nada se move e nada se muda sem autorização". A linha de base de produtos também é usada para comparar a situação atual com os objetivos definidos anteriormente.

Controle também lida com o armazenamento e a distribuição de cópias, controle de acesso, arquivamento e outras atividades de gerenciamento e de produtos especialistas.

> **DICA:** pense em um projeto recente no qual trabalhou e como você controlava o acesso a documentos e impedia que outros usuários fizessem alterações em documentos acordados.

10.10.4. O que acontece na descrição de status?

Isso é algo que talvez você nunca fez ou nunca viu em um projeto, mas é bom saber que esta atividade existe e pode ser usada se necessário. Isso está muito relacionado aos dados armazenados nos documentos RIC e ao estado dos produtos. São geralmente dados como:

- ❖ Identificador.
- ❖ Versão.
- ❖ Última atualização.
- ❖ Status atual.
- ❖ Dono.
- ❖ Lista de usuários.
- ❖ Data da próxima linha de base.
- ❖ Relacionamento com outros itens.

Seguem dois exemplos de uma descrição de status:

- ❖ O bibliotecário pode pedir um relatório do sistema:
  - » **Filtro: autor** = George Orwell. **Data** = 1940 a 1947. **Status** = na biblioteca.
- ❖ O gerente de compras pode ter recebido uma fatura do fornecedor X e perguntará a você, gerente de projetos, o status de todos os produtos desse fornecedor no estágio 3.
  - » **Filtro: provedor** = Fornecedor X. **Estágio produzido** = 3. **Status atual** = mostrar status.

Descrição de status é um relatório de todos os dados atuais e históricos de cada produto.

10.10.5. O que acontece na verificação e auditoria?

Aqui nós checamos se os produtos estão em conformidade com os dados do registro de itens de configuração. Por exemplo: certos usuários têm acesso às versões corretas de produto? Os produtos estão onde eles deveriam estar? Eles possuem os números de identificação corretos? Os produtos estão garantidos?

10.11. Procedimento de controle de *issues* e de mudanças

Existem cinco passos para o gerenciamento de *Issues* e mudanças: **c**apturar, **e**xaminar, **p**ropor, **d**ecidir e **i**mplementar (**CEPDI**).

- **Capturar:** determine o tipo de *issue*: formal, informal, qual tipo? (são três tipos).
- **Examinar:** avalie o impacto da *issue* sobre os objetivos do projeto.
- **Propor:** quais ações tomar – assim, identifique as opções, avalie e recomende.
- **Decidir:** alguém decide aprovar ou rejeitar a solução recomendada.
- **Implementar:** coloque a solução recomendada em ação (tome ações corretivas).

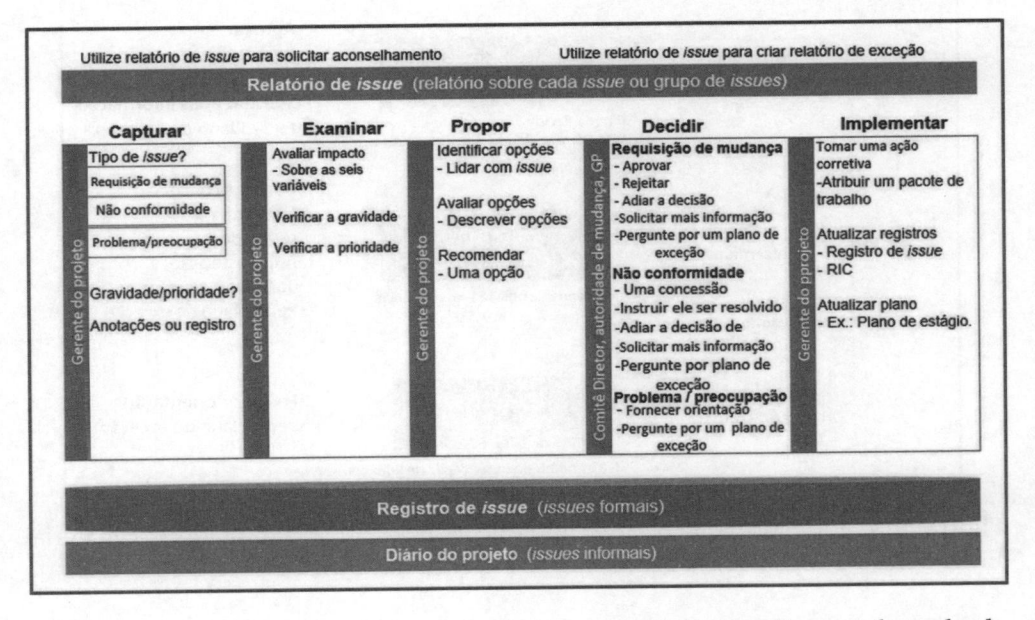

Capturar	Examinar	Propor	Decidir	Implementar
Tipo de *issue*?	Avaliar impacto - Sobre as seis variáveis	Identificar opções - Lidar com *issue*	**Requisição de mudança** - Aprovar - Rejeitar - Adiar a decisão - Solicitar mais informação - Pergunte por um plano de exceção	Tomar uma ação corretiva - Atribuir um pacote de trabalho
Requisição de mudança	Verificar a gravidade	Avaliar opções - Descrever opções		
Não conformidade	Verificar a prioridade	Recomendar - Uma opção	**Não conformidade** - Uma concessão - Instruir ele ser resolvido - Adiar a decisão de - Solicitar mais informação - Pergunte por plano de exceção	Atualizar registros - Registro de *issue* - RIC
Problema/preocupação				
Gravidade/prioridade?				Atualizar plano - Ex.: Plano de estágio.
Anotações ou registro			**Problema / preocupação** - Fornecer orientação - Pergunte por um plano de exceção	

Utilize relatório de *issue* para solicitar aconselhamento · Utilize relatório de *issue* para criar relatório de exceção
Relatório de *issue* (relatório sobre cada *issue* ou grupo de *issues*)
Registro de *issue* (*issues* formais)
Diário do projeto (*issues* informais)

Figura 10.3. Procedimento de controle de issues e mudanças. Fonte: adaptado do material PRINCE2® da AXELOS. Reproduzido sob licença da AXELOS.

Olhe para o diagrama anteriormente apresentado e observe o seguinte:

- A relação entre capturar, examinar, propor, decidir e implementar (CEPDI).
- As mudanças são escaladas para o nível superior. Pode ser o Comitê Diretor do Projeto, a equipe de autoridade de mudanças ou gerente de projetos (veja a seguir para mais informações).

❖ Na parte inferior, os dados podem ser armazenados no diário do projeto, no registro de *issue* e no relatório de *issue*.

O gerente de projetos pode tomar determinadas decisões desde que o estágio permaneça dentro da tolerância e isso tenha sido acordado dentro do documento estratégia de gerenciamento da configuração (por exemplo: a estratégia indica que o gerente de projetos pode decidir sobre *issues* que custam menos de € 500 e afetam apenas um produto).

10.12. Lidar com *issues* do projeto

O diagrama a seguir oferece uma boa visão de como os três tipos de *issues* são tratados.

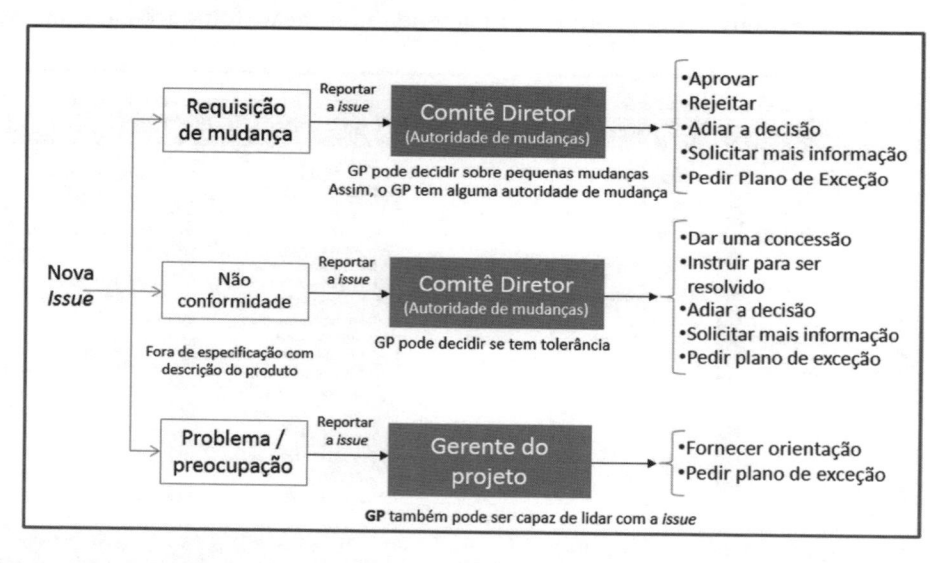

Figura 10.4. Lidando com os três tipos de issues. Fonte: adaptado do material PRINCE2® da AXELOS. Reproduzido sob licença da AXELOS.

Requisição de mudanças

❖ Um formulário de requisição de mudanças será preenchido pelo solicitante (descrição, prioridade, custos, opções recomendadas, etc.).

❖ Registro e relatório de *issues* deverão ser preenchidos.

❖ A autoridade de mudanças vai decidir sobre a mudança.

Não conformidade

❖ Registro de *issue* deve ser preenchido.

- ❖ Relatório de *issue* será preenchido detalhando a não conformidade.
- ❖ A autoridade de mudanças vai decidir sobre como lidar com a não conformidade.

Problema/preocupação (outro)

- ❖ Registro de *issue* deve ser preenchido.
- ❖ Essas são outras *issues* que podem ser positivas ou negativas.
- ❖ O gerente de projetos pode lidar com essas *issues* se estiver dentro de sua tolerância ou pedir orientação se estiver fora da tolerância.

> **NOTA:** a recomendação do PRINCE2® é que o relatório de *issues* seja somente para o tratamento **FORMAL** das *issues*.

10.13. Responsabilidades do tema mudanças

Tabela 10.3. Responsabilidades do tema mudanças. Fonte: adaptado do material PRINCE2® da AXELOS. Reproduzido sob licença da AXELOS.

Papel	Responsabilidades
Gerência corporativa ou do programa	• Fornecer a estratégia corporativa ou do programa para o controle de mudanças, a resolução de *issues* e o gerenciamento de configuração.
Executivo	• Determinar a autoridade de mudanças e o orçamento de mudanças. • Definir a escala para a classificação de gravidade, *issues* e classificações de prioridade (1-5 ou baixo, médio, alto). • Responder a solicitações de orientação do GP durante o projeto. • Tomar decisões sobre as *issues* que são escaladas pelo gerente de projetos.
Usuário principal/ Fornecedor principal	• Responder por solicitações de orientação do gerente de projetos. • Tomar decisões sobre as *issues* escaladas do gerente de projetos.
Gerente de projetos	• Supervisionar o procedimento de gerenciamento de configuração. • Gerenciar o procedimento de controle de *issues* e mudanças. • Criar e manter o registro de *issue* e implementar ações corretivas.

Papel	Responsabilidades
Gerente da equipe especialista	Implementar ações corretivas que lhe foram atribuídas pelo gerente de projetos.
Garantia do projeto	Fornecer conselhos sobre a análise e resolução de *issues* e verificar se os procedimentos da estratégia de gerenciamento de configuração estão sendo seguidos.
Suporte do projeto	Administrar o gerenciamento de configuração (cuidar dos produtos do projeto). Fazer as tarefas administrativas para os procedimentos controle de *issues* e mudanças. Manter os registros de itens de configuração para os produtos.

10.14. O que você precisa saber para o exame *Foundation*

Você deve:

❖ Conhecer os três tipos de *issues*.

❖ Ser capaz de reconhecer o propósito do tema **mudanças**.

❖ Saber o propósito do orçamento para mudanças.

❖ Saber o propósito da estratégia de gerenciamento de configuração, do registro de item de configuração, do relatório de *issue*, do registro de *issue* e da descrição do status do produto.

❖ Ser capaz de reconhecer as etapas no procedimento de controle de *issue* e mudanças: **c**apturar, **e**xaminar, **p**ropor, **d**ecidir e **i**mplementar (**CEPDI**).

❖ Ser capaz de reconhecer as cinco atividades no gerenciamento de configuração:

» Estágio de iniciação: planejamento e identificação.

» Durante o projeto: controle, descrição do status e verificação e auditoria.

10.15. Perguntas

Q1. Qual item (produto de gerenciamento/documento) contém informações como: status, identificador, localização, proprietário, fonte, data atribuída, etc?

a) Relatório de produto.

b) Registro de itens de configuração.

c) Dados do produto.

d) Sumário da configuração.

Q2. Qual dos seguintes termos pode ser definido como: "a atividade técnica e administrativa que objetiva a criação, a manutenção e o controle de mudança da configuração por toda a vida de um produto"?

   a) Requisição de mudanças.

   b) Gerenciamento de configuração.

   c) Autoridade de mudança.

   d) Orçamento para mudanças.

Q3. Em qual processo e em qual documento de estratégia são definidos os controles do projeto para *issues*, mudanças e gerenciamento de configuração?

Q4. Quais são os dois produtos de gerenciamento onde você registra *issues* que precisam ser gerenciadas formalmente e informalmente?

   a) Anotações de lições.

   b) Registro de problemas.

   c) Registro de *issue*.

   d) Diário do projeto.

   e) Arquivo de *issue*.

Q5. Qual é o nome do relatório criado para descrever uma *issue* e como responder a ele?

Q6. Quais são os três tipos de *issues* reconhecidos pelo PRINCE2®? (não se preocupe com o nome exato)

Q7. Como um gerente da equipe especialista deve escalar uma sugestão para a melhoria de um produto?

   a) Criar um relatório de destaques.

   b) Levantar uma *issue*.

   c) Criar um relatório de exceção.

Q8. Qual dos seguintes itens é financiado pelo orçamento para mudanças?

   a) Plano para retroceder.

   b) Requisição de mudança.

   c) Atividade de risco.

   d) Autoridade de mudança.

Q9. Identifique dois propósitos de um relatório de *issue*.

    a) Fornecer uma visão geral de todas as *issues* formais correntes. (S/N)

    b) Gravar a resolução de uma *issue*. (S/N)

    c) Capturar todos os problemas ou preocupações dentro do projeto. (S/N)

    d) Capturar recomendações para o tratamento de uma requisição de mudança. (S/N)

> **DICA:** duas das opções são propósitos de um registro de risco.

Q10. Qual termo é usado por uma entidade que está sujeita a um gerenciamento de configuração (um produto que precisa ser cuidado durante o projeto)? Uma entidade que pode ser um produto, uma entrega ou um componente de um produto.

    a) Requisição de mudança.

    b) Item de configuração.

    c) Orçamento de mudança.

    d) Formulário de mudança.

Q11. Quais dos relatórios a seguir podem ser usados para escalar uma *issue* (ex.: requisição de mudança, problema e não conformidade) até o Comitê Diretor do Projeto ou a autoridade de mudança delegada?

    a) Relatório de final de estágio.

    b) Relatório de *issue*.

    c) Relatório de ponto de controle.

    d) Relatório de produto.

Q12. Que procedimento deveria ser aplicado se uma linha de base (aprovada) precisar de modificações do produto?

    a) Gerenciamento de tolerância.

    b) Controle de *issues* e mudanças.

    c) Gerenciar por exceção.

Q13. Onde devem ser registradas quaisquer requisições de mudança?

    a) Registro de mudanças.

    b) Registro de risco.

    c) Registro de *issue*.

    d) Registro da qualidade.

Q14. Um orçamento de mudança pode ser usado (se ainda existirem fundos disponíveis no final do projeto) para financiar funcionalidade importante extra sem passar pelo procedimento de controle de *issues* e mudanças?

Q15. O gerente de projetos também pode executar o papel de autoridade de mudança? (S/N)

Q16. Qual é o propósito do tema **mudanças**?

    a) Prevenir mudança na linha de base de produtos. (S/N)

    b) Identificar, avaliar e controlar todas as mudanças nos produtos da linha de base. (S/N)

    c) Monitorar as conquistas do projeto em relação ao que foi planejado. (S/N)

    d) Configurar os controles do projeto. (S/N)

Q17. Qual é o propósito do diário do projeto? (existem duas respostas corretas)

    a) Registrar os produtos e as atividades planejadas para o estágio. (S/N)

    b) Registrar as *issues* informais. (S/N)

    c) Registrar e acompanhar o status de todos os produtos desenvolvidos. (S/N)

    d) Atuar como diário para o gerente de projetos. (S/N)

10.16. Perguntas e respostas

Q1. Qual item (produto de gerenciamento/documento) contém informações como: status, identificador, localização, proprietário, fonte, data atribuída, etc?

    a) **Relatório de produto.**

    b) **Registro de itens de configuração.**

    c) **Dados do produto.**

    d) **Sumário da configuração.**

A1. A resposta é B. O propósito dos registros de itens de configuração é fornecer um conjunto de registros que descrevem (metadados) os produtos de um projeto. Ex.: as informações de *tags* de MP3 que descrevem uma canção; você pode usar esses dados para procurar por um produto específico (canções).

REFERÊNCIA: *ver item 10.9. Produtos de gerenciamento usados pelo tema mudanças.*

Q2. Qual dos seguintes termos pode ser definido como: "a atividade técnica e administrativa que objetiva a criação, a manutenção e o controle de mudança da configuração por toda a vida de um produto"?

    a) Requisição de mudanças.

    b) Gerenciamento de configuração.

    c) Autoridade de mudança.

    d) Orçamento para mudanças.

A2. Resposta: B. Gerenciamento de configuração versa sobre como cuidar dos produtos do projeto.

> **REFERÊNCIA:** *ver item 10.4. Definições de mudanças.*

Q3. Em qual processo e em qual documento de estratégia são definidos os controles do projeto para *issues*, mudanças e gerenciamento de configuração?

A3. Estes são definidos no processo *Initiating a Project* e documentados na estratégia de gerenciamento de configuração.

> **REFERÊNCIA:** *ver item 10.6. Estratégia de gerenciamento de configuração.*

Q4. Quais são os dois produtos de gerenciamento onde você registra *issues* que precisam ser gerenciadas formalmente e informalmente?

    a) Anotações de lições.

    b) Registro de problemas.

    c) Registro de *issue*.

    d) Diário do projeto.

    e) Arquivo de *issue*.

A4. *Issues* que precisam ser gerenciadas formalmente são colocadas no registro de *issues* (opção C). *Issues* que precisam ser gerenciadas informalmente são primeiramente colocadas no diário do projeto (opção D), mas podem ser movidas para o registro de *issue* se elas mais tarde precisarem ser tratadas formalmente.

> **REFERÊNCIA:** *ver item 10.5. A abordagem do PRINCE2® para mudanças.*

Q5. Qual é o nome do relatório que é criado para descrever uma *issue* e como responder a ele?

A5. O relatório de *issue* é usado para documentar uma *issue*.

> *REFERÊNCIA: ver itens 10.5. A abordagem do PRINCE2® para mudanças e 10.12 Lidar com issues do projeto.*

Q6. Quais são os três tipos de *issues* reconhecidos pelo PRINCE2®? (não se preocupe com o nome exato)

A6. Não conformidade, requisição de mudança e problema/preocupação.

> *REFERÊNCIA: ver item 10.12. Lidar com issues do projeto.*

Q7. Como um gerente da equipe especialista deve escalar uma sugestão para a melhoria de um produto?

   a) Criar um Relatório de Destaques.

   b) Levantar uma *Issue*.

   c) Criar um relatório de exceção.

A7. O gerente da equipe especialista levantará uma *issue* (opção B). É o gerente de projetos que decide o tipo de *issue* (não conformidade, requisição de mudança ou problema/preocupação) e como lidar com ela (formalmente ou informalmente), etc.

> *REFERÊNCIA: ver item 10.11. Procedimento de controle de issues e de mudanças.*

Q8. Qual dos seguintes itens é financiado pelo orçamento para mudanças?

   a) Plano para retroceder.

   b) Requisição de mudança.

   c) Atividade de risco.

   d) Autoridade de mudança.

A8. Opção B. Um orçamento para mudanças é um montante de dinheiro que pode ser usado para financiar o custo das requisições de mudança.

> *REFERÊNCIA: ver item 10.8. Autoridade de mudanças e orçamento para mudanças.*

Q9. Identifique dois propósitos de um relatório de *issue*.

   a) Fornecer uma visão geral de todas as *issues* formais correntes. (S/N)

   b) Gravar a resolução de uma *issue*. (S/N)

   c) Capturar todos os problemas ou preocupações dentro do projeto. (S/N)

   d) Capturar recomendações para o tratamento de uma requisição de mudança. (S/N)

> **DICA:** duas das opções são propósitos de um registro de risco).

A9. Respostas:
   a) NÃO
   b) SIM
   c) NÃO
   d) SIM

> **REFERÊNCIA:** *ver item 10.11. Procedimento de controle de issues e de mudanças.*

Q10. Qual termo é usado por uma entidade que está sujeita a um gerenciamento de configuração (um produto que precisa ser cuidado durante o projeto)? Uma entidade que pode ser um produto, uma entrega ou um componente de um produto.
   a) Requisição de mudança.
   b) Item de configuração.
   c) Orçamento de mudança.
   d) Formulário de mudança.

A10. Um item de configuração é o nome dado para uma entidade (ou item) sujeita ao gerenciamento de configuração (opção B). Cada item de configuração terá seu registro de item de configuração próprio.

> **REFERÊNCIA:** *ver item 10.4. Definições de mudanças.*

Q11. Quais dos relatórios a seguir podem ser usados para escalar uma *issue* (ex.: requisição de mudança, problema e não conformidade) até o Comitê Diretor do Projeto ou a autoridade de mudança delegada?
   a) Relatório de final de estágio.
   b) Relatório de *issue*.
   c) Relatório de ponto de controle.
   d) Relatório de produto.

A11. Opção B. O relatório de *issue* descreve a *issue* e propõe como lidar com ela.

> **REFERÊNCIA:** *ver item 10.11. Procedimento de controle de issues e de mudanças.*

Q12. Que procedimento deveria ser aplicado se uma linha de base (aprovada) precisar de modificações do produto?

   a) Gerenciamento de tolerância.

   b) Controle de *issues* e mudanças.

   c) Gerenciar por exceção.

A12. A resposta é B. Este procedimento identifica e controla mudanças para os produtos da linha de base.

REFERÊNCIA: *ver item 10.11. Procedimento de controle de issues e de mudanças.*

Q13. Onde devem ser registadas quaisquer requisições de mudança?

   a) Registro de mudanças.

   b) Registro de risco.

   c) Registro de *issue*.

   d) Registro da qualidade.

A13. Opção C. O registro de *issue* fornece uma visão geral de todas as *issues* formais do projeto. O relatório de *issue* fornece muito mais informações sobre uma *issue* ou *issues* relacionadas (ex.: descrição, opções e recomendações).

REFERÊNCIA: *ver item 10.11. Procedimento de controle de issues e de mudanças.*

Q14. Um orçamento de mudança pode ser usado (se ainda existirem fundos disponíveis no final do projeto) para financiar funcionalidade importante extra sem passar pelo procedimento de controle de *issues* e mudanças?

A14. Todas as mudanças na linha de base de produtos precisam ser aprovadas e, portanto, todas as requisições de mudança precisam passar pelo procedimento de controle de *issues* e mudanças. Mudanças nos produtos da linha de base só podem ser feitas se forem aprovadas.

REFERÊNCIA: *ver item 10.8. Autoridade de mudanças e orçamento para mudanças.*

Q15. O gerente de projetos também pode executar o papel de autoridade de mudança? (S/N)

A15. Sim, ao gerente de projetos também pode ser dada alguma responsabilidade da autoridade de mudança. Poderia ser decidido no início do projeto que o gerente de projetos pode decidir sobre as mudanças dentro de certas condições. Exemplo: se o custo de mudança for menor que € 400 e somente se apenas um produto for afetado.

REFERÊNCIA: *ver item 10.8. Autoridade de mudanças e orçamento para mudanças.*

Q16. Qual é o propósito do tema mudanças?

  a) Prevenir mudança na linha de base de produtos. (S/N)

  b) Identificar, avaliar e controlar todas as mudanças nos produtos da linha de base. (S/N)

  c) Monitorar as conquistas do projeto em relação ao que foi planejado. (S/N)

  d) Configurar os controles do projeto. (S/N)

A16. Respostas:

  a) NÃO. Mudanças ocorrem.

  b) SIM.

  c) NÃO. Está relacionado a progresso.

  d) NÃO. Está relacionado a plano e progresso.

REFERÊNCIA: *ver item 10.3. O tema mudanças através do PRINCE2®.*

Q17. Qual é o propósito do diário do projeto? (existem duas respostas corretas)

  a) Registrar os produtos e as atividades planejadas para o estágio. (S/N)

  b) Registrar as *issues* informais. (S/N)

  c) Registrar e acompanhar o status de todos os produtos desenvolvidos. (S/N)

  d) Atuar como diário para o gerente de projetos. (S/N)

A17. Respostas:

  a) NÃO

  b) SIM

  c) NÃO

  d) SIM

REFERÊNCIA: *ver item 10.9. Produtos de gerenciamento usados pelo tema mudanças.*

11. Progresso

11.1. Introdução

Consideremos o que será abordado no tema **progresso**. Você vai aprender:

- ❖ As três partes do propósito do progresso:
    - » Verificar o progresso do projeto em relação ao plano.
    - » Verificar a viabilidade do projeto.
    - » Controlar eventuais desvios.
- ❖ Definições para o progresso, controles do progresso e exceções e tolerâncias.
- ❖ A abordagem do PRINCE2® para o progresso.
- ❖ Os quatro níveis de autoridade em uma organização de projeto e os três níveis de autoridade na equipe do projeto.
- ❖ Os três controles de projeto utilizados pelo Comitê Diretor do Projeto e o gerente de projetos.
- ❖ Por que gerenciamento por estágios é usado como controle pelo Comitê Diretor do Projeto.
- ❖ O que são estágios técnicos? Como eles diferem de estágios de gerenciamento? E como é possível gerenciar estágios técnicos através dos estágios de gerenciamento?
- ❖ Como o gerente de projetos analisa o progresso? Como ele usa os diferentes produtos de gerenciamento, tais como os relatórios de ponto de controle, o diário do projeto e o registro de *issue*?

- Como as notas de lições e o relatório de lições são usados a partir de um ponto de vista do progresso.
- Os três relatórios utilizados pelo gerente de projetos para relatar o progresso ao Comitê Diretor do Projeto.
- E, por último, os papéis e responsabilidades em relação ao tema **progresso**.

11.2. O que acontece no mundo real?

O progresso trata de como controlar o projeto e saber onde você está em relação ao planejado. Cada empresa e cada gerente de projetos terão diferentes ideias sobre como melhor fazer isso. Se você for o gerente de projetos em uma empresa, uma boa pergunta para seu Comitê Diretor do Projeto é: "como faço para melhor manter você informado sobre o andamento do projeto?". A resposta irá falar muito sobre a maturidade do controle de projetos na organização.

Os pontos mais importantes que um gerente de projetos precisa ter em mente são:

- O formato dos relatórios usados para fornecer informações ao Comitê Diretor do Projeto.
- A melhor forma de manter e acompanhar *issues*, mudanças e riscos.
- Como verificar se o *business case* é ainda válido.
- Verificar constantemente o progresso atual em relação ao planejado (plano atual).

A maioria dos gerentes de projetos com pouca habilidade comete os seguintes erros:

- Não tem um bom sistema estabelecido para acompanhar o progresso.
- Sente-se responsável por *issues* que surgem e tenta resolvê-las – e, assim, acabam combatendo incêndios e não gerenciando o projeto (o que é muito perigoso).
- Tem medo de escalar *issues*, pois pode trabalhar em um ambiente onde é comum "matar o mensageiro" ou trabalhar para um Comitê Diretor do Projeto que não compreende o seu papel.

Você vai encontrar neste capítulo uma maneira fácil para ler e entender o PRINCE2® e também aprenderá como tolerâncias são utilizadas para ajudar cada nível de gerenciamento a supervisionar o nível abaixo. O último ponto que gostaríamos de ressaltar é que o gerente de projetos **deve se certificar** de que tem tempo durante o projeto para gerenciar o progresso e controlar o projeto.

11.3. O tema progresso através do PRINCE2®

O propósito das informações no tema **progresso** pode ser explicado em três partes:

- ❖ Determinar como monitorar e, em seguida, comparar resultados reais com aqueles planejados durante o projeto.
- ❖ Fornecer uma previsão para os objetivos do projeto e a viabilidade contínua do projeto.
- ❖ Ser capaz de controlar quaisquer desvios inaceitáveis.

O progresso sempre é verificado em relação ao plano, para checar a viabilidade do projeto (de maneira contínua) e controlar desvios.

Três dos sete princípios são representados no tema **progresso**:

Tabela 11.1. Princípios representados no tema progresso. Fonte: The PRINCE2® Foundation Training Manual (2010).

Gerenciar por estágios	O Comitê Diretor do Projeto usa estágios com um ponto de controle.
Justificativa de negócio continua	Verificar continuamente se ainda vale a pena prosseguir com o projeto.
Gerenciar por exceção	Tolerâncias são usadas para supervisionar o nível de gerenciamento inferior.

11.4. Definições de progresso

O que é progresso?

É a verificação e o controle de onde você está em relação ao plano. Isso é feito para o plano do projeto, o plano de estágio e o pacote de trabalho.

O que são controles de progresso?

Eles são usados por um nível de gerenciamento superior para monitorar o progresso do nível de gerenciamento inferior. Por exemplo, o Comitê Diretor do Projeto quer monitorar o progresso do gerente de projetos, ou gerente de projetos deseja monitorar o progresso das equipes que criam os produtos. O nível superior pode fazer o seguinte:

- ❖ Monitorar o progresso atual em relação aos planos.
- ❖ Revisar planos com previsão.

- ❖ Detectar problemas e identificar riscos.
- ❖ Iniciar a ação corretiva para corrigir *issues* (o Comitê Diretor do Projeto dará conselhos).
- ❖ Autorizar mais trabalho a ser feito. Exemplo: o Comitê Diretor do Projeto pode autorizar um próximo estágio e o gerente de projetos pode autorizar um novo pacote de trabalho.

O que são exceções e tolerâncias?

Uma **exceção** é uma situação onde pode ser previsto um desvio além dos níveis aceitáveis de tolerância.

As tolerâncias são os desvios (permitidos) acima e abaixo de um plano-alvo. Por exemplo, o projeto deve demorar seis meses, com uma tolerância de aproximadamente um mês. Níveis de tolerância podem também ser definidos para todas as seis áreas de tolerância, ou seja, prazo, custo, qualidade, escopo, benefícios e riscos. Essas áreas também são conhecidas como as variáveis do projeto.

Pergunta: o que você acha que aconteceria se tolerâncias não fossem utilizadas entre o nível do Comitê Diretor do Projeto e o gerente de projetos?

Resposta: nesse caso, o gerente de projetos escalaria cada *issue* para o Comitê Diretor do Projeto, que acabaria trabalhando no projeto oito horas por dia e, portanto, estaria fazendo um monte de trabalho ou todo o trabalho para o gerente de projetos.

Lembre-se: o Comitê Diretor do Projeto é formado por pessoas ocupadas, e não queremos que o projeto tome muito do seu tempo. Definir tolerâncias permite que o gerente de projetos lide com *issues* menores e só incomode o Comitê Diretor do Projeto com *issues* maiores (este é um uso mais eficiente de tempo pelo Comitê Diretor do Projeto).

Exemplo de tolerância: um projeto de seis meses com uma tolerância de aproximadamente um mês. Se o projeto está previsto para atrasar em uma semana, o gerente de projetos lidaria com isso sem precisar escalar a questão. Mas se o projeto for atrasar cerca de dois meses, então deve escalá-lo até o Comitê Diretor do Projeto.

11.5. Qual é a abordagem do PRINCE2® para o progresso?

O PRINCE2® fornece controle por meio de quatro maneiras principais:

- ❖ Delegando autoridade de um nível de gerenciamento superior para o nível de gerenciamento inferior (ex.: do Comitê Diretor do Projeto para o gerente de projetos).

❖ Dividindo o projeto em estágios de gerenciamento e autorizando um estágio por vez.

❖ Fazendo relatórios de progresso controlado por prazos e eventos (ex.: relatórios de destaques).

❖ Disparando exceções para alertar o nível de gerenciamento superior se uma grande *issue* surgir (fora da tolerância).

Como esses controles serão usados no projeto? Deve ser decidido antecipadamente no projeto e registrado no documento de iniciação do projeto, sob o título de progresso.

A delegação de autoridade

Aqui discutiremos como cada nível monitora o nível abaixo. Isso é mostrado de maneira simples na figura a seguir.

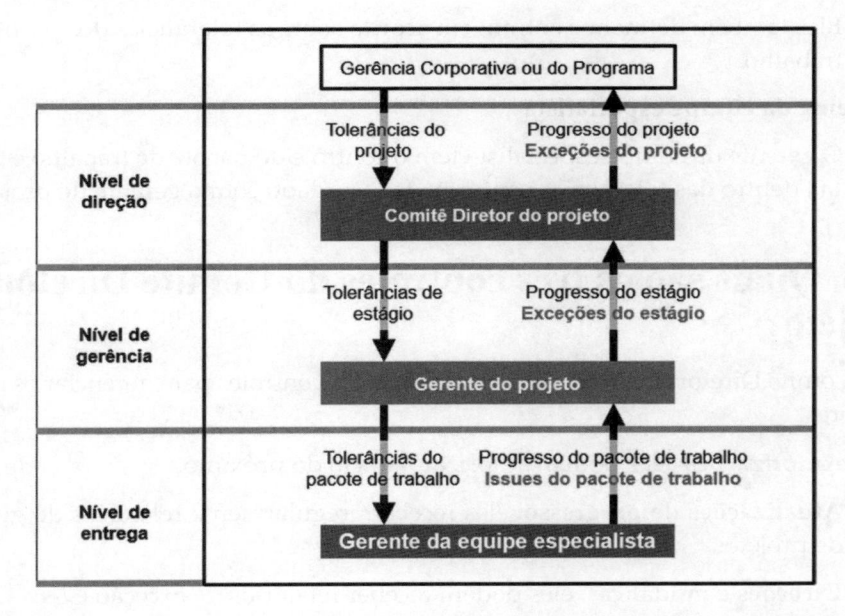

Figura 11.1. Delegação de tolerância e relato de progresso. Fonte: adaptado do material PRINCE2® da AXELOS. Reproduzido sob licença da AXELOS.

A gerência corporativa ou do programa

❖ A gerência corporativa ou do programa está fora do projeto. Ela estabelece os requisitos globais e níveis de tolerância para o projeto.

❖ Se as tolerâncias do projeto forem ultrapassadas, deve-se escalar a gerência corporativa ou do programa.

> **DICA:** lembre-se de que as tolerâncias do projeto são definidas pela gerência corporativa ou do programa.

O Comitê Diretor do Projeto

- ❖ O Comitê Diretor do Projeto define as tolerâncias para os estágios. Portanto, o gerente de projetos vai escalar *issues* assim que identificar que elas possam prejudicar alguma tolerância do projeto.
- ❖ Se esta exceção afetar a tolerância do projeto, o Comitê Diretor do Projeto deve escalar a questão até a gerência corporativa ou do programa.

O gerente de projetos

- ❖ Os gerentes de projetos têm o controle diário sobre o estágio e trabalham dentro das tolerâncias estabelecidas pelo Comitê Diretor do Projeto.
- ❖ Eles também definem e entram em acordo sobre as tolerâncias dos pacotes de trabalho.

O gerente da equipe especialista

- ❖ O gerente da equipe especialista tem o controle do pacote de trabalho e trabalha dentro das tolerâncias conforme foi acordado com o gerente de projetos.

11.6. Quais são os três controles do Comitê Diretor do Projeto?

O Comitê Diretor do Projeto tem três principais controles para gerenciar os níveis inferiores.

- ❖ **Autorizações:** eles podem autorizar o início do próximo.
- ❖ **Atualizações de progresso:** eles recebem regularmente relatórios do gerente de projetos.
- ❖ **Exceções e mudanças:** eles podem receber relatórios de exceção e *issues*.

Autorizações

- ❖ **Autorizar iniciação:** permite o estágio de iniciação e a criação do documentação de iniciação do projeto (DIP).
- ❖ **Autorizar o projeto:** o DIP é aprovado para que o primeiro estágio do projeto possa começar após a iniciação.
- ❖ **Autorizar o estágio:** isso acontece após cada processo **SB**.
- ❖ E, por último, **autorizar o encerramento do projeto**.

Atualizações de progresso

- Inclui relatórios de destaques e relatório de final de estágio.
- Os relatórios de destaques são enviados regularmente do gerente de projetos para o Comitê Diretor do Projeto durante o processo *Controlling a Stage*. Eles fornecem informações sobre como o estágio está sendo executado de acordo com o plano de estágio.
- Antes de autorizar o encerramento do projeto o relatório final também será revisto.

Exceções e mudanças

- Isso inclui relatórios de exceção e relatórios de *issue*.
- Relatórios de exceção mostram ao Comitê Diretor do Projeto que o estágio está fora da tolerância, permitindo que se controle o próximo movimento.
- Relatórios de *issues* são uma forma de reunir informações sobre uma *issue* (requisição de mudança, não conformidade ou um problema/preocupação) e enviá-las para o Comitê Diretor do Projeto para avaliação.

11.7. Quais são os três controles do gerente de projetos?

Eles têm os mesmos nomes que os controles do Comitê Diretor do Projeto.

- **Autorizações:** o gerente de projetos autoriza os pacotes de trabalho para o gerente da equipe especialista (processo **CS**).
- **Atualizações de progresso:** o gerente de projetos recebe relatórios de ponto de controle do gerente da equipe especialista ou de membros da equipe.
- **Exceção e mudanças:**
  » Os registros do projeto e *logs* são usados para analisar os progressos e identificar *issues* que talvez precisem ser resolvidas.
  » As mudanças serão tratadas através do procedimento controle de mudanças.

11.8. Uso de estágios de gerenciamento para controle

Por que estágios de gerenciamento são utilizados como controles pelo Comitê Diretor do Projeto?

Estágios de gerenciamento são "quebras" do projeto, como os **pontos de decisões** para o Comitê Diretor do Projeto entre cada estágio. Um estágio de gerenciamento é um conjunto de atividades para produzir produtos e é supervisionado pelo gerente de projetos.

Por que estágios de gerenciamento são importantes para o Comitê Diretor do Projeto?

Eles fornecem pontos de decisão e de avaliação no final de cada estágio e antes do próximo estágio.

Com essas informações, o Comitê Diretor do Projeto pode:

- Verificar a viabilidade (contínua) do projeto.
- Autorizar um estágio por vez ou optar por interromper o projeto.
- Analisar o relatório de final de estágio do estágio que se encerra.
- Analisar o plano de estágio para o próximo estágio.
- Verificar o progresso do projeto em comparação com o plano de projeto no final de cada estágio.

Como você pode ver, estágios são importantes para o Comitê Diretor do Projeto. Com a ajuda de tolerância, o Comitê Diretor do Projeto também pode dar autoridade ao gerente de projetos para a execução do dia a dia do estágio.

Qual é o número mínimo de estágios em um projeto?

São dois:

- **O estágio de iniciação:** definir e aprovar o que precisa ser feito.
- **Um estágio de entrega:** pelo menos um estágio para desenvolver os produtos.

Assim, mesmo para um projeto de dois dias você pode passar uma hora na primeira manhã para decidir o que será feito, como você fará, como controlará, quem é responsável pelo quê e outros detalhes. O resto do tempo será a criação de produtos no segundo estágio.

Como decidir o número de estágios?

Isso depende de uma série de itens e, como você pode ver, deverá ponderar cada um deles. Comece por considerar o seguinte:

- **Quanto à frente é sensato planejar?** Conhecemos uma empresa de desenvolvimento de TI que não gosta de planejar algo com mais de seis semanas de antecedência, se eles estiverem trabalhando em novas aplicações.
- **Onde os principais pontos de decisão devem ser feitos no projeto?** Ex.: talvez depois de criar um protótipo ou após a conclusão de uma parte importante do produto.

- ❖ **A quantidade de risco em um projeto.** Se for semelhante a outro projeto, então haverá menos risco.

- ❖ **Pense no controle requerido pelo Comitê Diretor do Projeto. Eles exigem pouco ou muito controle?** Reflita entre muitos pequenos estágios de gerenciamento em comparação a poucos grandes estágios de gerenciamento.

- ❖ **O quão confiantes estão o Comitê Diretor do Projeto e o gerente de projetos em seguir em frente?** Ex.: se este for um projeto semelhante com pequenas alterações, então estariam bem confiantes.

Quanto tempo deve durar um estágio no PRINCE2®?

O PRINCE2® menciona os seguintes pontos a serem considerados ao decidir o tamanho do estágio:

- ❖ O horizonte de planejamento em qualquer ponto do projeto (ou seja, o quão antecipadamente você pode planejar com segurança).

- ❖ Os estágios técnicos dentro de um projeto.

- ❖ O nível de risco e complexidade.

A consideração principal é o nível de risco ou complexidade. Se há muita complexidade e risco, então é melhor manter os estágios curtos. Se há menos risco e complexidade e já houve um projeto semelhante antes, os estágios podem ser bem mais longos.

11.9. O que são estágios técnicos?

É assim que a maioria das empresas e equipes trabalha. A melhor maneira de entender isso é olhar como eles diferem dos estágios de gerenciamento:

- ❖ Estágios técnicos podem se sobrepor, mas estágios de gerenciamento não.

- ❖ Estágios técnicos estão normalmente associados a habilidades (ex.: análises de requisitos, design de produto), enquanto estágios de gerenciamento concentram-se em autoridade e justificativa de negócio.

- ❖ Um estágio técnico pode abranger o processo *Managing a Stage Boundary*.

Os diagramas a seguir ajudam a explicar a diferença entre estágios técnicos e de gerenciamento.

Itens ↓ Meses →	Março	Abril	Maio	Junho	Julho	Agosto	Setembro	Outubro
Requerimentos	Requerimentos							
Identificar os principais riscos	Riscos							
Desenvolver protótipo		Protótipo						
Testar protótipo				Testar protótipo				
Desenvolver aplicação						Desenvolver		
Testar						Testar		
Treinar							Treinar	

Figura 11.2. Estágios técnicos. Fonte: The PRINCE2® Foundation Training Manual (2010).

Itens ↓ Meses →	Março	Abril	Maio	Junho	Julho	Agosto	Setembro	Outubro
Requerimentos	Requisitos técnicos		Requisitos funcionais		outros			
Identificar os principais riscos	Principais Riscos		Detalhamento riscos		revisão			
Desenvolver protótipo		versão 1	versão 2					
Testar protótipo				Testar protótipo	Relatar			
Desenvolver aplicação					Desenvolver req. téc.		Req. func.	
Testar			Plano de teste		Testar requisitos téc.		Testar requisitos Fun.	
Treinar					Treinar		Documentar	
Estágios de gerenciamento →	Estágio 1		Estágio 2		Estágio 3		Estágio 4	

Figura 11.3. Estágios técnicos e estágios de gerenciamento. Fonte: The PRINCE2® Foundation Training Manual (2010).

Esses são os estágios técnicos (requisitos, riscos, testes, etc.). Estágios técnicos muitas vezes se sobrepõem uns aos outros e não há nenhuma menção a estágios de gerenciamento.

Este diagrama mostra que os estágios técnicos parecem ser quebrados para que eles se encaixem nos estágios de gerenciamento.

> **NOTA:** estágios técnicos não são "quebrados"; na verdade, o gerente de projetos apenas irá pedir aos gerentes da equipe especialista que definam o seu trabalho em termos do que eles esperam fazer nos estágios de gerenciamento. Ex.: desenvolver o protótipo é dividido em dois produtos distintos (versão 1 e versão 2). Trata-se de uma boa prática. O gerente de projetos terá uma descrição de produto para a versão 1 e a versão 2, então pode-se verificar se o produto foi entregue conforme o esperado no estágio específico.

11.10. Controles orientados a eventos e ao tempo

Todos os controles podem ser divididos em duas partes no PRINCE2®: orientado a eventos e orientados ao tempo (cronologia).

Controles orientados a eventos ocorrem quando algum evento acontece no projeto. Ex.: o final de um estágio; a complementação do DIP; um estágio que saiu da tolerância; ao final do projeto; e quando surge uma requisição de mudanças. Todos esses eventos demandam a produção de documentos como um relatório de final de estágio, um relatório de exceção e um relatório de *issue*.

Controles orientados ao tempo: ocorrem em intervalos periódicos predefinidos. Ex.: o gerente de projetos combina com o Comitê Diretor do Projeto o envio de um relatório de destaques a cada duas semanas; e o gerente da equipe especialista combina com o gerente de projetos o envio de um relatório de pontos de controle a cada semana. Assim, controles orientados ao tempo não precisam esperar que um evento aconteça.

Duas perguntas comuns no exame:

Pergunta: em que documento de gerenciamento é mencionada pela primeira vez a frequência do relatório de destaques?

Resposta: A frequência é declarada na estratégia de gerenciamento da comunicação, escrito no estágio de iniciação (processo **IP**).

Pergunta: O Comitê Diretor do Projeto pode alterar a frequência de relatórios orientados ao tempo para um novo estágio?

Resposta: Sim, e normalmente o Comitê aconselha o gerente de projetos a alterar a frequência durante o processo **SB**, antes de aprovar o plano do próximo estágio.

11.11. Como o gerente de projetos revisa o progresso?

O gerente de projetos faz a maior parte de sua revisão no processo *Controlling a Stage* (mais tarde falaremos sobre isso). A melhor maneira de mostrar como o gerente de projetos revisa o progresso é usar o **mapa de produtos do PRINCE2®**, que mostra quando os produtos do gerenciamento são criados e atualizados e, em seguida, fazer perguntas com base nesse diagrama.

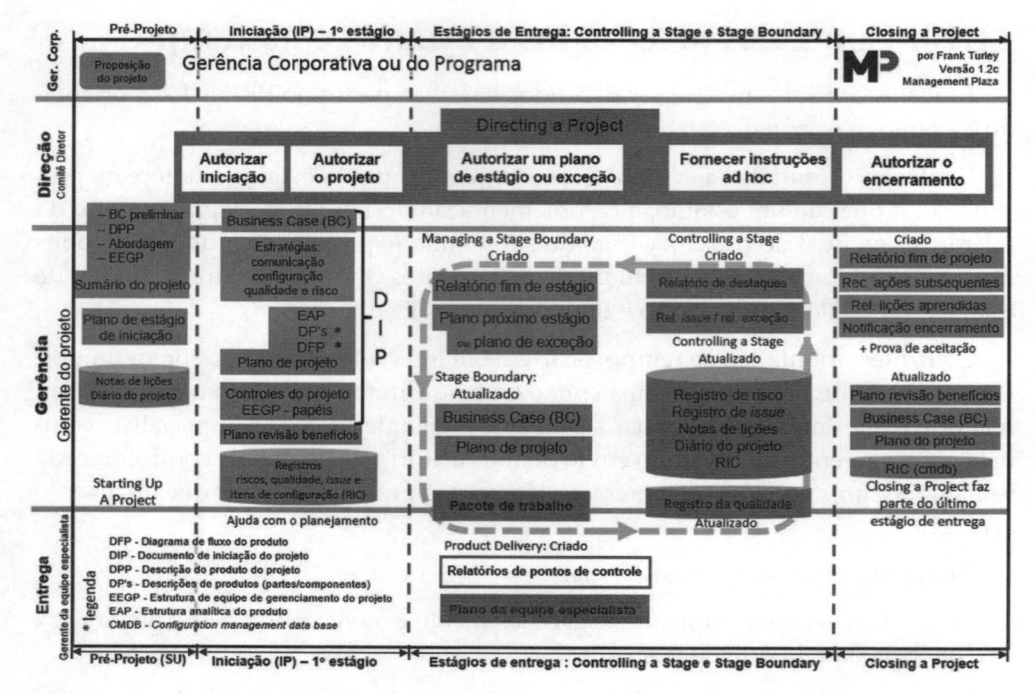

Figura 11.4. Quando os documentos de gerenciamento são criados e atualizados? Fonte: adaptado do material PRINCE2® da AXELOS. Reproduzido sob licença da AXELOS.

Monitoramento de pacotes de trabalho e equipes

Durante o processo *Controlling a Stage*, o gerente de projetos irá distribuir pacotes de trabalho para os gerentes da equipe especialista (ou diretamente para os membros da equipe, no caso de um projeto pequeno).

Pergunta: quais são os dois produtos de gerenciamento que você acha que o gerente de projetos utiliza para verificar como estão processando os pacotes de trabalho (e, portanto, o estágio)?

Resposta: ele usa os relatórios de ponto de controle (do gerente da equipe especialista) e o registro da qualidade para ver que as pessoas responsáveis de qualidade aprovaram os produtos. O registro da qualidade serve como uma verificação importante (garantia) para o gerente de projetos.

Pergunta: que produtos de gerenciamento o gerente de projetos usa para manter e controlar como o projeto está indo (ex.: onde são mantidas as notas informais, *issues*, os status do produto, o progresso da qualidade, risco, etc.)?

Resposta: o gerente de projetos usa o diário do projeto, o registro de *issue*, a descrição do status do produto, o registro de qualidade e o registro de risco.

Pergunta: para que o gerente de projetos utiliza o diário do projeto?

Resposta: este é o lugar para gravar qualquer comunicação informal sobre o projeto (ex.: notícias, telefonemas, reuniões, pequenas *issues*, lembretes, observações, níveis de tolerância e outras informações). Serve de fato como um diário para o gerente de projetos.

Como o registro de *issue* é usado pelo gerente de projetos?

O registro de *issue* contém todas as *issues* formais geradas durante o projeto, que podem ser:

- **Requisição de mudanças:** isso acontece quando os clientes notam algo que não estava no requisito original, mas agora querem incluí-lo (daí a requisição de mudança).

- **Não conformidade:** isso acontece quando o fornecedor não é capaz de completar algo exatamente como na descrição do produto.

- **Problemas/preocupações:** quaisquer outros comentários, problemas e preocupações (ex.: uma greve de trem no mesmo dia da nossa demonstração para as principais partes interessadas, ou o custo de um componente importante de que precisamos para o projeto aumentou ou diminuiu seu preço em 30%).

Como o gerente de projetos utiliza o registro da qualidade para verificar o progresso?

O registro da qualidade armazena todas as atividades de qualidade planejadas e executadas. Portanto, o gerente de projetos pode ver se todas as atividades planejadas da qualidade estão em consonância com o plano, se os resultados são os esperados, ou se algum produto falhou nos testes da qualidade.

11.12. Capturar e relatar lições

Um dos **princípios** em PRINCE2® é que a equipe do projeto deve aprender com a experiência. Lições têm que ser **procuradas**, gravadas e executadas durante o projeto. O PRINCE2® usa a palavra "**procurada**" para garantir que todos no projeto verifiquem se há lições anteriores. Qualquer experiência útil é então registrada em **notas de lições**.

Lições podem ser qualquer coisa que ajude o projeto. Elas incluem a melhor forma para se comunicar, como lidar com um fornecedor, como certos documentos devem ser adaptados para esse tipo de projeto e com quais especialistas de produto obter ajuda ao fazer a estrutura analítica do produto. O gerente de projetos continua a adicionar novas lições nas notas de lições durante o projeto.

O **relatório de lições** aprendidas é usado para documentar as lições que podem ser de valor para projetos futuros. Um relatório de lições aprendidas tem de ser criado no final do projeto, durante o processo *Closing a Project*. Em projetos maiores, mais complexos, um relatório de lições aprendidas pode ser criado durante o projeto – por exemplo, durante o processo *Managing a Stage Boundary*.

11.13. Relatórios usados para informar o progresso

Relatórios de ponto de controle

O gerente da equipe especialista usa o relatório de ponto de controle para se reportar ao gerente de projetos. Informações sobre o andamento do trabalho feito, em relação ao plano de equipe especialista aprovado, também estão incluídas. O gerente de projetos vai estabelecer a frequência dos relatórios junto ao gerente da equipe especialista na atividade denominada "Autorizar Pacotes de Trabalho".

Relatório de destaques

O relatório de destaques é usado pelo gerente de projetos para relatar o status do estágio atual em comparação ao plano de estágio. A palavra importante aqui é o **'destaques'**; sendo assim, um relatório de no máximo duas páginas deve ser suficiente.

O relatório de destaques permite que o Comitê Diretor do Projeto gerencie por exceção entre o final de cada estágio, uma vez que se está ciente das tolerâncias acordadas com o gerente de projetos no plano do estágio. Assim, o relatório de destaques deve informar o status atual das tolerâncias de prazo, custo, qualidade, escopo, benefícios e riscos.

Relatório de final de estágio

Este relatório é criado pelo gerente de projetos próximo ao final do estágio atual, para comparar o desempenho do estágio em relação ao plano de estágio.

Relatório final do projeto

Este relatório é produzido pelo gerente de projetos no final do projeto, durante o processo *Closing a Project*, e é usado pelo Comitê Diretor do Projeto para avaliar o projeto antes de tomar a decisão de autorizar o seu encerramento.

11.14. O que é identificar exceções?

Isso é bastante fácil de entender e está relacionado com o **princípio** de gerenciar por exceção. A melhor maneira de explicar isso é com uma pergunta: "quando e por quem uma exceção é identificada?".

Uma exceção é identificada quando uma tolerância é ultrapassada **ou** deverá ser ultrapassada. Você pode alertar sobre uma exceção informando o nível acima de você.

- ❖ O gerente da equipe especialista levanta uma *issue* se ele prevê sair da tolerância do pacote de trabalho.
- ❖ O gerente de projetos gera uma exceção se ele prevê sair da tolerância do estágio.
- ❖ O Comitê Diretor do Projeto gera uma exceção se ele prevê sair da tolerância do projeto.

11.15. Responsabilidades do tema progresso

Tabela 11.2. Responsabilidades do tema progresso. Com base no material PRINCE2® da AXELOS. Reproduzido sob licença da AXELOS.

Papel	Responsabilidades
Gerência corporativa ou do programa	• Define as tolerâncias do projeto na proposição de projeto. • Toma decisões sobre planos de exceção.
Executivo	• Fornece tolerâncias de estágio. • Toma decisões sobre os planos de exceção. • Garante que o progresso permaneça consistente do ponto de vista dos negócios.
Usuário principal/ Fornecedor principal	• Garante que o progresso permaneça consistente a partir da sua perspectiva.
Gerente de projetos	• Autoriza pacotes de trabalho e monitora o progresso do plano de estágio. • Produz relatórios: destaques, final de estágio, lições e relatório final de projeto. • Produz Relatórios de exceção/planos de exceção para o Comitê Diretor do Projeto. • Mantém os diários/notas e registros do projeto.

Papel	Responsabilidades
Gerente da equipe especialista	• Produz relatórios de ponto de controle. • Escala se houver qualquer previsão de desvios em relação às tolerâncias do pacote de trabalho.
Garantia do projeto	• Verifica o *business case* em relação aos eventos externos e ao progresso do projeto. • Garante o estágio e o progresso do projeto (verificação dupla).
Suporte do projeto	• Dá assistência com a compilação de relatórios. • Mantém o registro de *issue*, o registro de riscos e o registro da qualidade.

11.16. O que você precisa saber para o exame *Foundation*

Você deve:

❖ Saber as linhas de autoridade entre os quatro níveis de gerenciamento (Figura 11.1).

❖ Saber como funciona o relato do progresso entre os quatro níveis de gerenciamento.

❖ Saber a diferença entre controles orientados a eventos e orientados ao tempo.

❖ Saber como as tolerâncias são definidas e como as exceções são relatadas.

❖ Reconhecer o propósito do tema progresso.

❖ Compreender o conceito de estágios de gerenciamento.

❖ Compreender a diferença entre os estágios de gerenciamento e os estágios técnicos.

❖ Reconhecer alguns fatores a serem considerados na identificação dos estágios de gerenciamento (tamanho e quantidade).

❖ Compreender a finalidade do diário do projeto, das notas de lições e dos pacotes de trabalho.

❖ Compreender a finalidade do relatório de final de estágio, do relatório final de projeto e dos relatórios de lições.

❖ Compreender a finalidade do relatório de ponto de controle, do relatório de destaques e do relatório de exceção.

11.17. Perguntas

Q1. Escolha dois fatores a serem considerados ao definir estágios de gerenciamento.

  a) Quantidade de dinheiro do orçamento de mudança. (S/N)

  b) Quando os gerentes da equipe especialista estarão disponíveis. (S/N)

  c) Quando as decisões-chave são necessárias para o projeto. (S/N)

  d) A quantidade de risco dentro do projeto. (S/N)

Q2. Como o gerente da equipe especialista informa ao gerente de projetos que seu trabalho vai ultrapassar a tolerância?

  a) Levanta uma exceção.

  b) Levanta uma *issue*.

  c) Levanta uma requisição de mudança.

Q3. Indique dois controles orientados ao tempo.

  a) Relatório de destaques.

  b) Relatório de exceções.

  c) Relatório de ponto de controle.

  d) Fim de um estágio.

Q4. Quem aloca (decide) tolerâncias de projeto, estágios e pacotes de trabalho?

Q5. O propósito de qual tema é estabelecer mecanismos para acompanhar e comparar conquistas reais com as planejadas?

Q6. Quais são os propósitos do relatório de final de projeto?

  a) Comparar as realizações do projeto com o que foi inicialmente acordado. (S/N)

  b) Registrar informações que ajudarão os projetos futuros. (S/N)

  c) Confirmar para o Comitê Diretor do Projeto que todos os produtos foram entregues. (S/N)

  d) Incluir recomendações de ações subsequentes. (S/N)

Q7. Que relatório de progresso o Comitê Diretor do Projeto recebe regularmente do gerente de projetos que, assim, elimina a necessidade de reuniões de progresso?

Q8. Quem define as tolerâncias do projeto?

Q9. Quais relatórios o gerente da equipe especialista usa para manter o gerente de projetos regularmente atualizado?

Q10. Dos seguintes princípios, quais são compatíveis com o tema de progresso?

   a) Gerenciar por estágios.

   b) Aprender com a experiência.

   c) Justificativa de negócios contínua.

   d) Gerenciar por exceção.

> **DICA:** pense sobre o que acontece no tema progresso (trabalhar dentro de tolerâncias, quebrar o projeto em partes gerenciáveis, verificar a viabilidade do projeto, verificar o progresso).

Q11. Nomeie três das tolerâncias que uma camada de gerenciamento superior pode definir para uma camada inferior de gerenciamento

> **DICA:** BCE PQR.

Q12. O que é uma exceção?

   a) Uma situação onde um desvio além das tolerâncias acordadas pode ser previsto.

   b) Uma situação onde um fornecedor entregou algo melhor do que a descrição de produto aprovada.

Q13. Onde os controles do projeto devem ser documentados?

   a) Documento de iniciação do projeto.

   b) Registro de *issue*.

   c) Estratégia de gerenciamento da qualidade.

   d) Sumário do projeto.

> **DICA:** controles do progresso são decididos no processo IP e fazem parte de outro documento.

Q14. O que o Comitê Diretor do Projeto usa para delegar uma certa quantidade de autoridade e responsabilidade para o gerente de projetos?

   a) Tolerâncias.

   b) *Milestones* (marcos).

   c) Exceções.

   d) Relatórios.

11.18. Perguntas e respostas

Q1. Escolha dois fatores a serem considerados ao definir estágios de gerenciamento.

    a) Quantidade de dinheiro do orçamento de mudança. (S/N)

    b) Quando os gerentes da equipe especialista estarão disponíveis. (S/N)

    c) Quando as decisões-chave são necessárias para o projeto. (S/N)

    d) A quantidade de risco dentro do projeto. (S/N)

A1. Respostas:

    a) NÃO

    b) NÃO

    c) SIM

    d) SIM

REFERÊNCIA: ver item 11.8. Uso de estágios de gerenciamento para controle.

Q2. Como o gerente da equipe especialista informa ao gerente de projetos que seu trabalho vai ultrapassar a tolerância?

    a) Levanta uma exceção.

    b) Levanta uma *issue*.

    c) Levanta uma requisição de mudança.

A2. O gerente da equipe especialista levantará uma *issue* para informar ao gerente de projetos (opção B).

REFERÊNCIA: ver item 11.14. O que é identificar exceções?

Q3. Indique dois controles orientados ao tempo.

    a) Relatório de destaques.

    b) Relatório de exceções.

    c) Relatório de ponto de controle.

    d) Fim de um estágio.

A3. São orientados ao tempo os relatórios de destaques e de pontos de controle (opções A e C). As frequências desses relatórios são definidas antecipadamente. Os outros dois relatórios são orientados a eventos.

REFERÊNCIA: ver item 11.10. Controles orientados a eventos e ao tempo.

Q4. Quem aloca (decide) tolerâncias de projeto, estágios e pacotes de trabalho?

A4. A gerência corporativa ou do programa realiza o gerenciamento de tolerâncias do projeto.

O Comitê Diretor do Projeto realiza o gerenciamento das tolerâncias dos estágios.

O gerente de projetos realiza o gerenciamento das tolerâncias dos pacotes de trabalho.

REFERÊNCIA: ver item 11.5. Qual é a abordagem do PRINCE2® para o progresso?

Q5. O propósito de qual tema é estabelecer mecanismos para acompanhar e comparar conquistas reais com as planejadas?

A5. O tema **progresso**. O propósito desse tema é também fornecer uma previsão para os objetivos do projeto, para a sua viabilidade continuada e para os desvios de controle. Em outras palavras, verifica-se o progresso em relação ao plano original, controlando eventuais desvios.

REFERÊNCIA: ver item 11.3. O tema progresso através do PRINCE2®.

Q6. Quais são os propósitos do relatório de final de projeto?

 a) Comparar as realizações do projeto com o que foi inicialmente acordado. (S/N)

 b) Registrar informações que ajudarão os projetos futuros. (S/N)

 c) Confirmar para o Comitê Diretor do Projeto que todos os produtos foram entregues. (S/N)

 d) Incluir recomendações de ações subsequentes. (S/N)

A6. Respostas:

 a) SIM

 b) NÃO

 c) SIM

 d) NÃO

As recomendações de ações subsequentes são um produto separado, criado durante o processo *Closing a Project*.

REFERÊNCIA: ver item 11.13. Relatórios usados para informar o progresso.

Q7. Que relatório de progresso o Comitê Diretor do Projeto recebe regularmente do gerente de projetos que, assim, elimina a necessidade de reuniões de progresso?

A7. O gerente de projetos envia o relatório de destaques para o Comitê Diretor do Projeto regularmente.

REFERÊNCIA: ver item 11.13. Relatórios usados para informar o progresso.

Q8. Quem define as tolerâncias do projeto?

A8. A gerência corporativa ou do programa define as tolerâncias do projeto. O Comitê Diretor do Projeto define as tolerâncias de estágio.

REFERÊNCIA: ver item 11.5. Qual é a abordagem do PRINCE2® para o progresso?

Q9. Quais relatórios o gerente da equipe especialista usa para manter o gerente de projetos regularmente atualizado?

A9. O relatório de ponto de controle.

REFERÊNCIA: ver item 11.13. Relatórios usados para informar o progresso.

Q10. Dos seguintes princípios, quais são compatíveis com o tema de progresso?

    a) Gerenciar por estágios.
    b) Aprender com a experiência.
    c) Justificativa de negócios contínua.
    d) Gerenciar por exceção.

> **DICA:** pense sobre o que acontece no tema progresso (trabalhar dentro de tolerâncias, quebrar o projeto em partes gerenciáveis, verificar a viabilidade do projeto, verificar o progresso).

A10. Respostas:

- ❖ **Gerenciar por estágios (opção A):** o Comitê Diretor do Projeto usa estágios como pontos de controle.
- ❖ **Justificativa de negócios contínua (opção C):** verificar continuamente se o projeto ainda vale a pena.
- ❖ **Gerenciar por exceção (opção D):** tolerâncias são usadas para gerenciar o nível inferior.

REFERÊNCIA: ver item 11.3. O tema progresso através do PRINCE2®.

Q11. Nomeie três das tolerâncias que uma camada de gerenciamento superior pode definir para uma camada inferior de gerenciamento

> DICA: BCE PQR.

A11. **B**enefícios, **c**usto, **e**scopo, **p**razo, **q**ualidade e **r**isco. Estas são as seis variáveis do projeto ou as seis metas de desempenho.

REFERÊNCIA: ver item 11.4. Definições de progresso.

Q12. O que é uma exceção?

a) Uma situação onde um desvio além das tolerâncias acordados pode ser previsto.

b) Uma situação onde um fornecedor entregou algo melhor do que a descrição de produto aprovada.

A12. A resposta é **A**.

REFERÊNCIA: ver item 11.4. Definições de progresso.

Q13. Onde os controles do projeto devem ser documentados?

a) Documento de iniciação do projeto.

b) Registro de *issue*.

c) Estratégia de gerenciamento da qualidade.

d) Sumário do projeto.

> DICA: controles do progresso são decididos no processo IP e fazem parte de outro documento.

A13. Os controles do projeto são parte do documento de iniciação do projeto (opção A).

REFERÊNCIA: ver item 11.11. Como o gerente de projetos revisa o progresso?

Q14. O que o Comitê Diretor do Projeto usa para delegar uma certa quantidade de autoridade e responsabilidade para o gerente de projetos?

   a) Tolerâncias.
   b) *Milestones* (marcos).
   c) Exceções.
   d) Relatórios.

A14. Cada nível superior usa tolerâncias para delegar a responsabilidade para o nível abaixo. Isso permite que o nível inferior possa continuar com seu trabalho e impede o microgerenciamento – além de garantir que o nível superior gerencie por exceção. O nível inferior somente pede aconselhamentos ao nível superior se o orçamento for ultrapassado ou se for prevista a saída da tolerância (isso é chamando de exceção).

REFERÊNCIA: ver item 11.5. Qual é a abordagem do PRINCE2® para o progresso?

12. Processos

12.1. Introdução

Vejamos o que será abordado neste capítulo. A nossa abordagem é a seguinte:

❖ Fornecer muito mais informações do que no manual oficial do PRINCE2®, pois isso fará com que seja muito mais fácil entender os capítulos seguintes.

❖ Fornecer aproximadamente 20% menos informação em cada um dos sete capítulos de processos se comparado ao manual oficial do PRINCE2®. Mesmo assim você terá uma compreensão clara dos processos, cobrindo todo o programa (*Syllabus*) e preparando você para o exame *Foundation*.

❖ Usamos diagramas de entrada e saída para ficar mais fácil de entender cada processo.

Neste capítulo, você vai aprender:

❖ O que é um processo e o que é um processo PRINCE2®.

❖ Quais são os próximos estágios do projeto.

❖ O estágio de entrega final e o que ocorre nesse processo ao encerrar o projeto.

❖ Introdução ao modelo de processos do PRINCE2®.

❖ Introdução aos sete processos.

12.2. Os processos do PRINCE2®

Um processo é um conjunto estruturado de atividades destinadas a alcançar um objetivo específico. O PRINCE2® agrupa essas atividades em processos.

PRINCE2® é uma abordagem para gerenciamento de projetos baseada em processos. Há sete processos que guiam você através do projeto, e cada um oferece um conjunto de atividades. Essas atividades ajudam a dirigir, gerenciar e entregar um projeto e são descritas no manual do PRINCE2®. Um processo PRINCE2® tem uma ou mais entradas, age sobre elas e cria saídas definidas.

Os sete processos PRINCE2® são:

- *Starting up a Project.*
- *Initiating a Project.*
- *Directing a Project.*
- *Controlling a Stage.*
- *Managing Product Delivery.*
- *Managing a Stage Boundary.*
- *Closing a Project.*

> **NOTA:** deixamos os nomes dos processos em inglês para manter o alinhamento ao manual oficial do PRINCE2® – versão em português – e aos exames.

12.3. Dois diagramas de processos

É importante que você tenha uma visão geral de como os processos interagem, como as saídas de um processo se tornam as entradas para outro, que processos são executados uma única vez, bem como quais podem ser repetidos em um projeto, quem cria os produtos de gerenciamento, quando esses produtos são criados, etc. Portanto, criamos os seguintes diagramas:

- O diagrama de modelo de processos PRINCE2®.
- O mapa de produtos do PRINCE2®.

Na verdade, se você entender esses diagramas, você poderá responder a todas as questões relacionadas aos processos nos exames PRINCE2®. O mapa de produtos PRINCE da Management Plaza International também ajudará a melhorar muito o entendimento dos temas, pois você compreenderá quando os produtos de gerenciamento são criados e atualizados.

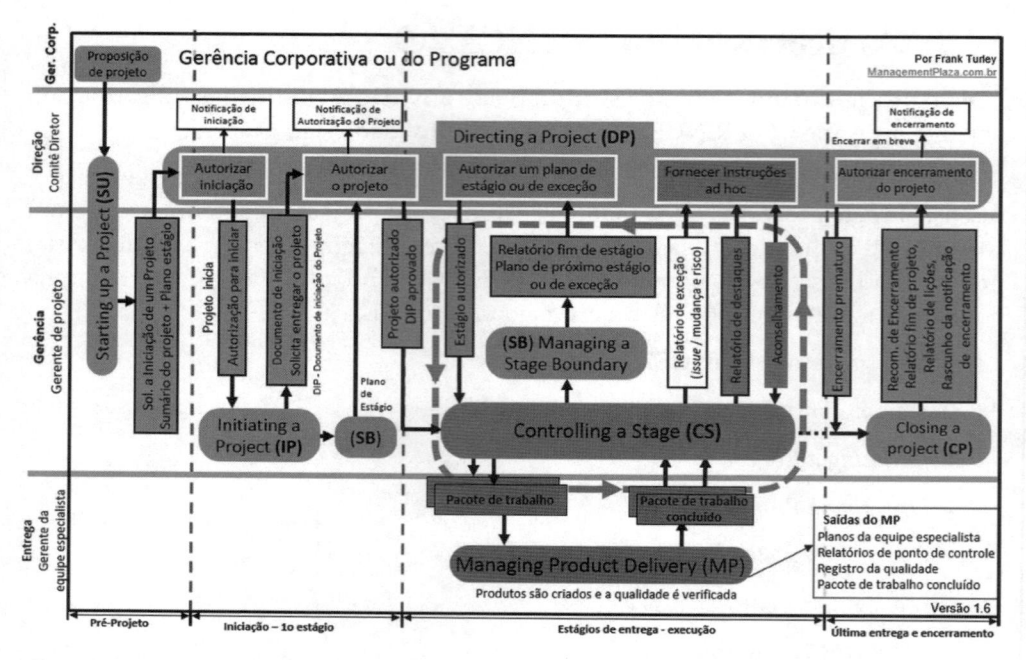

Figura 12.1. O diagrama de modelo de processos PRINCE2®. Fonte: adaptado do material PRINCE2® da AXELOS. Reproduzido sob licença da AXELOS.

O diagrama de modelo de processos PRINCE2®

Acreditamos que o modelo de processo é a melhor maneira de começar a aprender PRINCE2®, já que oferece uma excelente visão, em alto nível, de um projeto e mostra como todos os processos se relacionam entre si e como as saídas de um processo são as entradas para outro.

Aprender os processos um a um tornará mais difícil para você ver como eles se relacionam entre si e, portanto, ficará mais complicado de aprender o PRINCE2®.

O mapa de produtos do PRINCE2®

Este diagrama de gerenciamento da Management Plaza International mostra quando a maioria dos documentos de gerenciamento é criada e atualizada, por isso dá uma excelente visão do relacionamento entre processos e temas.

Tema *business case*:

❖ O *business case* preliminar é criado no pré-projeto, no processo *Starting up a Project* (**SU**).

❖ O *business case* detalhado e sua respectiva linha de base são efetuados no processo *Initiating a Project* (**IP**).

- ❖ O *business case* detalhado é atualizado no processo *Managing a Stage Boundary* (**SB**).
- ❖ O *business case* detalhado obtém uma atualização final no processo *Closing a Project* (**CP**).

Tema **planos**:

- ❖ A descrição do produto do projeto (DPP) é criada no pré-projeto, no processo *Starting up a Project* (**SU**).
- ❖ O plano do projeto e a sua respectiva linha de base são criados no processo *Initiating a Project* (**IP**).
- ❖ O plano do projeto é atualizado para registrar o desempenho atual no processo *Managing a Stage Boundary* (**SB**).
- ❖ O plano do projeto é atualizado no final, no processo *Closing a Project* (**CP**), pois o projeto pode ser comparado com o plano do projeto original para ver o quão bem o projeto foi realizado.

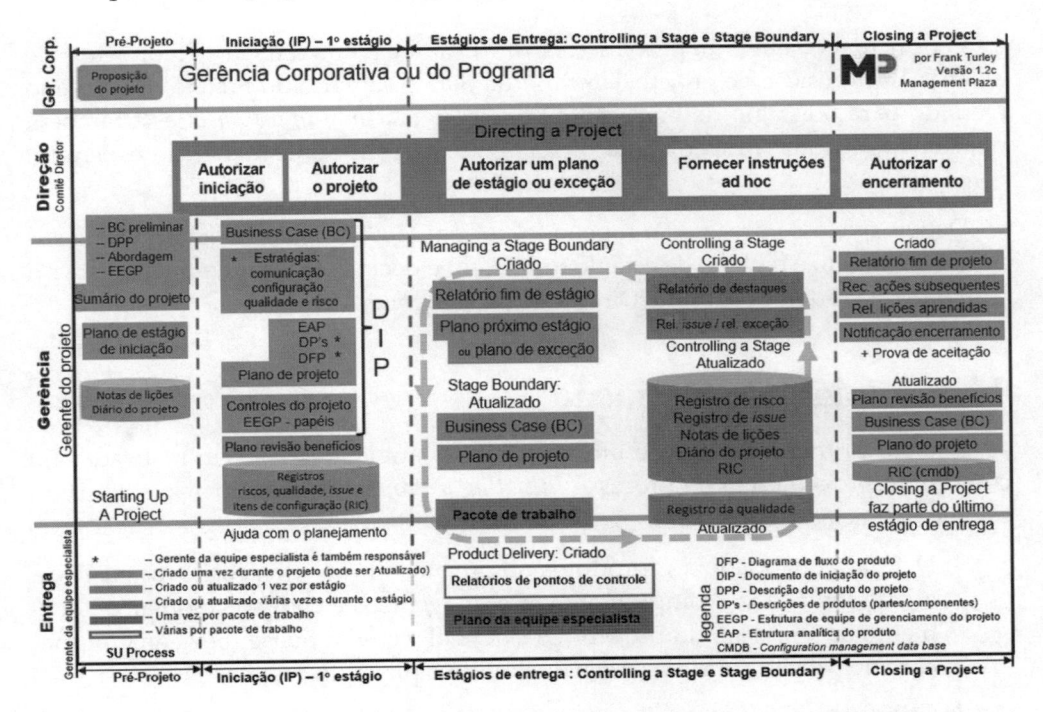

Figura 12.2. O mapa de produtos do PRINCE2®. Fonte: adaptado do material PRINCE2® da AXELOS. Reproduzido sob licença da AXELOS.

12.4. Pré-projeto

O que acontece antes do início do projeto? Isso é conhecido como pré-projeto (o projeto ainda não começou).

Alguém, em algum lugar, em algum momento, tem uma ideia ou uma necessidade. Pode ser uma oportunidade de negócio ou algo que é necessário fazer para a empresa (por exemplo, uma mudança na legislação, como uma redução dos níveis de CO_2). Essa ideia ou necessidade é o gatilho para o projeto.

Normalmente, o primeiro passo é a criação de um documento, a proposição de projeto. É por isso que dizemos que a proposição de projeto é o gatilho para iniciar o projeto. Uma proposição de projeto pode ser uma nota de uma página apenas, um e-mail ou um documento estruturado com base em um modelo de proposição de projeto da empresa.

O PRINCE2® já sugere uma série de atividades que devem ser efetuadas no pré-projeto, e estas são referidas como *start-up*. Todas elas são contidas em um processo – o *Starting up a Project*.

O principal objetivo do processo *Starting up a Project* é verificar se o projeto vale a pena. A proposição de projeto é expandida para o sumário do projeto, e um plano é criado para o estágio de iniciação. O processo *Starting up a Project* está também relacionado a como prevenir que projetos fracos (com pouco benefício esperado) comecem.

Depois que esse processo é concluído, o Comitê Diretor do Projeto revisa o sumário do projeto e o plano de estágio (iniciação) e decide começar o projeto. Esta é a primeira decisão que o Comitê Diretor do Projeto toma.

12.5. Estágio de iniciação

Este é o primeiro estágio de um projeto, e as atividades a serem realizadas no começo do projeto estão no processo *Initiating a Project*. Os principais objetivos do estágio de iniciação são:

❖ Definir a qualidade dos produtos do projeto, o prazo do projeto, os custos, a análise de risco, o comprometimento de recursos e compor/montar o documento de iniciação do projeto (DIP). O DIP contém quase todas as informações do projeto até a data atual, incluindo o plano do projeto.

❖ Criar o *business case* detalhado, documentar os benefícios e preparar um plano de revisão de benefícios que descreverá como e quando os benefícios serão revistos/realizados.

❖ O plano do projeto é um plano de alto nível para todo o projeto. O plano de estágio, muito mais detalhado, é criado também para o primeiro estágio de entrega (no processo *Managing a Stage Boundary*).

No fim do estágio de iniciação, o Comitê Diretor do Projeto receberá o DIP, o plano de revisão de benefícios e decidirá se autoriza ou não o projeto. Isso significa que o Comitê Diretor do Projeto decidirá (SIM ou NÃO) permitir o início do projeto. Se **sim**, o DIP torna-se uma linha de base (e passa a ser alvo do gerenciamento de configuração), então ele pode ser usado no futuro para comparar os objetivos do projeto com a situação realmente realizada.

12.6. Próximo estágio ou estágios posteriores

O gerente de projetos é responsável pelas questões do dia a dia do projeto (estágio por estágio) e se reporta ao Comitê Diretor do Projeto. Ele possui as seguintes responsabilidades:

❖ Atribuir pacotes de trabalho aos gerentes da equipe especialista.

❖ Certificar-se de que todos os produtos finais passaram nos testes da qualidade exigidos.

❖ Certificar-se de que o estágio está em consonância com o plano de estágio.

❖ Certificar-se de que as previsões estão dentro das tolerâncias do projeto.

Todas essas atividades são feitas no processo *Controlling a Stage*.

Ao mesmo tempo, o gerente de projetos mantém vários documentos, tais como: diário do projeto, notas de lições, registro de *issue*, registro de risco, registro da qualidade e registro de itens de configuração. Eles serão discutidos nos capítulos subsequentes.

O gerente de projetos mantém o Comitê Diretor do Projeto atualizado sobre o progresso do projeto usando o relatório de destaques. Por exemplo, o Comitê Diretor do Projeto pode ter concordado em receber do gerente de projetos um relatório de destaques a cada duas semanas.

Pacotes de trabalho são produzidos no processo *Managing Product Delivery*, e os relatórios de ponto de controle são usados para manter o gerente de projetos constantemente atualizado a respeito do progresso do projeto.

Ao se aproximar do fim de um estágio, através do processo *Managing a Stage Boundary*, o gerente de projetos irá solicitar permissão para prosseguir para o próximo estágio e terá que fornecer as seguintes informações para o Comitê Diretor do Projeto: *business case* atualizado, relatório de final de estágio e plano do próximo estágio.

O Comitê Diretor do Projeto usará as informações fornecidas pelo gerente de projetos para avaliar a viabilidade do projeto (ele ainda precisa ser viável e desejável) e decidirá por autorizar o próximo estágio ou cancelar prematuramente o projeto.

Estágio de entrega final

Durante o estágio final, o gerente de projetos aceitará (do gerente da equipe especialista) e obterá a aprovação para os últimos produtos serem desenvolvidos, e focará na desmobilização do projeto.

O Comitê Diretor do Projeto irá se certificar de que os destinatários dos produtos do projeto estão em posição de recebê-los e usá-los; e também irá verificar se eles receberão suporte depois que o projeto acabar.

O processo *Closing a Project* é sempre a última parte do último estágio e descreve várias atividades que devem ser feitas, como:

❖ Avaliação do projeto, comparando-o ao plano original.

❖ Relatório final de projeto.

❖ Planejamento da revisão de benefícios pós-projeto.

❖ Relatório de lições aprendidas.

O Comitê Diretor do Projeto revisará os dados fornecidos pelo gerente de projetos e, em seguida, pode tomar a decisão de autorizar o encerramento do projeto. O gerente de projetos, em seguida, pode encerrar seu trabalho.

12.7. Introdução aos sete processos

Como mencionado anteriormente, existem sete processos de gerenciamento no PRINCE2®. Cada processo é da responsabilidade de um dos níveis de gerenciamento na organização do projeto, ou seja, o Comitê Diretor do Projeto, o gerente de projetos ou o gerente da equipe especialista.

❖ ***Starting up a Project.*** Este processo é de responsabilidade tanto do gerente de projetos quanto do executivo. Este é o primeiro processo e é, de fato, conhecido como o processo de pré-projeto, referindo-se ao fato de que ele ocorre antes do início do projeto. Neste processo, as razões para o projeto são estabelecidas, a equipe de gerenciamento de projetos é nomeada e um plano de estágio é criado para executar o estágio de iniciação.

❖ ***Initiating a Project.*** Este processo define o produto do projeto, a qualidade do produto, o prazo do projeto, os custos, a análise de risco e o comprometimento de recursos. O plano do projeto é criado e o *business case* detalhado para o projeto. Toda essa informação é agrupada no documento de iniciação do projeto (DIP).

- ❖ *Directing a Project.* Este processo é de responsabilidade do Comitê Diretor do Projeto. Ele funciona desde o início do projeto até o seu fim. Note que o processo *Starting up a Project* acontece antes do início do projeto. Durante o processo *Directing a Project*, o Comitê Diretor do Projeto autoriza estágios do projeto e gerencia o projeto de forma global, usando o gerenciamento por exceção.

- ❖ *Controlling a Stage.* É neste processo que o gerente de projetos faz a maior parte de seu trabalho. O gerente de projetos monitora o gerente da equipe especialista, toma medidas corretivas, observa mudanças e comunica-se com as partes interessadas (o que inclui relatórios). Cada ação pode ser repetida muitas vezes pelo gerente de projetos até o estágio estar completo. O projeto é dividido em estágios para facilitar o gerenciamento e promover eficiência e eficácia no controle. O processo *Controlling a Stage* monitora o estágio e é repetido para cada estágio do projeto.

- ❖ *Managing Product Delivery.* Neste processo os produtos planejados são criados e estão sob responsabilidade do gerente da equipe especialista. Os pacotes de trabalho são executados, os produtos são criados e o trabalho é feito. O gerente da equipe especialista recebe os pacotes de trabalho (são como uma lista de tarefas que criam produtos) do gerente de projetos e os devolve concluídos e testados para o gerente de projetos.

- ❖ *Managing a Stage Boundary.* Este processo tem duas funções principais: (1) apresentação de relatórios sobre o desempenho do estágio atual e (2) o planejamento do próximo estágio. Assim, o Comitê Diretor do Projeto pode verificar quão bem o estágio foi executado ao comparar com o plano de estágio. Em outras palavras, este processo avalia o estágio e prepara para o próximo. O relatório de final de estágio e o plano de próximo estágio são submetidos ao Comitê Diretor do Projeto.

- ❖ *Closing a Project.* Este processo abrange o trabalho de encerramento do projeto e é a última parte do último estágio. O PRINCE2® sugere uma série de atividades para preparar o projeto para o encerramento, como relatório final de projeto, relatório de lições aprendidas e avaliar ou atualizar o registros de aceitação. A saída deste processo será a base de confirmação para o encerramento, uma vez que o projeto é encerrado pelo Comitê Diretor do Projeto no processo *Directing a Project* e não pelo gerente de projetos.

13. *Starting up a Project*

13.1. Introdução

Vejamos o que será abordado no processo *Starting up a Project* (**SU**). Você vai:

- ❖ Aprender o propósito do processo *Starting up a Project*.
- ❖ Obter uma visão geral sobre as atividades do processo *Starting up a Project*.
- ❖ Conhecer as entradas e saídas do processo *Starting up a Project*.
- ❖ Aprender quais são os papéis e responsabilidades do processo *Starting up a Project*.

13.2. Propósito e objetivos

O propósito deste processo é fornecer ao Comitê Diretor do Projeto as informações necessárias para avaliar se o projeto vale a pena. Eles usam o sumário do projeto, que conterá informações sobre o *business case* preliminar. Como consequência, o processo *Starting up a Project* também impede que projetos ruins comecem.

Aqui o objetivo é fazer o mínimo necessário, só para ver se vale a pena partir para o estágio de iniciação.

Os objetivos do processo *Starting up a Project* são fornecer ao Comitê Diretor do Projeto determinadas informações para sustentar o *go/no go* decisivo e preparar o plano de estágio de iniciação.

Para isso, deve-se ter certeza de que, até o final do processo:

❖ Existe um *business case* (uma razão corporativa) razoável (que será documentado na estrutura do *business case* preliminar). Este documento só será concluído no estágio de iniciação.

❖ As possíveis abordagens são identificadas e analisa-se a melhor maneira de fazer o projeto.

❖ Obtém-se aconselhamento de outros projetos na forma de lições aprendidas, especialistas ou mesmo de fora da organização.

❖ Ficam determinados quem irá fazer o trabalho para inicializar o projeto e demais papéis na equipe do projeto.

❖ Cria-se o sumário do projeto, que conterá informações sobre o escopo e a maioria das informações coletadas durante esse processo.

❖ Cria-se um plano de estágio detalhado para esboçar o trabalho a ser feito no estágio de iniciação.

13.3. Atividades

Esta é uma visão geral das atividades e é bom compreendê-la bem antes de começarmos com as atividades mais detalhadamente.

❖ O gatilho para iniciar o projeto é a proposição de projeto, que é fornecida por uma pessoa de alto nível de dentro da empresa ou de dentro da gerência do programa (ambiente corporativo).

❖ Durante este processo, a proposição de projeto será expandida em um sumário do projeto, que será usado pelo Comitê Diretor do Projeto para decidir se deseja iniciar o projeto ou não (ainda não há um projeto).

NOTA: se o projeto é parte de um programa, então a maior parte do sumário do projeto será fornecida pelo programa. Na verdade, a maioria do trabalho neste processo já será feita pelo programa.

❖ A composição do sumário do projeto e do *business case* preliminar requer uma estreita colaboração entre o gerente de projetos, o Comitê Diretor do Projeto e algumas das partes interessadas (*stakeholders*).

❖ O trabalho no sumário do projeto e no *business case* preliminar é uma atividade iterativa, isto é, há um ciclo constante de discussões e melhorias para esses documentos.

❖ O PRINCE2® ressalta que, quanto mais tempo for gasto em definir claramente os requisitos neste processo, mais tempo será economizado durante o projeto, já que algumas das seguintes situações podem ser evitadas:

» Reuniões e discussões detalhadas, tentando definir determinados produtos.

» Replanejamento devido à criação de subprodutos errados.

» Evitar exceções dispendiosas durante os estágios.

Em muitas empresas os projetos são iniciados muito rapidamente, pois a alta gerência quer ver quais medidas já foram tomadas. Como resultado, tem-se a criação de um produto de projeto mal definido.

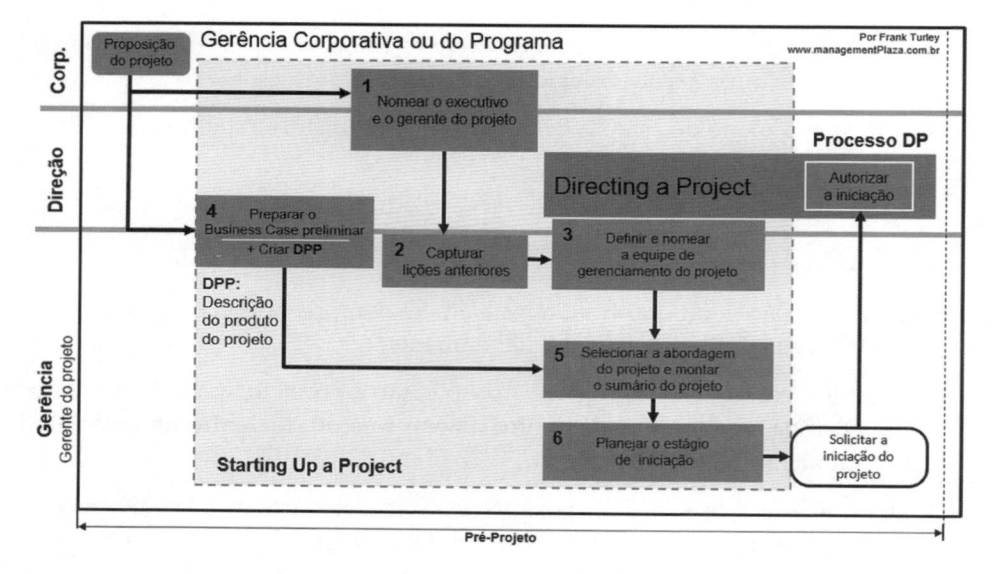

Figura 13.1. Visão geral do processo Starting up a Project. Fonte: adaptado do material PRINCE2® da AXELOS. Reproduzido sob licença da AXELOS.

As seguintes atividades são feitas no processo *Starting up a Project*:

❖ Nomear o executivo e o gerente de projetos.

❖ Capturar lições de projetos anteriores.

❖ Definir e nomear a equipe de gerenciamento de projetos.

❖ Preparar o *business case* preliminar e criar a descrição de produto do projeto (DPP).

» A DPP é uma descrição do produto principal a ser desenvolvido.

❖ Selecionar a abordagem a ser usada e montar o sumário do projeto.
❖ Planejar o estágio de iniciação.

Veja o diagrama anterior e observe em que nível as atividades são feitas. Como você pode ver, a maioria das atividades é efetuada pelo gerente de projetos. O *business case* preliminar é criado pelo executivo com alguma ajuda do gerente de projetos, e a descrição do produto do projeto é criada pelo gerente de projetos.

13.4. Diagrama de entradas e saídas

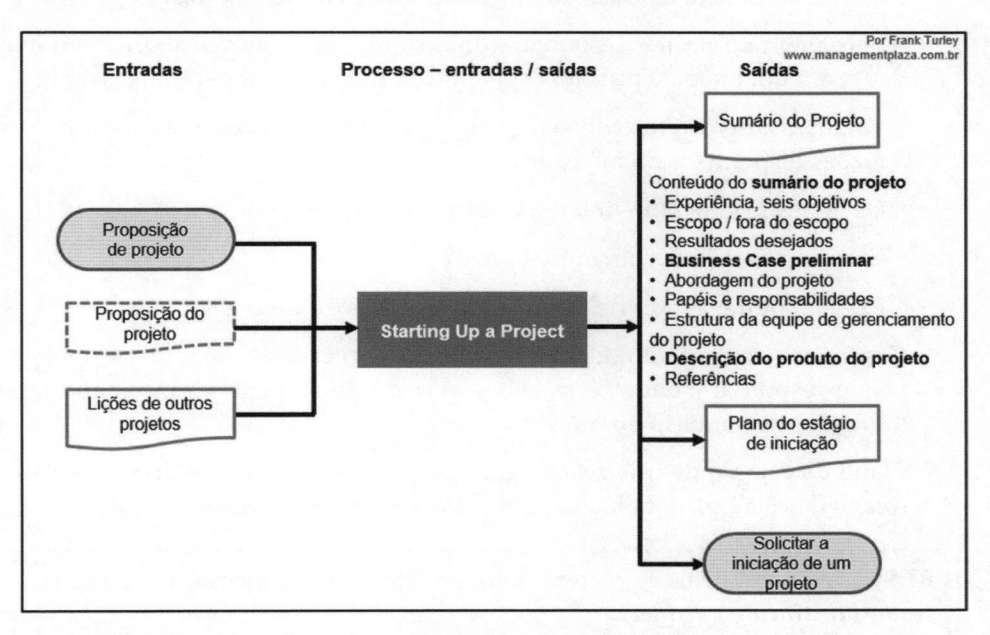

Figura 13.2. Diagrama de entradas e saídas do processo SU. Fonte: adaptado do material PRINCE2® da AXELOS. Reproduzido sob licença da AXELOS.

Entradas

❖ A proposição do projeto é o **gatilho** para iniciar o projeto e vem de fora. A proposição pode conter dados como: razões para o projeto, algumas informações do *business case* e dados necessários para o sumário do projeto.

❖ O gerente de projetos deve procurar lições de outros projetos (por exemplo, relatórios de lições que estão disponíveis ou convidar todos os interessados para contribuir com lições).

Saídas

- ❖ **Descrição dos produtos do projeto:** normalmente é uma descrição de até três páginas do principal produto que será desenvolvido pelo projeto. A estrutura desse documento foi abordada nos temas da qualidade e planos.

- ❖ *Business case* **preliminar:** é de responsabilidade do executivo. Seu objetivo é fornecer a justificativa de negócios para o projeto.

- ❖ **Estrutura da equipe de gerenciamento do projeto (EEGP):** conterá informações sobre a estrutura da equipe composta por: Comitê Diretor do Projeto, garantia do projeto, autoridade de mudança e gerente de projetos.

- ❖ **Abordagem do projeto:** esta parte do documento definirá a abordagem que deve ser adotada pelo projeto. O gerente de projetos fará perguntas como:

    » Vamos criar o produto do zero, atualizar o produto existente ou adotar soluções disponíveis no mercado?

    » Devemos usar pessoas internas ou externas no projeto?

    » O que aprendemos com outros projetos?

    » Existem outras fontes de informação, internas e externas?

- ❖ **O sumário do projeto:** todas as informações anteriores, além de escopo, papéis e responsabilidades e as seis metas de desempenho, são compostas/montadas no sumário do projeto.

- ❖ **Plano de estágio de iniciação:** o gerente de projetos cria esse primeiro plano (plano de estágio), detalhado, para o dia a dia no estágio de iniciação.

> **RESULTADO:** solicitação para iniciar o projeto (obter autorização para executar o *Initiating a Project*)

O resultado final do processo **SU** é uma solicitação ao Comitê Diretor do Projeto para iniciar o projeto, permitindo que o primeiro estágio do projeto se inicie. O gerente de projetos fornece o sumário do projeto e o plano de estágio de iniciação ao Comitê Diretor do Projeto.

13.5. Papéis e responsabilidades

Tabela 13.1. Papéis e responsabilidades do processo SU. Fonte: adaptado do material PRINCE2® da AXELOS. Reproduzido sob licença da AXELOS.

Papel	Responsabilidades
Gerência corporativa ou do programa	• Fornece a proposição de projeto, que é o gatilho e vem de fora. • Fornece informações sobre o nível de tolerância do projeto. • Nomeia o executivo e poderá nomear o gerente de projetos.
Executivo	• Nomeia o gerente de projetos (se isso ainda não tiver sido feito). • Aprova a EEGP. • Cria o *business case* preliminar.
Usuário principal	• Fornece informações para a descrição do produto do projeto.
Gerente de projetos	• Facilita a criação da maior parte do sumário do projeto (DPP, papéis e responsabilidades, escopo, EEGP, etc.). • Facilita a abordagem do projeto e reúne as lições. • Cria o plano de estágio de iniciação.
Gerente da equipe especialista	• Pode ser solicitado para ajudar com a abordagem de projeto e com a DPP.

13.6. Como os temas são aplicados ao processo SU

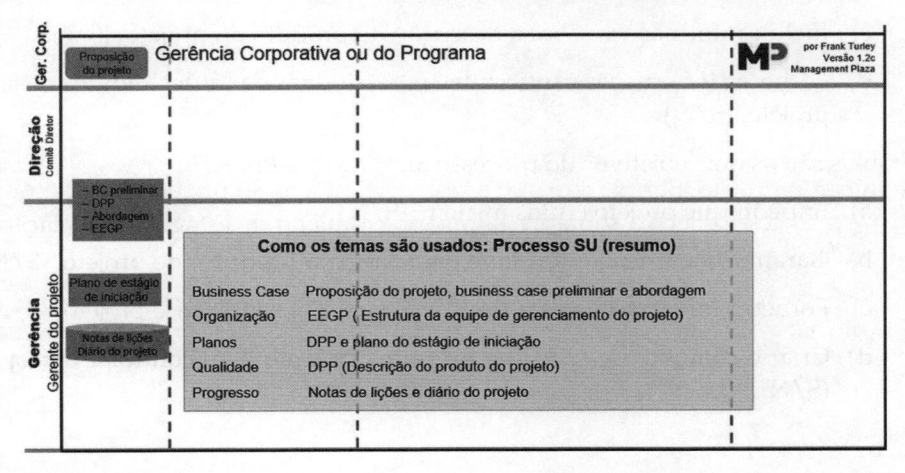

Figura 13.3. Os temas aplicados no processo SU. Fonte: adaptado do material PRINCE2® da AXELOS. Reproduzido sob licença da AXELOS.

13.7. O que você precisa saber para o exame *Foundation*

Você precisa saber o seguinte:

- ❖ Conhecer o propósito do processo SU.
- ❖ Conhecer os objetivos do processo SU.
- ❖ Ter uma compreensão do que acontece no processo SU e por quê.
- ❖ Saber o propósito do sumário do projeto.

13.8. Perguntas

Q1. Qual é o gatilho para o processo *Starting up a Project*? (Qual documento é criado antecipadamente?)

    a) Sumário do projeto.

    b) Plano do projeto.

    c) Proposição de projeto.

    d) *Business case* preliminar.

Q2. Quais são os dois propósitos do sumário do projeto?

    a) Ajudar a fornecer um documento preliminar do plano de projeto. (S/N)

    b) Capturar lições úteis em projetos anteriores. (S/N)

    c) Incluir informações sobre a descrição do produto do projeto. (S/N)

    d) Fornecer informações suficientes para ajudar com a decisão de iniciar o projeto. (S/N)

Q3. Quais são os dois objetivos do processo *Starting up a Project*?

    a) Impedir que projetos ruins iniciem. (S/N)

    b) Garantir que exista autoridade para entregar produtos do projeto. (S/N)

    c) Fornecer informações para decidir se vale a pena iniciar o projeto. (S/N)

    d) Criar o conjunto de produtos de gerenciamento para controlar o projeto. (S/N)

Q4. Quais são os dois objetivos do processo *Starting up a Project*?

    a) Verificar se há uma razão corporativa para o projeto. (S/N)

    b) Certificar-se de que todos os gerentes da equipe especialista entendem suas responsabilidades. (S/N)

    c) Criar um plano de estágio para o estágio de iniciação. (S/N)

    d) Preparar o documento de iniciação do projeto. (S/N)

> **DICA:** quais documentos são criados no processo SU?

Q5. Quem é responsável por criar os cinco documentos do processo SU (notas de lições, diário do projeto, sumário do projeto, business case preliminar e descrição do produto do projeto)?

13.9. Perguntas e respostas

Q1. Qual é o gatilho para o processo *Starting up a Project*? (Qual documento é criado antecipadamente?)

    a) Sumário do projeto.

    b) Plano do projeto.

    c) Proposição de projeto.

    d) *Business case* preliminar.

A1. A proposição de projeto é o gatilho para um projeto e inicia o processo *Starting up a Project*. Ela é criada fora do projeto.

> *REFERÊNCIA: ver item 13.3. Atividades.*

Q2. Quais são os dois propósitos do sumário do projeto?

    a) Ajudar a fornecer um documento preliminar do plano de projeto. (S/N)

    b) Capturar lições úteis em projetos anteriores. (S/N)

    c) Incluir informações sobre a descrição do produto do projeto. (S/N)

    d) Fornecer informações suficientes para ajudar com a decisão de iniciar o projeto. (S/N)

A2. Respostas:

a) NÃO. A primeira versão do plano do projeto é criada no processo **IP**. A informação sobre o planejamento não faz parte do sumário do projeto.

b) NÃO. Lições úteis são listadas em notas de lições.

c) SIM

d) SIM

REFERÊNCIA: *ver item 13.4. Diagrama de entradas e saídas.*

Q3. Quais são os dois objetivos do processo *Starting up a Project*?

a) Impedir que projetos ruins iniciem. (S/N)

b) Garantir que exista autoridade para entregar produtos do projeto. (S/N)

c) Fornecer informações para decidir se vale a pena iniciar o projeto. (S/N)

d) Criar o conjunto de produtos de gerenciamento para controlar o projeto. (S/N)

A3. Respostas:

a) SIM

b) NÃO

c) SIM

d) NÃO

REFERÊNCIA: *ver item 13.2. Propósito e objetivos*

Q4. Quais são os dois objetivos do processo *Starting up a Project*?

a) Verificar se há uma razão corporativa para o projeto. (S/N)

b) Certificar-se de que todos os gerentes da equipe especialista entendem suas responsabilidades. (S/N)

c) Criar um plano de estágio para o estágio de iniciação. (S/N)

d) Preparar o documento de iniciação do projeto. (S/N)

DICA: quais documentos são criados no processo SU?

A4. Respostas:
   a) SIM
   b) NÃO
   c) SIM
   d) NÃO

REFERÊNCIA: *ver item 13.2. Propósito e objetivos.*

Q5. Quem é responsável por criar os cinco documentos do processo SU (notas de lições, diário do projeto, sumário do projeto, *business case* preliminar e descrição do produto do projeto)?

A5. O executivo é responsável pelo *business case* preliminar e o gerente de projetos é responsável por criar os outros produtos de gerenciamento.

REFERÊNCIA: *ver itens 13.5. Papéis e responsabilidades e 13.6. Como os temas são aplicados ao processo SU.*

14. *Initiating a Project*

14.1. Introdução

Consideremos o que será abordado no processo *Initiating a Project* (IP). Você aprenderá:

- ❖ O propósito do processo IP.
- ❖ O objetivo do processo IP.
- ❖ O contexto do processo IP em relação ao resto do projeto.
- ❖ O propósito do documento de iniciação do projeto (DIP).
- ❖ As principais entradas e saídas do processo IP.

14.2. Propósito e objetivo

O propósito do processo **IP** é entender o trabalho que precisa ser feito para entregar os produtos requeridos. Esse entendimento é necessário antes de decidir por continuar com o projeto. Há uma série de itens importantes para descobrir e, assim, uma série de perguntas a fazer:

- ❖ Quais são as razões para fazer o projeto, os benefícios e riscos?
- ❖ Escopo: o que deve ser feito e o que não será incluído?
- ❖ Quando os produtos podem ser entregues?
- ❖ Como garantir que a qualidade será possível e alcançável?
- ❖ Como serão identificados e acompanhados os riscos, as *issues* e as mudanças?

❖ Como será monitorado o progresso do projeto?

❖ O que informar e com que frequência?

❖ Como será adaptado o PRINCE2® de acordo com as necessidades do projeto?

O **objetivo** é encontrar respostas para as perguntas anteriormente apresentadas.

14.3. Contexto

Vamos colocar o processo *Initiating a Project* em contexto e olhar para o que ele realmente faz para o projeto. O processo *Starting up a Project* verificou se o projeto é viável, enquanto o processo *Initiating a Project* versa sobre a construção de uma base correta que esclareça a todas as partes interessadas o que o projeto irá alcançar.

A alternativa seria permitir o início do projeto após o processo *Starting up a Project* sem saber qualquer um dos seguintes itens: planejamento, metas, custo, controles e nível de qualidade. Seria como construir uma casa sem fundação.

O processo *Initiating a Project* pode ser um grande investimento para uma empresa, mas é um investimento necessário para planejar e executar o resto do projeto. Durante o processo **IP**, o gerente de projetos criará uma coleção de produtos de gerenciamento para mostrar: como o projeto será gerenciado, como o custo será administrado, como a qualidade será verificada, como será planejado, como a comunicação será feita. É aqui que surge o **ambiente controlado de um projeto PRINCE2®**.

14.4. Atividades

O PRINCE2® recomenda oito atividades no processo **IP**:

1. Preparar a estratégia de gerenciamento de risco, que ajudará a gerenciar o risco durante o projeto.

2. Preparar a estratégia de gerenciamento de configuração, que dará informações sobre como gerenciar os produtos desenvolvidos durante o projeto.

3. Preparar a estratégia de gerenciamento da qualidade, que vai responder a pergunta sobre como realizar e ter qualidade.

4. Preparar a estratégia de gerenciamento da comunicação, que vai ajudar na comunicação com as partes interessadas.

240 Preparatório para Certificação PRINCE2® Foundation

5. Estabelecer os controles do projeto, que fornecerá informações sobre como o Comitê Diretor do Projeto pode controlar o projeto.
6. Criar o plano do projeto, que abrange descrições do produto, riscos, prazos e custos.
7. Detalhar o *business case*, o que significa completá-lo.
8. Por último, montar o documento de iniciação do projeto (DIP), que é coletar e reunir informações da maioria dos documentos criados até a data atual.

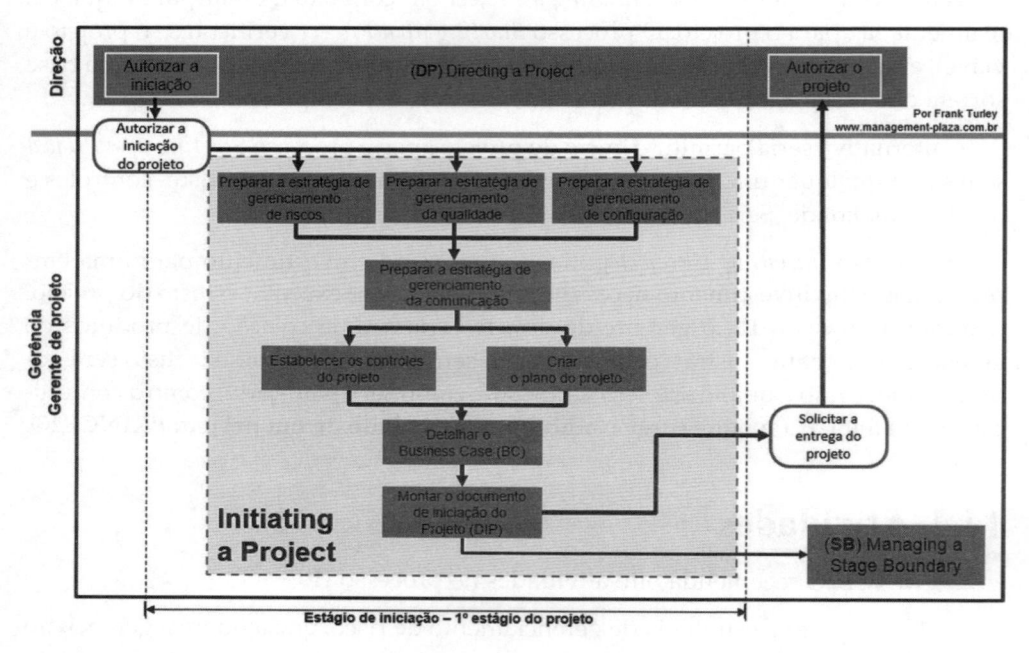

Figura 14.1. Visão geral do processo Initiating a Project. Fonte: adaptado do material PRINCE2® da AXELOS. Reproduzido sob licença da AXELOS.

O gerente de projetos vai começar com os quatro documentos de estratégia e irá criar os controles do projeto e plano do projeto. Estas **atividades são iterativas**, pois continuarão a ser efetuadas durante o estágio de iniciação. O *business case* deve ser concluído após o plano do projeto, pois este fornece informações necessárias para o *business case* (informações de prazo e custos). A atividade final é para compor/montar o documento de iniciação do projeto.

14.5. Diagrama de entradas e saídas

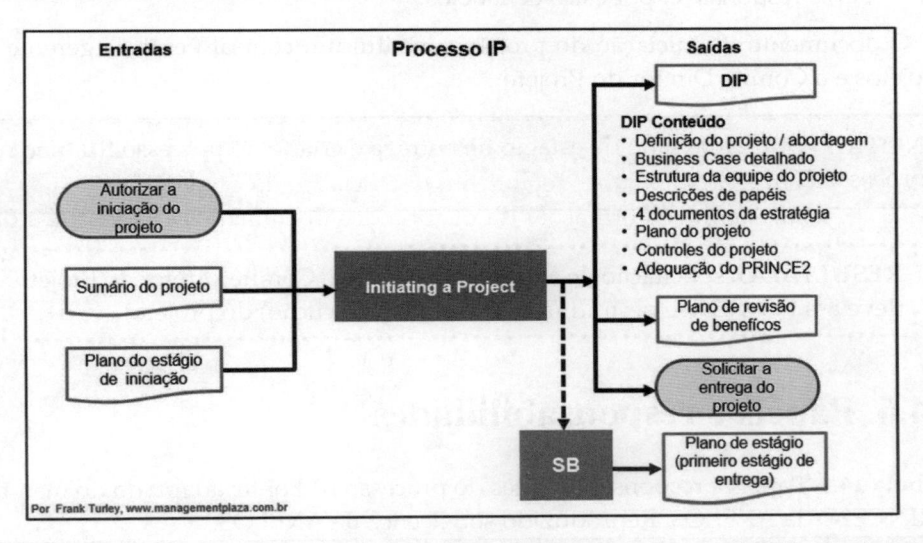

Figura 14.2. Entradas e saídas do processo IP. Fonte: adaptado do material PRINCE2® da AXELOS. Reproduzido sob licença da AXELOS.

Entradas

- ❖ O gatilho é "autorizar a iniciação de um projeto", que vem do Comitê Diretor do Projeto.
- ❖ O sumário do projeto vem do processo SU.
- ❖ O plano de estágio de iniciação vem do processo SU.

Saídas

- ❖ Os quatro documentos de estratégia de gerenciamento: qualidade, configuração, risco e comunicações (parte do DIP).
- ❖ A estrutura da equipe de gerenciamento do Projeto e as descrições de papéis e responsabilidades (parte do DIP).
- ❖ O plano do projeto inclui todas as descrições dos produtos (parte do DIP).
- ❖ O *business case* detalhado é de responsabilidade do executivo e fornece as informações para justificar o projeto. O gerente de projetos provavelmente ajudará (parte do DIP).
- ❖ Uma visão geral de como o projeto vai ser controlado (parte de PID).
- ❖ O plano de revisão de benefícios é uma visão geral sobre o quê e quando os

benefícios serão realizados durante e após o projeto e quem (usuário principal) é responsável por estes benefícios.

O documento de iniciação do projeto constitui um contrato entre o gerente de projetos e o Comitê Diretor do Projeto.

> **NOTA:** O primeiro plano de estágio de entrega é criado no processo **SB** (não no processo **IP**).

RESULTADO: solicitação de entrega do projeto (o Comitê Diretor do Projeto deve assinar o DIP e permitir a continuação (execução) do projeto).

14.6. Papéis e responsabilidades

Tabela 14.1. Papéis e responsabilidades do processo IP. Fonte: adaptado do material PRINCE2® da AXELOS. Reproduzido sob licença da AXELOS.

Papel	Responsabilidades
Comitê Diretor do Projeto	• Aprovar todas as partes do DIP.
Executivo	• Criar o *business case* detalhado. • Aprovar todas as partes do DIP.
Usuário principal	• Fornecer informações e recursos para as descrições do produto. • Fornecer informações para o plano de revisão de benefícios.
Fornecedor principal	• Aprovar partes do DIP (exemplo: plano do projeto, EEGP). • Fornecer recursos para ajudar com o planejamento.
Garantia do projeto	• Revisar a maioria das informações do DIP.
Gerente de projetos	• Criar a maior parte dos documentos exigidos para o DIP. • Criar o plano de revisão de benefícios.
Gerente da equipe especialista	• Auxiliar no planejamento (EAP, estimativa, etc.).

14.7. Como os temas são aplicados ao processo IP

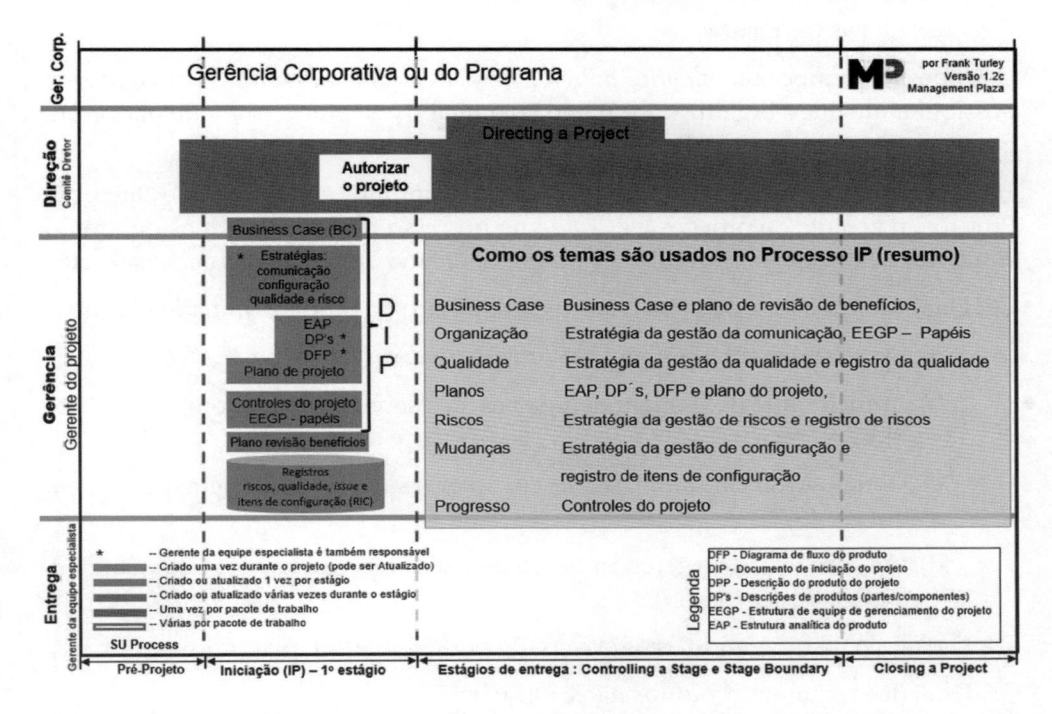

Figura 14.3. Os temas aplicados ao processo SU. Fonte: adaptado do material PRINCE2® da AXELOS. Reproduzido sob licença da AXELOS.

14.8. O que você precisa saber para o exame *Foundation*

Você precisa:

- ❖ Conhecer o propósito do processo IP.
- ❖ Conhecer o objetivo do processo IP.
- ❖ Ter uma compreensão sobre o que acontece no processo IP em relação ao resto do projeto.
- ❖ Conhecer o propósito do documento de iniciação do projeto (DIP).

14.9. Perguntas

Q1. Preencha as lacunas:

O propósito do processo *Initiating a Project* é estabelecer bases sólidas para o projeto, possibilitando que a organização entenda o trabalho que precisa ser feito para entregar os _____ do projeto.

Q2. Qual produto de gerenciamento constitui o "contrato" entre o Comitê Diretor do Projeto e o gerente de projetos e é criado no processo **IP**? Ele contém os quatro documentos de estratégia: controles de progresso, plano do projeto, *business case*, etc.

Q3. Quais dos itens a seguir são estabelecidos dentro do processo *Initiating a Project*?

   a) As várias maneiras em que o projeto pode ser entregue. (S/N)

   b) Aqueles que necessitam de informações sobre o projeto foram identificados. (S/N)

   c) Todas as informações para desenvolver o sumário do projeto estão disponíveis. (S/N)

   d) As estratégias de gerenciamento de riscos e gerenciamento da qualidade para o projeto. (S/N)

Q4. O plano para o segundo estágio é criado por quem e em qual processo?

Q5. Qual dos seguintes produtos **não** é parte da DIP?

   a) Estratégia de gerenciamento de risco.

   b) *Business case*.

   c) Plano do estágio de iniciação.

   d) Plano do projeto.

Q6. Qual é o objetivo do processo *Initiating a Project*?

   a) Desenvolver o sistema de gerenciamento da qualidade para o projeto. (S/N)

   b) Preparar todos os planos para cada estágio de entrega. (S/N)

   c) Descrever como o PRINCE2® será adaptado de acordo com o projeto. (S/N)

14.10. Perguntas e respostas

Q1. Preencha as lacunas:

O propósito do processo *Initiating a Project* é estabelecer bases sólidas para o projeto, possibilitando que a organização entenda o trabalho que precisa ser feito para entregar os _____ do projeto.

A1. ...produtos...

REFERÊNCIA: ver item 14.2. Propósito e objetivo.

Q2. Qual produto de gerenciamento constitui o "contrato" entre o Comitê Diretor do Projeto e o gerente de projetos e é criado no processo IP? Ele contém os quatro documentos de estratégia: controles de progresso, plano do Projeto, *business case*, etc.

A2. Este é o documento de iniciação do projeto (DIP).

REFERÊNCIA: ver item 14.5. Diagrama de entradas e saídas.

Q3. Quais dos itens a seguir são estabelecidos dentro do processo *Initiating a Project*?

   a) As várias maneiras em que o projeto pode ser entregue. (S/N)
   b) Aqueles que necessitam de informações sobre o projeto foram identificados. (S/N)
   c) Todas as informações para desenvolver o Sumário do Projeto estão disponíveis. (S/N)
   d) As estratégias de gerenciamento de riscos e gerenciamento da qualidade para o projeto. (S/N)

A3. Respostas:

   a) NÃO. Esta é a abordagem do projeto – processo **SU**.
   b) SIM
   c) NÃO. O sumário do projeto é criado no processo **SU**.
   d) SIM

REFERÊNCIA: ver item 14.5. Diagrama de entradas e saídas.

Q4. O plano para o segundo estágio é criado por quem e em qual processo?

A4. O plano para o segundo estágio é criado no processo **SB** pelo gerente de projetos.

> *REFERÊNCIA: ver a nota do item 14.5. Diagrama de entradas e saídas.*

Q5. Qual dos seguintes produtos não é parte da DIP?

   a) Estratégia de gerenciamento de risco.
   b) *Business case*.
   c) Plano do estágio de iniciação.
   d) Plano do projeto.

A5. O plano do estágio de iniciação não é parte do DIP; ele é criado no processo **SU** (opção C).

> *REFERÊNCIA: ver item 14.5. Diagrama de entradas e saídas.*

Q6. Qual é o objetivo do processo *Initiating a Project*?

   a) Desenvolver o sistema de gerenciamento da qualidade para o projeto. (S/N)
   b) Preparar todos os planos para cada estágio de entrega. (S/N)
   c) Descrever como o PRINCE2® será adaptado de acordo com o projeto. (S/N)

A6. Respostas:

   a) NÃO. A estratégia é atualizada.
   b) NÃO. Planos são criados no processo **SB**.
   c) SIM. Este é o plano do projeto.

> *REFERÊNCIA: ver item 14.2. Propósito e objetivo.*

15. Directing a Project

15.1. Introdução

Veja o que será abordado no processo *Directing a Project* (**DP**):

- ❖ O propósito do processo DP.
- ❖ Os objetivos do processo DP.
- ❖ O contexto do processo DP em relação ao resto do projeto.
- ❖ As principais entradas e saídas do processo DP.

15.2. Propósito e objetivos

O propósito do processo *Directing a Project* é capacitar e habilitar o Comitê Diretor do Projeto a se responsabilizar pelo projeto por meio de decisões-chave e a ter controle em âmbito geral, delegando o dia a dia do gerenciamento do projeto ao o gerente de projetos.

O principal objetivo do processo *Directing a Project* é fornecer condições para a tomada de decisões:

1. Para iniciar o projeto (permitir o começo do estágio de iniciação).
2. Para entregar os produtos do projeto (iniciar os estágios de entrega).
3. Para encerrar o projeto.

Outros objetivos do processo *Directing a Project* são:

1. Fornecer direção e controle durante o projeto.
2. Ser a interface com a gerência corporativa ou do programa.
3. Garantir que os benefícios pós-projeto sejam revisados.

15.3. Contexto

Qual é o gatilho que inicia o processo *Directing a Project*?

É a solicitação para dar início a um projeto, que é feita pelo gerente de projetos no final do processo *Starting up a Project*. Como você sabe, o dia a dia do projeto é acompanhado pelo gerente de projetos, enquanto o Comitê Diretor do Projeto olha de cima e gerencia por exceção, recebendo relatórios regulares, exercendo o seu controle e tomando decisões.

Onde se decide sobre a frequência com a qual o gerente de projetos se comunica com o Comitê Diretor do Projeto?

A estratégia de gerenciamento da comunicação contém a periodicidade da comunicação entre o Comitê Diretor do Projeto e o gerente de projetos e a forma como ela deve ser feita.

E o aconselhamento?

O Comitê Diretor do Projeto fornece orientação ao gerente de projetos ao longo do projeto, e o gerente de projetos pode procurar aconselhamento a qualquer momento.

Justificativa para o negócio

O Comitê Diretor do Projeto é responsável por garantir uma justificativa contínua para o negócio, de maneira que seja possível encerrar o projeto se o *business case* não for mais viável (ou desejável), uma vez que ele pode mudar ao longo do projeto. O ambiente interno e externo da empresa está em mutação constante; isso poderá fazer com que o projeto não seja mais desejável para a organização.

15.4. Atividades

Existem cinco atividades dentro do processo *Directing a Project*:

1. **Autorizar a iniciação:** permite que o estágio de iniciação inicie.
2. **Autorizar o projeto:** permite que os estágios de entrega iniciem.

3. **Autorizar um plano de estágio ou exceção:** revisa o estágio existente e autoriza o próximo estágio, ou autoriza o plano de exceção para completar o estágio atual.
4. **Fornecer instrução *ad hoc*:** o Comitê Diretor do Projeto fornece orientação durante todo o projeto.
5. **Autorizar encerramento do projeto:** encerra o projeto depois de uma série de verificações.

A melhor maneira de mostrar as atividades do processo *Directing a Project* é através do diagrama de modelo de processo.

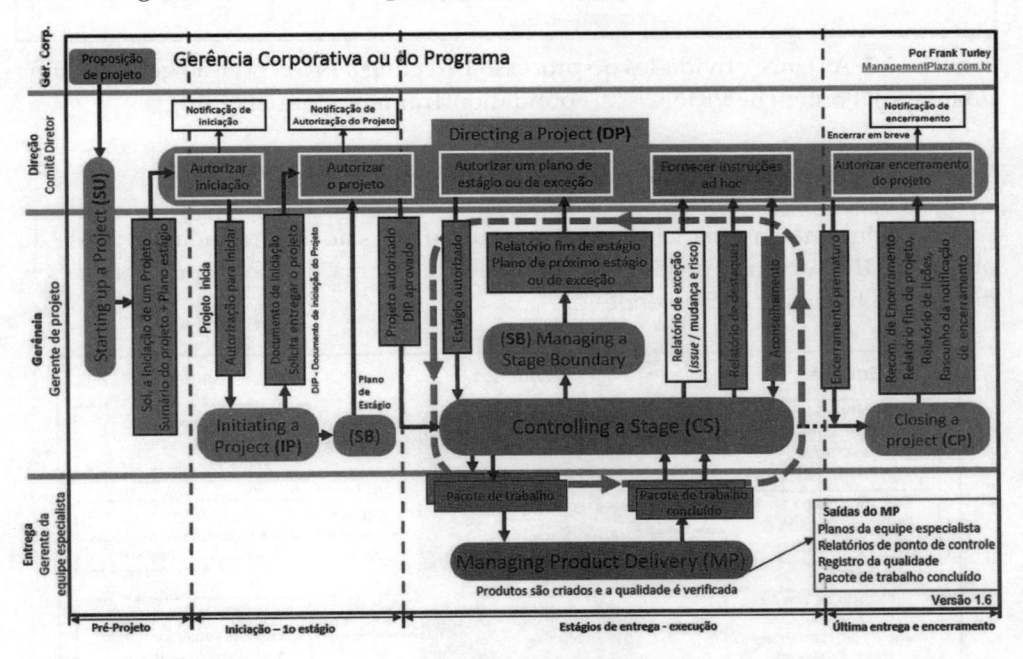

Figura 15.1. As cinco atividades do processo Directing a Project (modelo de processo). Fonte: adaptado do material PRINCE2® da AXELOS. Reproduzido sob licença da AXELOS.

O diagrama a seguir é obtido através do diagrama de linha do tempo e dá outra visão das cinco atividades.

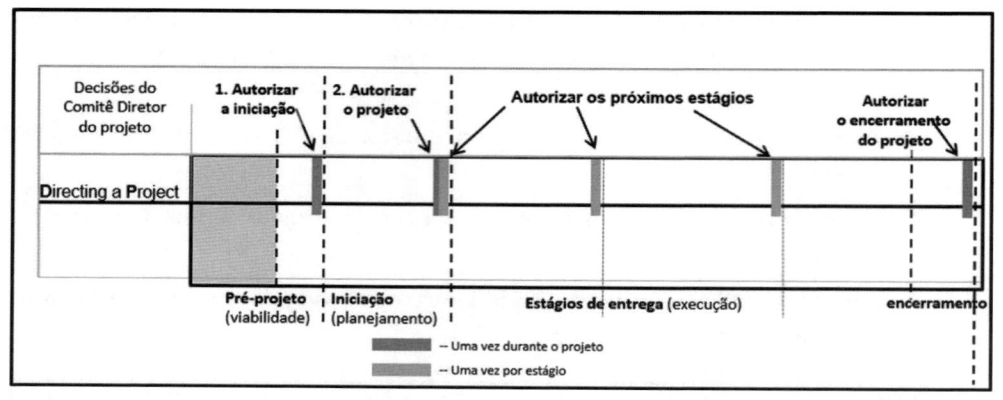

Figura 15.2. As cinco atividades do processo Directing a Project (visão geral da linha do tempo). Fonte: The PRINCE2® Foundation Training Manual (2010).

15.5. Diagrama de entradas e saídas (NR)

Este diagrama dá uma visão geral das entradas e saídas para cada atividade do processo **DP**. Você não precisa conhecer esse diagrama para o exame *Foundation*, mas é uma boa ideia compreendê-lo.

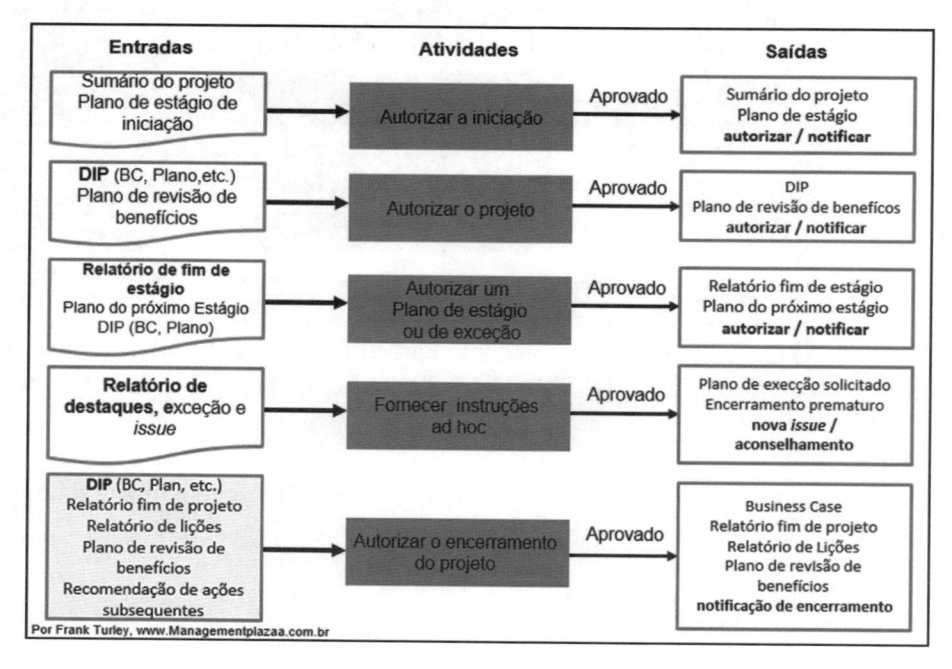

Figura 15.3. Diagrama de entradas e saídas do processo DP. Fonte: adaptado do material PRINCE2® da AXELOS. Reproduzido sob licença da AXELOS.

Enquanto você lê o diagrama anterior, lembre-se:

- ❖ O gerente de projetos fornece a maioria das informações ao Comitê Diretor do Projeto.
- ❖ Cada atividade é uma decisão a ser tomada pelo Comitê Diretor do Projeto.
- ❖ As principais saídas são as aprovações, autorizações e notificações.

15.6. Papéis e responsabilidades

Tabela 15.1. Papéis e responsabilidades do processo DP. Fonte: adaptado do material PRINCE2® da AXELOS. Reproduzido sob licença da AXELOS.

Papel	Responsabilidades
Comitê Diretor do Projeto	• Todas as decisões

15.7. Como os temas são aplicados ao processo DP (NR)

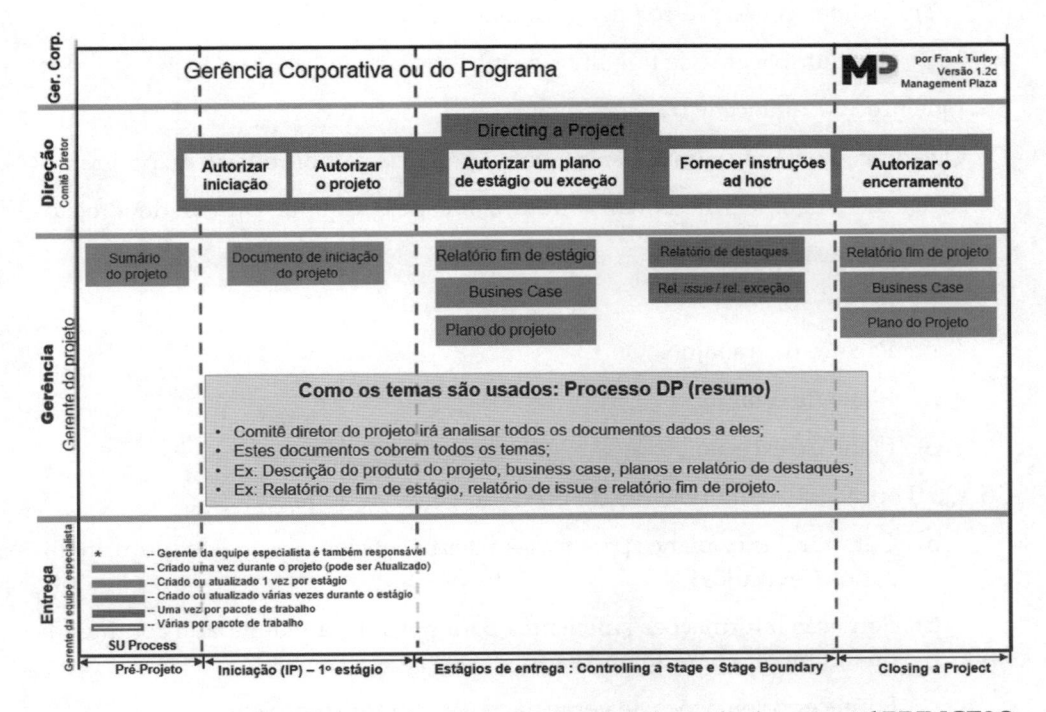

Figura 15.4. Temas aplicados ao processo DP. Fonte: adaptado do material PRINCE2® da AXELOS. Reproduzido sob licença da AXELOS.

15.8. O que você precisa saber para o exame *Foundation*

Você precisa:

- ❖ Conhecer o propósito do processo DP.
- ❖ Conhecer os objetivos do processo DP.
- ❖ Ter uma compreensão do que acontece no processo DP em relação ao restante do projeto.

15.9. Perguntas

Q1. Quais são os dois propósitos do processo *Directing a Project*?

   a) Habilitar o Comitê Diretor do Projeto a exercer controle total de um projeto. (S/N)

   b) Habilitar o Comitê Diretor do Projeto a tomar decisões importantes. (S/N)

   c) Estabelecer os pré-requisitos para a iniciação do projeto. (S/N)

   d) Atribuir pacotes de trabalho. (S/N)

Q2. Que processo antecede o DP?

Q3. Que processo fornece uma interface com a gerência corporativa ou do programa?

Q4. Qual dos seguintes itens não é autorizado pelo Comitê Diretor do Projeto?

   a) Iniciação.

   b) O projeto.

   c) Pacotes de trabalho.

   d) Plano de estágio.

   e) Plano de exceção.

Q5. Qual opção não é um objetivo do processo *Directing a Project*?

   a) Garantir que os planos para revisão dos benefícios pós-projeto sejam atualizados (revisados).

   b) Fornecer informações suficientes para permitir a viabilidade continuada de um projeto para ser avaliado.

   c) Fornecer orientações de gerenciamento durante o projeto.

   d) Garantir que haja autoridade para encerrar o projeto.

15.10. Perguntas e respostas

Q1. Quais são os dois propósitos do processo *Directing a Project*?

    a) Habilitar o Comitê Diretor do Projeto a exercer controle total de um projeto. (S/N)

    b) Habilitar o Comitê Diretor do Projeto a tomar decisões importantes. (S/N)

    c) Estabelecer os pré-requisitos para a iniciação do projeto. (S/N)

    d) Atribuir pacotes de trabalho. (S/N)

A1. Respostas:

    a) SIM

    b) SIM

    c) NÃO

    d) NÃO

REFERÊNCIA: ver item 15.2. Propósito e objetivos.

Q2. Que processo antecede o DP?

A2. O Processo *Directing a Project* antecede o processo **SU**.

REFERÊNCIA: ver item 15.4. Atividades.

Q3. Que processo fornece uma interface com a gerência corporativa ou do programa?

A3. O processo *Directing a Project*.

REFERÊNCIA: ver item 15.2. Propósito e objetivos.

Q4. Qual dos seguintes itens não é autorizado pelo Comitê Diretor do Projeto?

    a) Iniciação.

    b) O projeto.

    c) Pacotes de trabalho.

    d) Plano de estágio.

    e) Plano de exceção.

A4. Opção C. O gerente do projeto autoriza os pacotes de trabalho.

REFERÊNCIA: ver item 15.4. Atividades.

Q5. Qual opção não é um objetivo do processo *Directing a Project*?

a) Garantir que os planos para revisão dos benefícios pós-projeto sejam atualizados (revisados).

b) Fornecer informações suficientes para permitir a viabilidade continuada de um projeto para ser avaliado.

c) Fornecer orientações de gerenciamento durante o projeto.

d) Garantir que haja autoridade para encerrar o projeto.

A5. Resposta B. Esta informação é fornecida pelo gerente do projeto e não pelo Comitê Diretor do Projeto.

REFERÊNCIA: ver item 15.2. Propósito e objetivos.

16. Controlling a Stage

16.1. Introdução

Veja o que será abordado no processo *Controlling a Stage* (**CS**):

- ❖ O propósito do processo CS.
- ❖ Os objetivos do processo CS.
- ❖ O contexto do processo CS em relação ao resto do projeto.
- ❖ As principais entradas e saídas do processo CS.

16.2. Propósito e objetivos

Este é um processo do gerente de projetos para que ele atribua o trabalho a ser feito, monitore esse trabalho, lide com *issues*, reporte o progresso ao Comitê Diretor do Projeto e tome ação corretiva para garantir que o estágio se mantenha dentro da tolerância acordada com o Comitê Diretor do Projeto.

Os objetivos do processo *Controlling a Stage* são:

- ❖ Focar na entrega dos produtos.
- ❖ Manter riscos e *issues* sob controle.
- ❖ Manter o *business case* em análise e revisão.
- ❖ Entregar os produtos do estágio de acordo com a qualidade, o prazo e o custo acordados e obter os benefícios definidos (caso o projeto tenha benefícios intermediários a serem aferidos).

16.3. Contexto

> **NOTA:** consulte o diagrama de modelo de processo ao ler o texto a seguir.

O processo *Controlling a Stage* descreve o trabalho do gerente de projetos, como ele faz o gerenciamento do dia a dia do estágio. É aqui que o gerente de projetos faz a **maior parte do seu trabalho**.

Durante um estágio, o gerente de projetos vai repetir as seguintes tarefas:

- Autorizar o trabalho a ser feito (delegar trabalho, em forma de pacotes de trabalho, para o gerente da equipe especialista).
- Monitorar as informações de progresso do trabalho usando relatórios de ponto de controle e o registro da qualidade.
- Analisar a situação atual em relação ao plano de estágio, aprovar os pacotes de trabalho concluídos e emitir novos pacotes de trabalho.
- Relatar destaques ao Comitê Diretor do Projeto através de relatórios.
- Prestar atenção, avaliar e lidar com *issues* e riscos.
- Tomar quaisquer medidas corretivas necessárias.

Como mencionado anteriormente, o gerente de projetos continuará a repetir essas tarefas até que todos os produtos planejados para o estágio tenham sido concluídos. Em seguida, começa a se preparar para o processo *Managing a Stage Boundary*. Toda essa sequência de atividades será repetida para cada estágio do projeto.

No final do último estágio, o processo *Closing a Project* será acionado e, portanto, o gerente de projetos vai começar a preparar o projeto para o encerramento.

16.4. Atividades (NR)

Existem oito atividades dentro do processo *Controlling a Stage* e elas são divididas em três partes que também descrevem o que o gerente de projetos faz:

- Pacotes de trabalho.
- Monitorar e relatar.
- *Issues*.

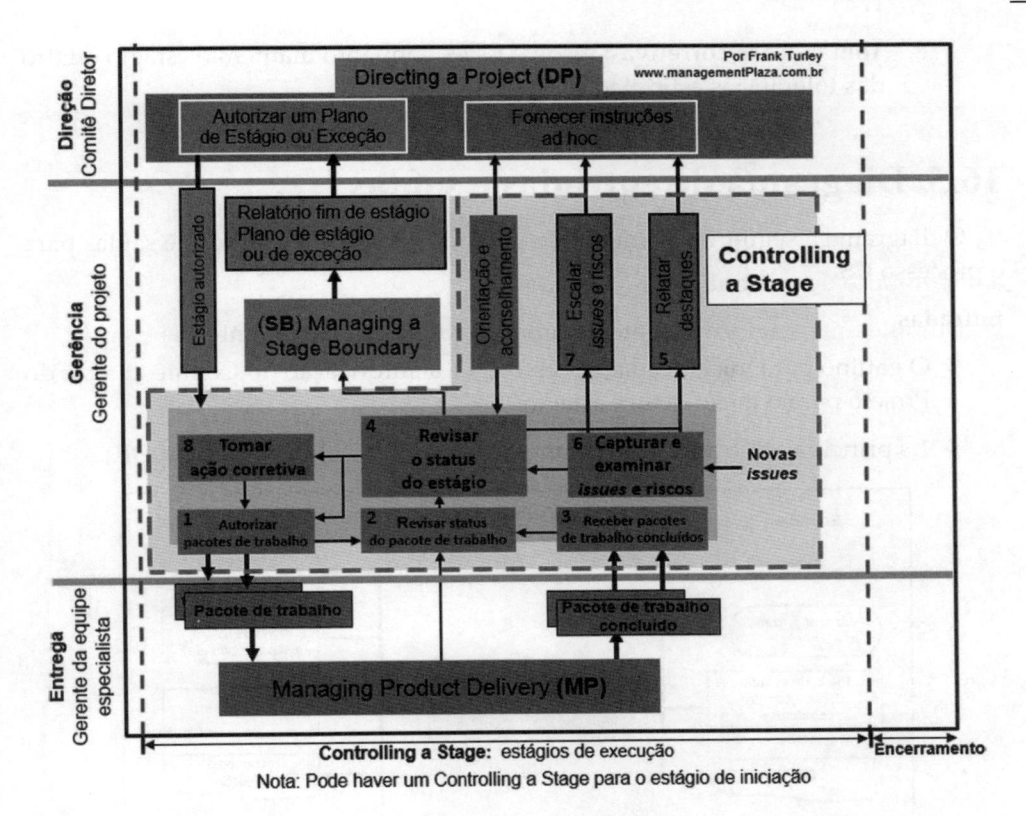

Figura 16.1. Atividades do processo Controlling a Stage. Fonte: adaptado do material PRINCE2® da AXELOS. Reproduzido sob licença da AXELOS.

1. **Autorizar um pacote de trabalho:** atribui e efetua acordos com o gerente da equipe especialista.
2. **Revisar o status do pacote de trabalho:** verifica o progresso do pacote de trabalho.
3. **Receber pacotes de trabalho concluídos:** verifica a qualidade e o gerenciamento de configuração.
4. **Revisar o status do estágio:** compara continuamente o estado atual ao plano de estágio.
5. **Relatar destaques:** produz relatórios regulares para o Comitê Diretor do Projeto.
6. **Capturar e examinar *issues* e riscos:** categoriza e avalia o impacto.
7. **Escalar *issues* e riscos:** cria relatórios de exceção e os envia ao Comitê Diretor do Projeto.

8. **Tomar ações corretivas:** resolve *issues* enquanto mantém o estágio dentro das tolerâncias estipuladas.

16.5. Diagrama de entradas e saídas

O diagrama a seguir dará uma visão geral das principais entradas e saídas para o processo **CS**.

Entradas

- ❖ O gatilho para iniciar cada processo CS é a autorização do Comitê Diretor do Projeto para o início de um estágio.
- ❖ As principais entradas são o plano de estágio e as informações do DIP.

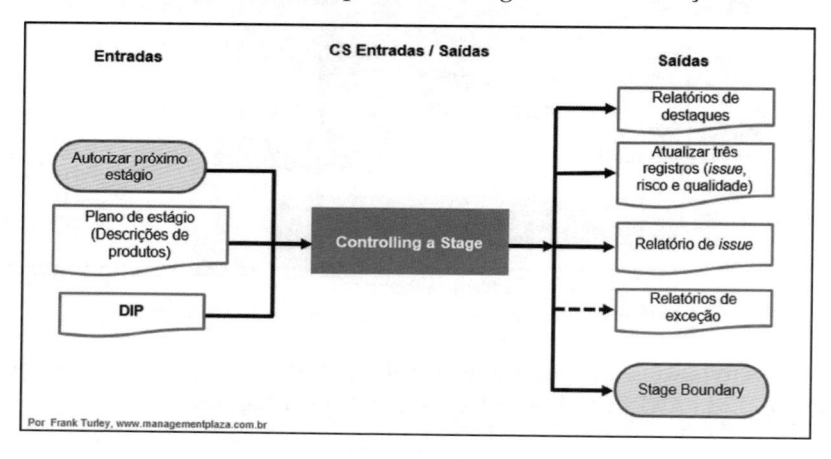

Figura 16.2. Diagrama de entradas e saídas do processo CS. Fonte: adaptado do material PRINCE2® da AXELOS. Reproduzido sob licença da AXELOS.

Saídas

- ❖ Relatórios de destaques são usados para manter o Comitê Diretor do Projeto atualizado sobre o progresso do estágio.
- ❖ O gerente de projetos constantemente revisa *issues*, riscos e qualidade, e, portanto, atualiza seus respectivos registros.
- ❖ Relatórios de *issue* (inclui requisição de mudança) são utilizados para escalar *issues* ao Comitê Diretor do Projeto.
- ❖ Relatórios de exceção são usados para informar se o estágio está fora ou tende a sair da tolerância.
- ❖ O processo *Managing a Stage Boundary* começa perto do final do estágio atual.

16.6. Papéis e responsabilidades

Tabela 16.1. Papéis e responsabilidades do processo CS. Fonte: adaptado do material PRINCE2® da AXELOS. Reproduzido sob licença da AXELOS.

Papel	Responsabilidades
Comitê Diretor do Projeto	• Dar conselhos ao gerente de projetos
Garantia do projeto	• Dar conselhos ao gerente de projetos
Gerente de projetos	• Todas as atividades do dia a dia são realizadas pelo gerente de projetos • Criar ou atualizar todos os documentos de gerenciamento do processo **CS**
Gerente da equipe especialista	• Enviar relatórios de ponto de controle (processo **MP**) • Observação: o processo CS recebe esse relatório, que é criado no MP, para o controle do estágio.

16.7. Como os temas são aplicados ao processo CS (NR)

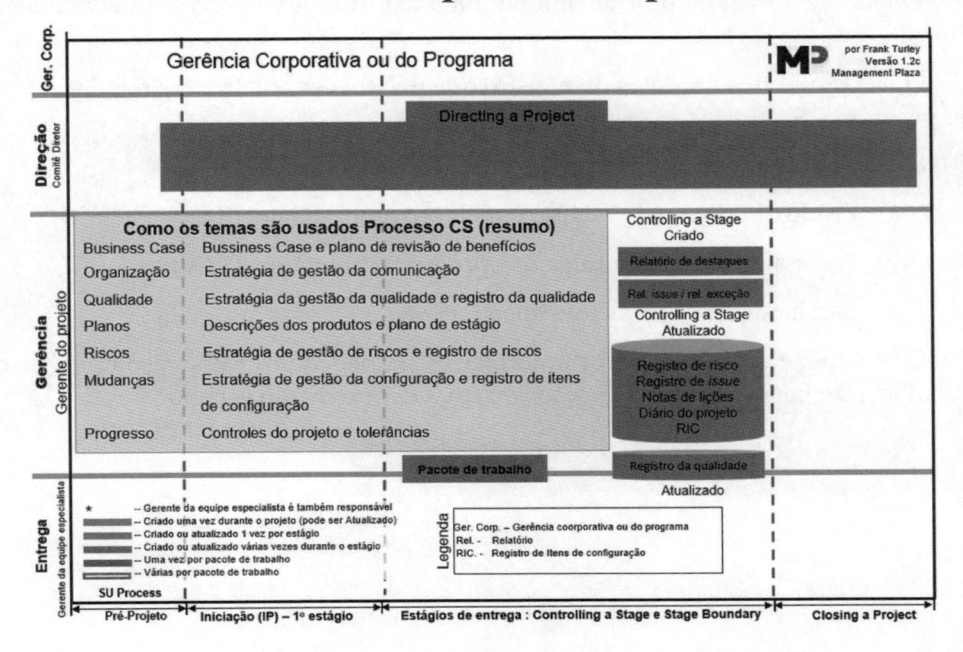

Figura 16.3. Os temas aplicados no processo CS. Fonte: adaptado do material PRINCE2® da AXELOS. Reproduzido sob licença da AXELOS.

16.8. O que você precisa saber para o exame *Foundation*

Você precisa:

- ❖ Conhecer o propósito do processo CS.
- ❖ Conhecer os objetivos do processo CS.
- ❖ Ter uma compreensão do que acontece no processo CS em relação ao restante do projeto.

16.9. Perguntas

Q1. Quais são os propósitos do processo *Controlling a Stage*?

 a) Tomar ações corretivas para controlar os desvios do plano de estágio. (S/N)

 b) Decidir sobre tolerâncias para a próximo estágio. (S/N)

 c) Relatório de progresso para o Comitê Diretor do Projeto. (S/N)

Q2. Quem faz a maioria do trabalho no dia a dia durante o processo *Controlling a Project*?

Q3. Quais são os três arquivos de registro que podem ser atualizados regularmente no processo **CS**?

Q4. Quais são os objetivos do processo *Controlling a Stage*?

 a) Produzir o plano de estágio para a próximo estágio. (S/N)

 b) Focar a atenção na entrega dos produtos no estágio. (S/N)

 c) Escalar as ameaças às tolerâncias. (S/N)

Q5. Que papel é responsável por autorizar os pacotes de trabalho, acompanhar o trabalho a ser concluído e tomar ação corretiva dentro de um estágio?

16.10. Perguntas e respostas

Q1. Quais são os propósitos do processo *Controlling a Stage*?

   a) Tomar ações corretivas para controlar os desvios do plano de estágio. (S/N)

   b) Decidir sobre tolerâncias para a próximo estágio. (S/N)

   c) Relatório de progresso para o Comitê Diretor do Projeto. (S/N)

A1. Respostas:

   a) SIM

   b) NÃO

   c) SIM

REFERÊNCIA: ver item 16.2. Propósito e objetivos.

Q2. Quem faz a maioria do trabalho no dia a dia durante o processo *Controlling a Project*?

A2. O gerente de projetos.

REFERÊNCIA: ver item 16.3. Contexto.

Q3. Quais são os três arquivos de registro que podem ser atualizados regularmente no processo CS?

A3. O registro de risco, o registro de qualidade e o registro de *issue*.

REFERÊNCIA: ver item 16.5. Diagrama de entradas e saídas.

Q4. Quais são os objetivos do processo *Controlling a Stage*?
   a) Produzir o plano de estágio para o próximo estágio. (S/N)
   b) Focar a atenção na entrega dos produtos no estágio. (S/N)
   c) Escalada as ameaças às tolerâncias. (S/N)

A4. Respostas:
   a) NÃO
   b) SIM
   c) SIM

REFERÊNCIA: *ver item 16.2. Propósito e objetivos.*

Q5. Que papel é responsável para autorizar os pacotes de trabalho, acompanhar o trabalho a ser concluído e tomar ação corretiva dentro de um estágio?

A5. O gerente de projetos.

REFERÊNCIA: *ver item 16.4. Atividades.*

17. Managing Product Delivery

17.1. Introdução

Veja o que será abordado no processo *Managing Product Delivery* (**MP**). Você aprenderá:

- ❖ O propósito do processo **MP**.
- ❖ Os objetivos do processo **MP**.
- ❖ O contexto do processo **MP** em relação ao restante do projeto.
- ❖ As principais entradas e saídas do processo **MP**.

17.2. Propósito e objetivo

O processo *Managing Product Delivery* permite o gerenciamento e o controle do trabalho entre o gerente de projetos e o gerente da equipe especialista através da definição de certos requisitos formais sobre aceitação, execução e entrega de produtos.

O objetivo do processo *Managing Product Delivery* é assegurar que:

- ❖ Produtos atribuídos à equipe estejam autorizados e combinados.
- ❖ A equipe saiba o que precisa ser produzido, além de quais serão o esforço, o prazo e o custo requeridos.
- ❖ Os produtos planejados sejam entregues dentro das expectativas e dentro da tolerância.
- ❖ Informações precisas do progresso sejam fornecidas ao gerente de projetos pelo gerente da equipe especialista.

Veja o processo *Managing Product Delivery* sob o ponto de vista do gerente da equipe especialista da mesma forma que vê o processo *Controlling a Stage* sob a ótica do gerente de projetos. Como você pode ver na Figura 17.1, o processo *Managing Product Delivery* somente interage com o processo *Controlling a Stage*.

O gerente da equipe especialista faz os seguintes itens para garantir que os produtos contidos nos pacotes de trabalho sejam criados e entregues:

- ❖ Verifica e aceita os pacotes de trabalho do gerente de projetos.
- ❖ Cria um plano de equipe especialista para mostrar como esses produtos serão desenvolvidos (não obrigatório e pode ter apenas um formato de cronograma).
- ❖ Recebe e/ou cria os produtos do projeto.
- ❖ Demonstra que os produtos cumprem os critérios de qualidade.

> **DICA:** use a reunião de revisão da qualidade.

- ❖ Obtém aprovação para cada produto.
- ❖ Entrega os pacotes de trabalho concluídos ao gerente de projetos.

17.3. Atividades

Existem apenas três atividades no processo *Managing Product Delivery*:

- ❖ **Aceitar um pacote de trabalho:** o gerente da equipe especialista aceita o pacote de trabalho do gerente de projetos e cria o plano de equipe especialista para gerenciar o desenvolvimento dos produtos.
- ❖ **Executar um pacote de trabalho:** a equipe desenvolve os produtos, solicita os controles de qualidade, obtém aprovação e reporta ao gerente de projetos usando o relatório de ponto de controle.
- ❖ **Entregar um pacote de trabalho:** trata-se de apresentar prova de que os produtos estão completos. O registro da qualidade deve estar atualizado, as aprovações devem ser obtidas, os produtos entregues conforme descrito no documento de gerenciamento da configuração (e descrição de produto), e o gerente de projetos precisa ser notificado.

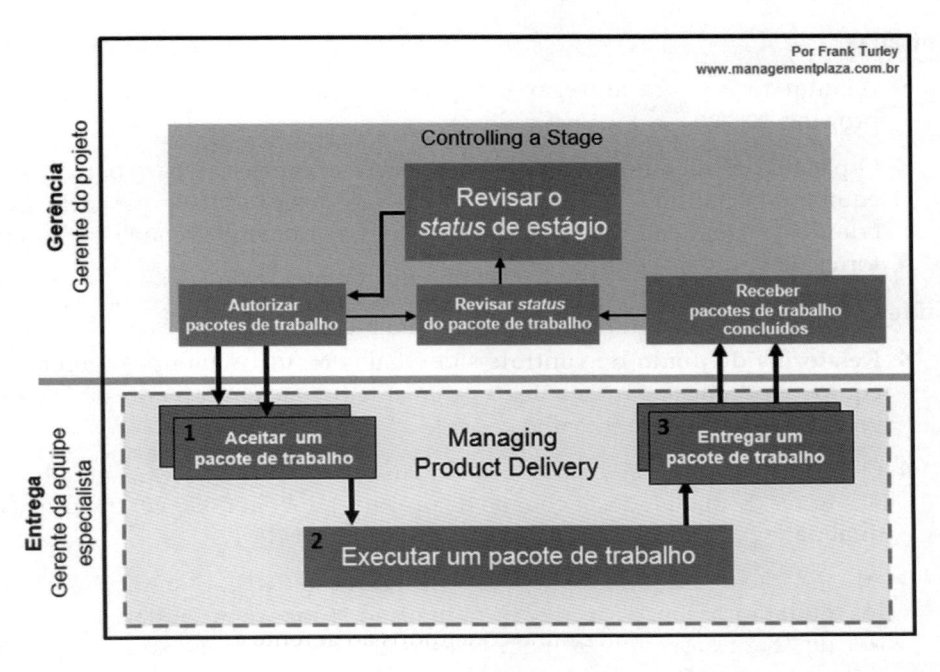

Figura 17.1. Visão geral do processo Managing Product Delivery. Fonte: adaptado do material PRINCE2® da AXELOS. Reproduzido sob licença da AXELOS.

17.4. Diagrama de entradas e saídas

O diagrama a seguir dá uma visão geral das principais entradas e saídas do processo **MP**.

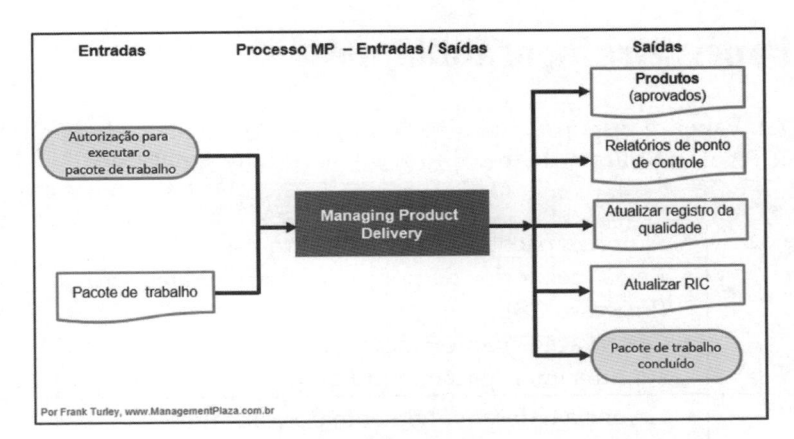

Figura 17.2. Diagrama de entradas e saídas do processo MP. Fonte: adaptado do material PRINCE2® da AXELOS. Reproduzido sob licença da AXELOS.

Entradas

- ❖ A **autorização para entregar um pacote de trabalho** vem do gerente de projetos.

- ❖ O **pacote de trabalho** contém as informações necessárias para o gerente da equipe especialista (por exemplo: descrições dos produtos, que incluem os critérios de qualidade, tolerâncias, descrição do trabalho, frequência dos relatórios de ponto de controle, etc.).

Saídas

- ❖ **Relatórios de ponto de controle** são criados regularmente pelo gerente da equipe especialista para manter o gerente de projetos informado sobre o progresso dos pacotes de trabalho.

- ❖ O **registro de qualidade** é atualizado quando produtos passaram ou falharam nos testes de qualidade. O gerente de projetos também pode ver o registro da qualidade para verificar o progresso do processo **MP**.

- ❖ Atualização do **registro de itens de configuração (RIC)**. O status dos produtos mudarão; assim, o RIC deve ser atualizado (por exemplo: status pode mudar de "Para desenvolver" para "Desenvolvido" e depois para "Qualidade testada", etc.).

- ❖ Os **produtos aprovados** foram criados e serão entregues conforme descrito no documento da estratégia de gerenciamento de configuração.

- ❖ **Pacote de trabalho concluído** é a notificação enviada pelo gerente da equipe especialista ao gerente de projetos para informá-lo de que o pacote de trabalho está completo.

17.5. Papéis e responsabilidades

Tabela 17.1. Papéis e responsabilidades do processo MP. Fonte: adaptado do material PRINCE2® da AXELOS. Reproduzido sob licença da AXELOS.

Papel	Responsabilidades
Gerente de projetos	• Autoriza pacotes de trabalho (Processo **CS**). • Revisa relatórios de ponto de controle e registro da qualidade (Processo **CS**). • Observação: a autorização e a revisão ocorrem no **CS**, que possui uma interligação muito grande com o processo **MP**.
Gerente da equipe especialista	• Gerencia o desenvolvimento dos produtos. • Envia relatórios de ponto de controle.

17.6. Como os temas são aplicados ao processo MP (NR)

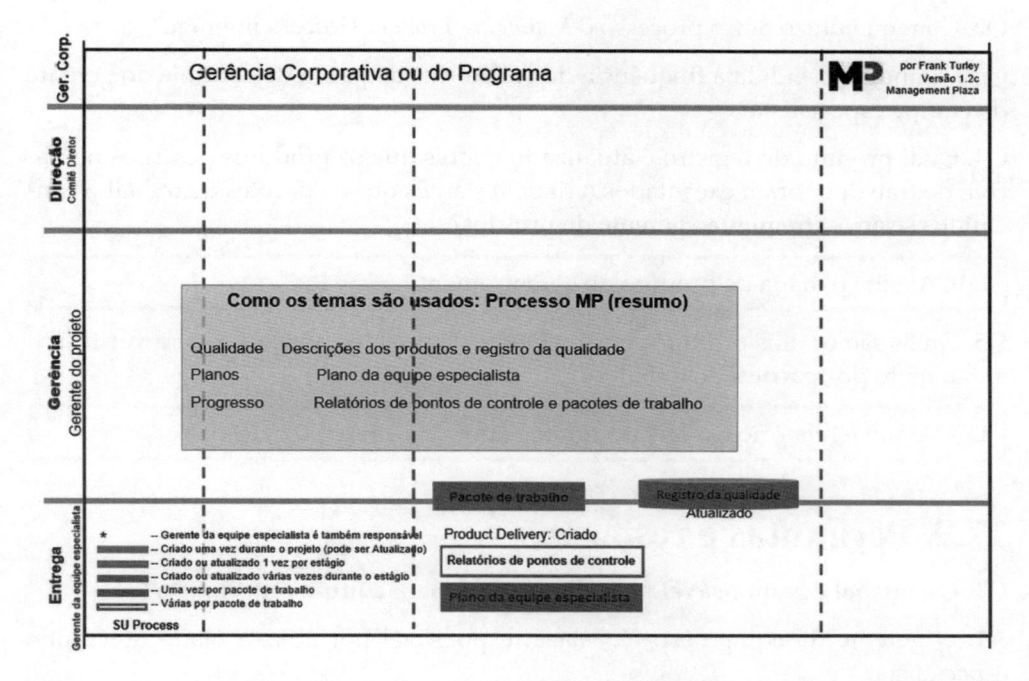

Figura 17.3. Os temas aplicados ao processo MP. Fonte: adaptado do material PRINCE2® da AXELOS. Reproduzido sob licença da AXELOS.

17.7. O que você precisa saber para o exame *Foundation*

Você precisa:

❖ Conhecer o propósito do processo **MP**.

❖ Conhecer os objetivos do processo **MP**.

❖ Ter uma compreensão do que acontece no processo **MP** em relação ao restante do projeto.

17.8. Perguntas

Q1. Que papel é responsável por criar os planos da equipe especialista?

Q2. Com que único outro processo o *Managing Product Delivery* interage?

Q3. Quando é decidida a frequência dos relatórios de ponto de controle do gerente da equipe especialista?

Q4. Qual produto de registro é atualizado depois que os produtos descritos no pacote de trabalho foram executados (criados) e antes que os pacotes de trabalho concluídos sejam entregues ao gerente de projetos?

> **DICA:** olhe o mapa de produto de gerenciamento.

Q5. Quais são os dois produtos que o gerente de projetos pode usar para verificar o andamento dos pacotes de trabalho?

> **DICA:** um é relatório e o outro é um registro.

17.9. Perguntas e respostas

Q1. Que papel é responsável por criar os planos da equipe especialista?

A1. O gerente da equipe especialista é responsável por criar o plano de equipe especialista.

> *REFERÊNCIA: ver item 17.2. Propósito e objetivos.*

Q2. Com que único outro processo o *Managing Product Delivery* interage?

A2. *Controlling a Stage*. O gerente da equipe especialista aceita pacotes de trabalho do gerente de projetos e os retorna concluídos de volta para o processo **CS**.

> *REFERÊNCIA: ver item 17.2. Propósito e objetivos.*

Q3. Quando é decidida a frequência dos relatórios de ponto de controle do gerente da equipe especialista?

A3. A frequência é combinada quando o gerente de projetos está discutindo e repassando o pacote de trabalho para o gerente da equipe especialista.

> *REFERÊNCIA: ver item 17.4. Diagrama de entradas e saídas.*

Managing Product Delivery

Q4. Qual produto de registro é atualizado depois que os produtos descritos no pacote de trabalho foram executados (criados) e antes que os pacotes de trabalho concluídos sejam entregues ao gerente de projetos?

> **DICA:** olhe o mapa de produto de gerenciamento.

A4. O registro da qualidade. Todos os produtos devem passar pelos testes de qualidade antes de ser aceitos, e os resultados destes testes são adicionados no registro da qualidade.

> *REFERÊNCIA: ver item 17.4. Diagrama de entradas e saídas.*

Q5. Quais são os dois produtos que o gerente de projetos pode usar para verificar o andamento dos pacotes de trabalho?

> **DICA:** um é relatório e o outro é um registro.

A5. O gerente de projetos receberá relatórios de ponto de controle regularmente do gerente da equipe especialista. O gerente de projetos também pode verificar o registro da qualidade para ver se os testes de qualidade planejados foram realizados e acompanhar os resultados.

> *REFERÊNCIA: ver item 17.4. Diagrama de entradas e saídas.*

18. *Managing a Stage Boundary*

18.1. Introdução

Veja o que será abordado no processo *Managing a Stage Boundary* (**SB**). Você vai aprender:

- ❖ O propósito e os objetivos do processo **SB**.
- ❖ O contexto do processo **SB** em relação ao restante do projeto.
- ❖ As principais entradas e saídas do processo **SB**.

18.2. Propósito e objetivos

O propósito do processo *Managing a Stage Boundary* tem duas partes:

- ❖ O gerente de projetos deve fornecer ao Comitê Diretor do Projeto uma visão geral do desempenho do estágio atual, atualizar o plano do projeto, atualizar o *business case* e criar um plano para o próximo estágio.
- ❖ Essas informações permitirão que o Comitê Diretor do Projeto revise o estágio atual, aprove o próximo estágio, revise e atualize o plano do projeto e confirme a justificativa de negócio contínua.

Os objetivos do processo *Managing a Stage Boundary* são:

- ❖ Garantir ao Comitê Diretor do Projeto que todos os produtos no estágio atual foram produzidos e aprovados.

- Revisar e atualizar, se necessário, os documentos habituais, que são o documento de iniciação do projeto, o *business case*, o plano do projeto e o registro de riscos.
- Registrar quaisquer lições nas notas de lições, para que possam ajudar em estágios posteriores ou em projetos no futuro.
- Preparar o plano para o próximo estágio e solicitar autorização para iniciá-lo.

Lembre-se de que o processo *Managing a Stage Boundary* começa perto do fim do estágio atual e antes do próximo estágio. Se houver previsão de o estágio atual sair da tolerância, então o gerente de projetos criará um plano de exceção em vez de um plano de estágio e solicitará a conclusão do estágio atual em vez de seguir para o próximo.

18.3. Contexto

Novamente, é importante olhar para o diagrama de modelo de processo para ver a relação entre o processo *Managing a Stage Boundary* e outros processos, principalmente *Controlling a Stage* e o *Directing a Project*. O processo *Managing a Stage Boundary* fornece as informações para o Comitê Diretor do Projeto avaliar o projeto em pontos estratégicos, para que eles possam decidir parar ou continuar o próximo estágio e verificar como o projeto está evoluindo em relação ao plano original.

Lembre-se: o Comitê Diretor do Projeto controla o projeto, e o processo *Managing a Stage Boundary* lhe fornece as informações necessárias para tal. Portanto, saiba o que o Comitê Diretor do Projeto considera e avalia:

- Avalia continuamente a justificativa de negócio.
- Confirma que o estágio entregou todos os seus produtos e benefícios planejados.
- Considera e avalia o plano para o estágio subsequente.
- Considera se o projeto deve continuar ou ser encerrado prematuramente.

É importante lembrar que a decisão de encerrar o projeto não deve ser vista como um fracasso. É a coisa certa a fazer se o projeto se tornar muito caro, arriscado, injustificável, etc.

18.4. Atividades

Existem cinco atividades dentro do *Managing a Stage Boundary*:

1. **Planejar o próximo estágio:** cria o próximo plano de estágio e usa planejamento baseado no produto. O gerente da equipe especialista e demais membros devem ajudar com descrições dos produtos, estimativa, etc.

2. **Atualizar o plano do projeto:** confirmar o que foi feito (dados reais) e projetar o próximo estágio.

3. **Atualizar o *business case*:** o *business case* deve ser atualizado com os custos mais recentes do último estágio, além da previsão atualizada para o próximo estágio. Ele será usado pelo Comitê Diretor do Projeto.

4. **Relatar o final do estágio** ou

5. **Produzir um plano de exceção**.

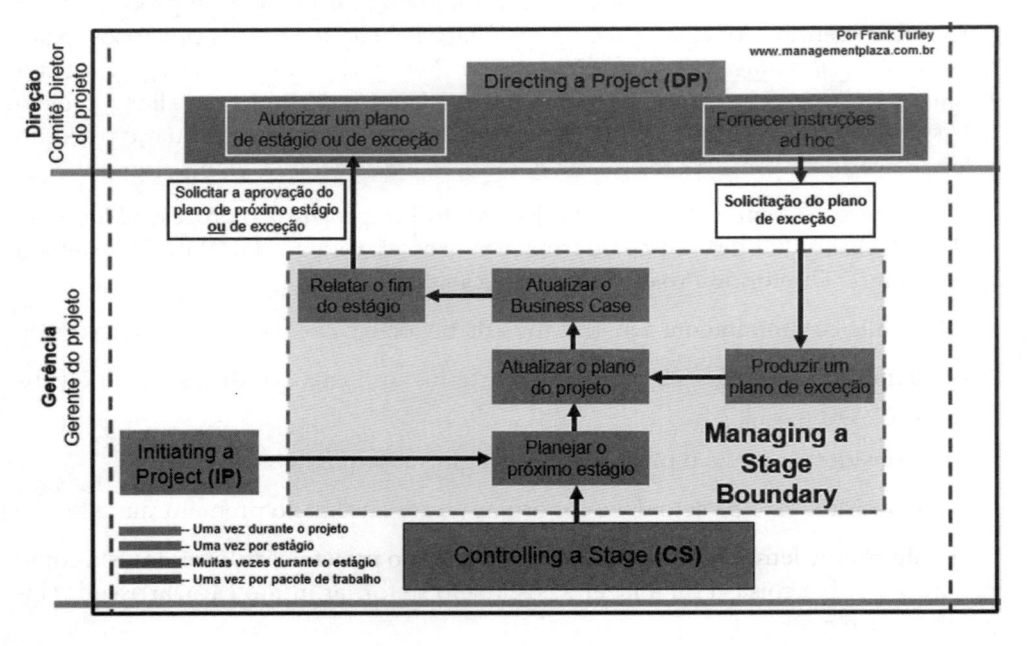

Figura 18.1. Visão geral do processo Managing a Stage Boundary. Fonte: adaptado do material PRINCE2® da AXELOS. Reproduzido sob licença da AXELOS.

18.5. Diagrama de entradas e saídas

Entradas:
- Aproximação do limite do estágio
- DIP
- Plano de estágio
- Três registros
- Notas de lições
- Plano de exceção
- Plano de revisão de benefícios

Processo – Entradas / Saídas: Managing a Stage Boundary

Saídas:
- Relatório de fim de estágio
- Atualizar três registros (*issue*, risco e qualidade)
- Plano do próximo estágio
- Plano de exceção
- Atualizar plano de revisão de benefícios
- Solicitar aprovação do plano de estágio ou de exceção

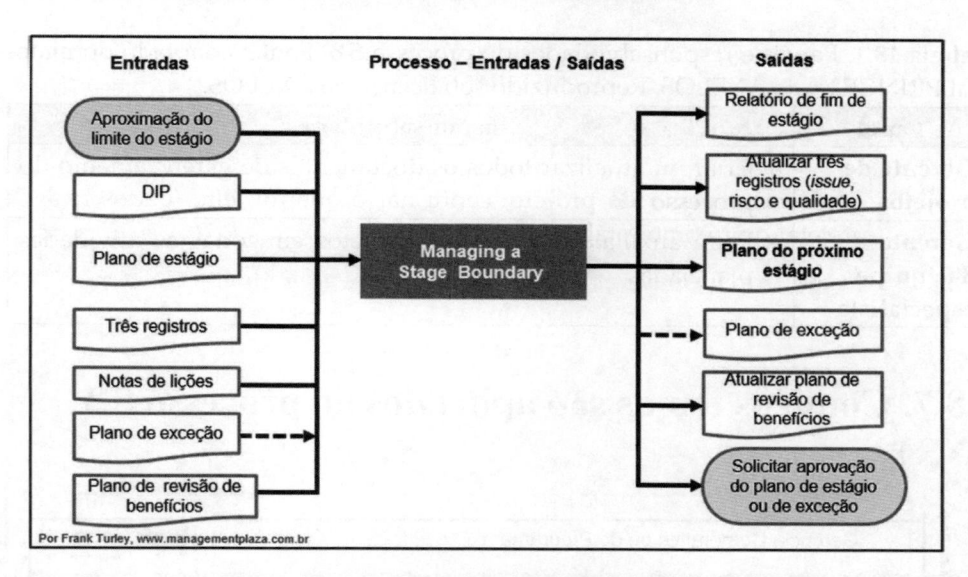

Por Frank Turley, www.managementplaza.com.br

Figura 18.2. Diagrama de entradas e saídas do SB. Fonte: adaptado do material PRINCE2® da AXELOS. Reproduzido sob licença da AXELOS.

Principais entradas

- ❖ **Plano de estágio:** o relatório de fim de estágio é criado a partir do plano atual.
- ❖ **Plano do projeto:** o próximo plano de estágio usará o plano de projeto (DIP).

Principais saídas

- ❖ O **plano de estágio** para o estágio subsequente, ou plano de exceção, é criado.
- ❖ O **relatório de final de estágio** dá uma visão geral de como o estágio foi realizado.

Plano de exceção: este plano requer informação do relatório de exceção.

> **RESULTADO:** solicitar aprovação ao Comitê Diretor do Projeto. A última coisa que o gerente de projetos irá fazer é enviar uma solicitação para o Comitê Diretor do Projeto, para seguir para o próximo estágio ou voltar e concluir o estágio atual através de um plano de exceção.

18.6. Papéis e responsabilidades

Tabela 18.1. Papéis e responsabilidades do processo **SB**. Fonte: adaptado do material PRINCE2® da AXELOS. Reproduzido sob licença da AXELOS.

Papel	Responsabilidades
Gerente de projetos	• Criar ou atualizar todos os documentos de gerenciamento do processo **SB**
Gerente da equipe especialista	• Pode auxiliar o gerente de projetos em todas as atividades planejadas

18.7. Como os temas são aplicados ao processo SB (NR)

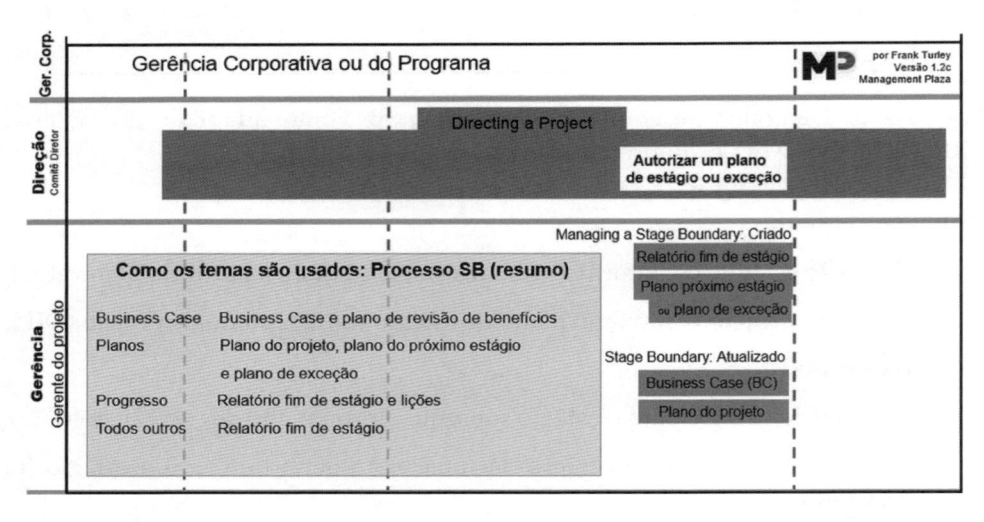

Figura 18.3. Os temas aplicados ao processo **SB**. Fonte: adaptado do material PRINCE2® da AXELOS. Reproduzido sob licença da AXELOS.

18.8. O que você precisa saber para o exame *Foundation*

Você precisa:

- ❖ Conhecer o propósito do processo SB.
- ❖ Conhecer os objetivos do processo SB.
- ❖ Ter uma compreensão do que acontece no processo SB em relação ao restante do projeto.

18.9. Perguntas

Q1. Qual produto (documento) é normalmente atualizado no processo *Managing a Stage Boundary*?

> **DICA:** o gerente de projetos também usa isso para rever a justificativa de negócios para o projeto.

Q2. Qual é um dos objetivos do processo *Managing a Stage Boundary*?

    a) Solicitar autorização para iniciar o próximo estágio. (S/N)

    b) Garantir que todos os riscos para o estágio atual tenham sido encerrados. (S/N)

Q3. Quando o processo **SB** deve começar? No final do estágio do gerenciamento ou somente após ele estar completo?

Q4. Quais produtos **não** são atualizados no processo **SB**?

    a) *Business case*.

    b) Plano do projeto.

    c) Relatório de destaques.

    d) Plano da equipe especialista.

Q5. Se um plano de exceção for criado no processo **SB** (para completar o estágio atual), então que produto não será criado?

18.10. Perguntas e respostas

Q1. Qual produto (documento) é normalmente atualizado no processo *Managing a Stage Boundary*?

> **DICA:** o gerente de projetos também usa isso para rever a justificativa de negócios para o projeto.

A1. O *business case* pode ser atualizado para refletir as mudanças na estimativa original dos custos e prazos do próximo plano de estágio.

REFERÊNCIA: ver item 18.2. Propósito e objetivos.

Q2. Qual é um dos objetivos do processo *Managing a Stage Boundary*?

   a) Solicitar autorização para iniciar o próximo estágio. (S/N)

   b) Garantir que todos os riscos para o estágio atual tenham sido encerrados. (S/N)

A2. Respostas:

   a) SIM

   b) NÃO

REFERÊNCIA: ver item 18.2. Propósito e objetivos.

Q3. Quando o processo SB deve começar? No final do estágio do gerenciamento ou somente após ele estar completo?

A3. O processo **SB** deve ser executado perto do final do estágio do gerenciamento. O gerente de projetos vai começar criando o plano para o próximo estágio.

REFERÊNCIA: ver item 18.2. Propósito e objetivos.

Q4. Quais produtos não são atualizados no processo SB?

   a) *Business case.*

   b) **Plano do projeto.**

   c) **Relatório de destaques.**

   d) **Plano da equipe especialista.**

A4. O relatório de destaques (opção C) e o plano da equipe especialista (opção D) não são atualizados no processo SB.

REFERÊNCIA: ver item 18.5. Diagrama de entradas e saídas.

Q5. Se um plano de Exceção for criado no processo SB (para completar o estágio atual), então que produto não será criado?

A5. O plano para o próximo estágio não será criado. O gerente de projetos cria um plano de estágio ou um plano de exceção, mas não ambos no processo de **SB**.

REFERÊNCIA: ver item 18.5. Diagrama de entradas e saídas.

19. Closing a Project

19.1. Introdução

Veja o que será abordado no processo *Closing a Project* (**CP**). Você aprenderá:

- ❖ O propósito e os objetivos do processo CP.
- ❖ O contexto do processo CP em relação ao resto do projeto.
- ❖ As principais entradas e saídas do processo CP.

19.2. Propósito e objetivos

O propósito do processo *Closing a Project* é fornecer um ponto fixo para verificar se o projeto atingiu seus objetivos e se os produtos foram aceitos.

Os objetivos do processo *Closing a Project* são:

- ❖ Verificar a aceitação por parte dos usuários em relação aos produtos do projeto.
- ❖ Garantir que os produtos recebam suporte depois que o projeto for desmobilizado.
- ❖ Revisar o desempenho do projeto. Isso é feito comparando-se o projeto realizado com as respectivas linhas de base dos documentos.
- ❖ Avaliar os benefícios já realizados e o plano referente aos benefícios que serão atingidos depois do projeto concluído.
- ❖ Endereçar *issues* abertas e riscos, juntamente com ações recomendadas.

Todas as informações são passadas ao Comitê Diretor do Projeto, pois é este que oficialmente encerra o projeto; o gerente de projetos apenas prepara o projeto para o encerramento. Como você pode imaginar, o gerente de projetos faz todas as atividades no processo *Closing a Project*.

19.3. Contexto

Projetos podem ser finalizados naturalmente, quando todo o trabalho foi concluído, ou pode ocorrer um encerramento prematuro solicitado pelo Comitê Diretor do Projeto.

Se você olhar para o diagrama de modelo de processo, você verá que *Closing a Project* é o último processo para o gerente de projetos trabalhar. É bom lembrar que *Closing a Project* é a última parte do último estágio do projeto.

O projeto deve ter um fim claro, com a entrega correta de informações e responsabilidades. Um final claro para o projeto significa o seguinte:

- ❖ Verificar se foram cumpridos os objetivos iniciais.
- ❖ Transferir a propriedade dos produtos ao cliente.
- ❖ Identificar todos os objetivos não alcançados, para que eles possam ser abordados no futuro.
- ❖ Dissolver a equipe do projeto e certificar-se de que não haverá mais custos para o projeto.

O gerente de projetos prepara o encerramento do projeto e fornece as informações necessárias para o Comitê Diretor do Projeto que então toma a decisão de encerrar o projeto. Na verdade, isso é chamado de "autorizar encerramento do projeto".

19.4. Atividades

Há cinco atividades no processo *Closing a Project* para o gerente de projetos:

1. **Preparar um encerramento planejado:** confirmação da conclusão e aceitação de produtos.
2. **Preparar o encerramento prematuro (opcional):** no lugar de "preparar encerramento planejado", caso solicitado pelo Comitê Diretor do Projeto.
3. **Passar produtos para a operação:** entregar os produtos aos clientes, conforme descrito no documento de estratégia de gerenciamento de configuração.

4. **Avaliar o projeto:** comparar os objetivos do projeto com os dados efetivos e redigir o relatório final do projeto.
5. **Recomendar o encerramento do projeto:** enviar uma notificação ao Comitê Diretor do Projeto solicitando o encerramento do projeto.

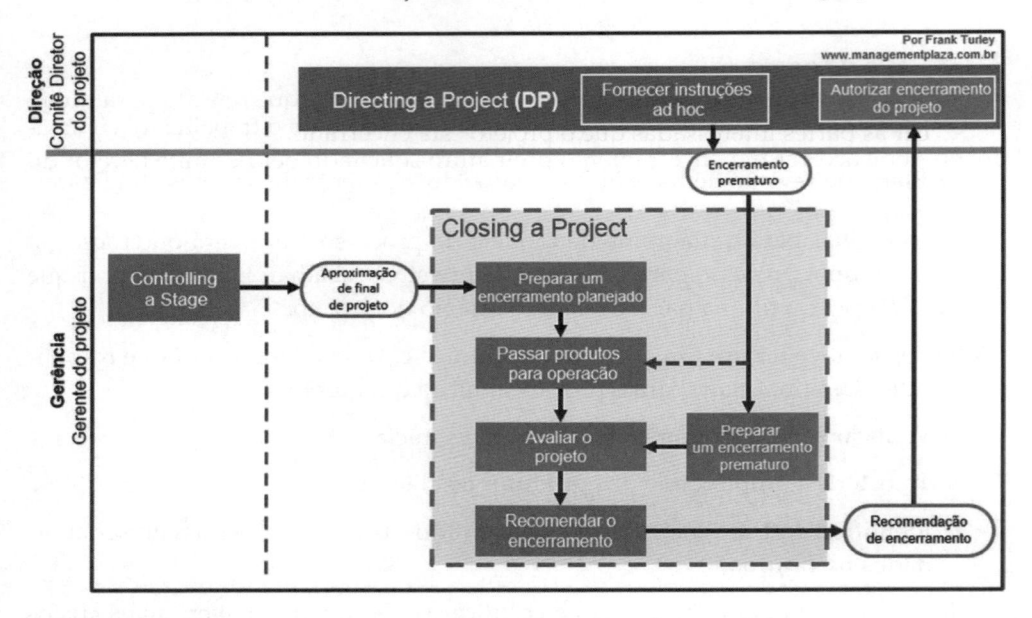

Figura 19.1. Visão geral do processo Closing a Project. Fonte: adaptado do material PRINCE2® da AXELOS. Reproduzido sob licença da AXELOS.

19.5. Diagrama de entradas e saídas

Entradas

- ❖ Como você pode ver, existem dois gatilhos para o processo CP: um encerramento natural no final do projeto e um encerramento prematuro, que vem do Comitê Diretor do Projeto.
- ❖ Os principais documentos do projeto são utilizados (veja o diagrama mais adiante), já que o gerente de projetos precisa criar um relatório de final de projeto e preparar o encerramento do projeto.

Saídas

- ❖ **Relatório de lições:** as informações virão das notas de lições. Essas lições serão valiosas para projetos futuros e são passadas ao Comitê Diretor do Projeto.

❖ **Recomendação de ações subsequentes:** elas são transmitidas às pessoas que darão suporte aos produtos. As informações virão do registro de *issue* (preocupações, requisições, etc.).

❖ **Atualizar RIC (registros de itens de configuração):** certificar-se de que todos os documentos de produtos no RIC estão atualizados.

❖ **Rascunho de notificação de encerramento do projeto:** isso é preparado pelo gerente de projetos para o Comitê Diretor do Projeto, que o usará para notificar as partes interessadas que o projeto está encerrado.

❖ **Plano de revisão de benefícios atualizado:** o gerente de projetos atualizará o plano de revisão referente aos benefícios que devem ocorrer depois que o projeto for encerrado. A gerência corporativa ou do programa irá acompanhar essa revisão de benefícios.

❖ **Relatório final de projeto:** este é um relatório sobre o desempenho do projeto. O gerente de projetos usará o plano do projeto, o *business case* e muitas outras informações da linha de base do DIP para criar este relatório.

RESULTADO: recomendar o encerramento do projeto. Finalmente, o gerente de projetos solicitará o encerramento ao Comitê Diretor do Projeto.

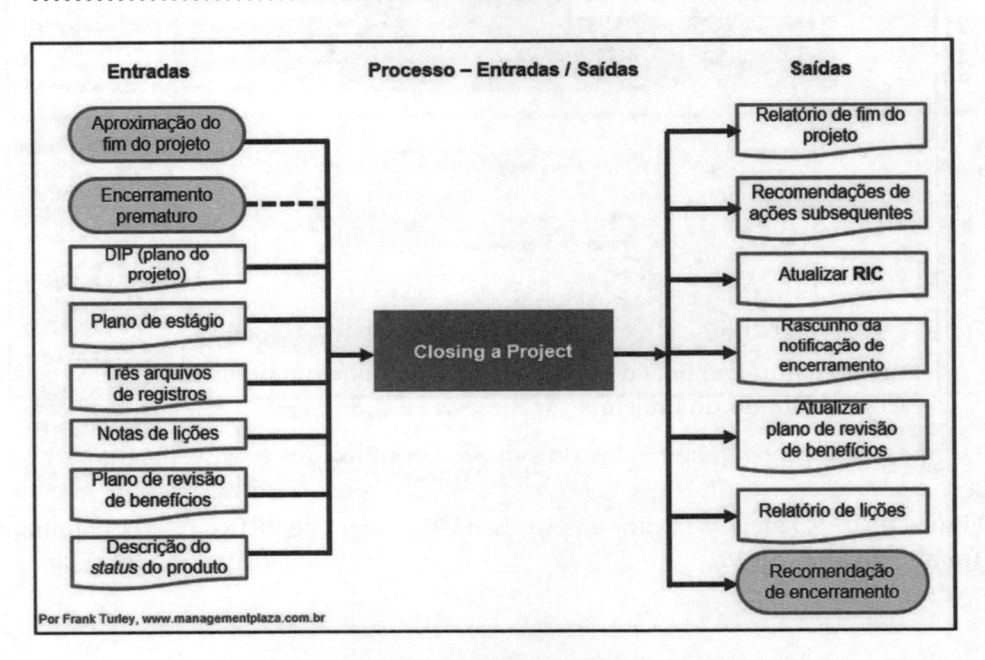

Figura 19.2. Diagrama de entradas e saídas do CP. Fonte: adaptado do material PRINCE2® da AXELOS. Reproduzido sob licença da AXELOS.

19.6. Papéis e responsabilidades

Tabela 19.1. Papéis e responsabilidades do processo CP. Fonte: adaptado do material PRINCE2® da AXELOS. Reproduzido sob licença da AXELOS.

Papel	Responsabilidades
Gerente de projetos	• Criar ou atualizar todos os documentos de gerenciamento relacionados ao encerramento. • Relatório final de projeto, relatório de lições, plano de revisão de benefícios, etc.
Suporte do projeto	• Auxiliar o gerente de projetos (documentos RIC, todos os registros, etc.).

19.7. Como os temas são aplicados ao processo CP (NR)

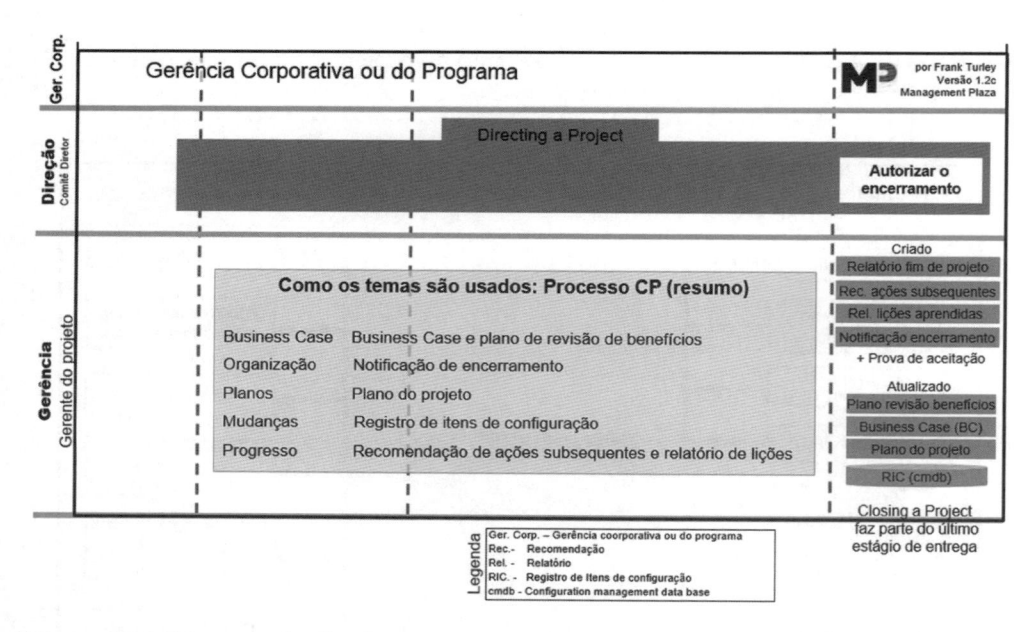

Figura 19.3. Os temas aplicados ao processo CP. Fonte: The PRINCE2® Foundation Training Manual (2010).

19.8. O que você precisa saber para o exame *Foundation*

Você precisa:

- ❖ Conhecer o propósito do processo CP.
- ❖ Conhecer os objetivos do processo CP.
- ❖ Ter uma compreensão do que acontece no processo CP em relação ao restante do projeto.

19.9. Perguntas

Q1. Como o documento de iniciação do projeto (DIP) é usado durante o processo **CP**?

Q2. Em qual processo se confirma que os objetivos do projeto foram alcançados?

Q3. As atividades para o processo **CP** são normalmente definidas em separado do plano de estágio ou em um plano para o último estágio de gerenciamento?

Q4. Qual é o objetivo do processo *Closing a Project*?

    a) Verificar se os produtos do projeto foram aceitos pelos usuários. (S/N)

    b) Preparar-se para o estágio de encerramento do projeto. (S/N)

    c) Garantir que os produtos tenham suporte após o projeto ser dissolvido. (S/N)

Q5. Qual é o propósito do processo **CP**?

    a) Fornecer um ponto fixo para verificar se o projeto atingiu seus objetivos. (S/N)

    b) Preparar um plano para o próximo projeto lidar com novas exigências. (S/N)

    c) Fornecer um ponto de correção, onde a aceitação do projeto é confirmada. (S/N)

    d) Identificar quem executará as atividades para encerrar o projeto. (S/N)

19.10. Perguntas e respostas

Q1. Como o documento de iniciação do projeto (DIP) é usado durante o processo CP?

A1. Ele é usado como uma base para comparar o objetivo original do projeto com o que foi realmente alcançado. O gerente de projetos usará essas informações para criar o relatório final de projeto. Talvez as partes mais comuns do DIP que o gerente de projetos irá rever são a descrição do produto do projeto original, o plano do projeto e o *business case*.

REFERÊNCIA: ver item 19.5. Diagrama de entradas e saídas.

Q2. Em qual processo se confirma que os objetivos do projeto foram alcançados?

A2. Isso acontece durante o processo de **CP**.

REFERÊNCIA: ver item 19.3. Contexto.

Q3. As atividades para o processo CP são normalmente definidas em separado do plano de estágio ou em um plano para o último estágio de gerenciamento?

A3. As atividades do processo **CP** devem ser definidas no plano para o último estágio de gerenciamento. O processo **CP** é sempre a última parte do último estágio.

REFERÊNCIA: ver item 19.3. Contexto.

Q4. Qual é o objetivo do processo *Closing a Project*?
   a) Verificar se os produtos do projeto foram aceitos pelos usuários. (S/N)
   b) Preparar-se para o estágio de encerramento do projeto. (S/N)
   c) Garantir que os produtos tenham suporte após o projeto ser dissolvido. (S/N)

Q4. Respostas:
   a) SIM
   b) NÃO
   c) SIM

REFERÊNCIA: ver item 19.2. Propósito e objetivos.

Q5. Qual é o propósito do processo CP?

　　a) Fornecer um ponto fixo para verificar se o projeto atingiu seus objetivos. (S/N)

　　b) Preparar um plano para o próximo projeto lidar com novas exigências. (S/N)

　　c) Fornecer um ponto de correção, onde a aceitação do projeto é confirmada. (S/N)

　　d) Identificar quem executará as atividades para encerrar o projeto. (S/N)

A5. Respostas:

　　a) SIM

　　b) NÃO

　　c) SIM

　　d) NÃO

REFERÊNCIA: *ver item 19.2. Propósito e objetivos.*

20. Adequação do PRINCE2® ao Ambiente de Projeto (NR)

20.1. Introdução

Vejamos o que será abordado neste capítulo sobre adequação do PRINCE2®.

Para o exame *Foundation*, esse tópico não é requerido; você só precisará estar ciente de que existe a adequação do PRINCE2® a um projeto específico e entender por que é útil. É realmente trabalhado durante o curso *Practitioner* e, mesmo assim, não se dá muita atenção à adequação ao ambiente no curso do PRINCE2® *Practitioner* em sala de aula ou exame.

Veja o que você aprenderá sobre a adequação (customização/adaptação) do PRINCE2®:

- ❖ O que é a adequação do PRINCE2® e qual é a abordagem geral para adequação.
- ❖ Quais informações podem ser adaptadas no PRINCE2®.

Novamente, você não precisa saber muito sobre a adequação para o exame, mas é importante se você quiser se tornar um bom gerente de projetos PRINCE2®. Por agora, é bom estar ciente do que se entende por adequação, e temos feito o nosso melhor para simplificar este conceito e torná-lo mais fácil de entender. Não é tão fácil compreender este capítulo se você for novo em PRINCE2®, ou em gerenciamento de projetos.

20.2. O que é adequação?

A adequação refere-se ao uso apropriado do PRINCE2® em qualquer projeto. A adequação então responde a seguinte pergunta: qual é a quantidade correta de planejamento, controle, temas e processos para usar em um projeto específico?

A implementação foca na adoção do PRINCE2® em toda a organização, relacionando-se a normas, procedimentos, integração e assim por diante (como uma metodologia a ser utilizada por toda a empresa). A adequação é feita pelo gerente de projetos para adaptar o método a cada projeto.

20.3. Abordagem geral da adequação

Muitas pessoas pensam que elas não precisam de um método de gerenciamento, pois seus projetos são demasiadamente pequenos ou há muita sobrecarga de trabalho ao usar um método. Elas não percebem que podem, ou melhor, devem adaptar a metodologia de gerenciamento para se adequar ao seu projeto específico e assim não aumentar a complexidade em seu projeto apenas para adequá-lo ao PRINCE2®.

O exemplo que damos é o programa de TV "O Aprendiz", onde a cada semana há um novo projeto de dois dias. Duas equipes competem entre si e ambas têm um gerente de projetos. Ao assistir o programa, você percebe que a maioria dos erros comuns é repetida pelos gerentes do projeto, e que um método de gerenciamento ajudaria muito. Além disso, a sobrecarga administrativa não precisa ser mais do que duas ou três páginas de texto, o que é muito pouco.

A primeira impressão das pessoas é que adequação é escolher pedaços do método do PRINCE2® e usá-los para gerenciar um projeto; no entanto, esses pequenos pedaços ficam isolados e já não é mais um projeto PRINCE2®. O objetivo é aplicar um nível de gerenciamento de projetos que não sobrecarregue o projeto, mas que forneça um nível adequado de controle.

Nenhuma adequação

Se o método não é adaptado para um projeto, então o projeto não está sendo executado com eficiência. Isso também é conhecido como gerenciamento de projetos **robotizado**, onde o método é seguido cegamente (o que será prejudicial para o gestor, para a equipe e para a empresa).

Adequação é pensar na melhor forma de aplicar o método para um projeto de forma a obter um bom equilíbrio entre controle do projeto *versus* carga administrativa. Alguns pontos a considerar:

- ❖ Como adaptar os temas?

- Qual linguagem e termos devem ser incorporados?

- Existe necessidade de rever as descrições para os produtos de administração (conhecidos como "produtos de gerenciamento") de forma que faça mais sentido para as partes interessadas?

- Existe necessidade de rever as descrições para os papéis de um projeto PRINCE2® (por exemplo: para corresponder aos padrões existentes)?

20.4. O que mudar ao efetuar adequação?

Veja a seguir uma lista de todas as principais partes do PRINCE2®. Vejamos, em cada item, o que mudar quando efetuar adequação do PRINCE2® para atender ao projeto atual:

- **Princípios: não adaptar.** Isso é fácil. Todos os sete princípios devem estar presentes em cada projeto. Não há nada a mudar ou adaptar aqui.

- **Temas: adaptar.** Os diversos temas incluem qualidade, risco, gerenciamento de configuração e comunicação. Os quatro temas mencionados aqui possuem documentos de estratégia que são adaptáveis de acordo com as necessidades do projeto no estágio de iniciação.

- **Termos e linguagem: adaptar à linguagem organizacional.** Cada organização pode ter sua linguagem específica para os negócios. Por exemplo, algumas empresas se referem a um sumário do projeto como um *project chart*, ou o *business case* como caso de projeto ou plano de negócios. Pode ser uma boa ideia usar esses termos durante o projeto em vez dos termos do PRINCE2®.

- **Produtos de gerenciamento: adaptar às necessidades e características organizacionais.** O PRINCE2® fornece os produtos de gerenciamento para ajudar na execução do projeto. Estes podem ser adaptados para incorporar a forma como uma empresa deseja trabalhar (ou já trabalha). Por exemplo, um projeto pode precisar de um *template* diferente de registro de item de configuração, pois ele lida com diferentes tipos de produtos.

- **Papéis: adaptar conforme a operação da organização.** O PRINCE2® fornece descrições de papéis padrão no apêndice C do manual oficial, mas estes devem ser adaptados para cada projeto. Por exemplo, uma empresa pode não usar uma área de suporte do projeto, então o gerente de projetos terá que encontrar outra pessoa para fazer o gerenciamento de configuração. Outra empresa pode ter um *Project Management Office* (PMO) e uma pessoa responsável para um plano de revisão de benefícios; portanto, a responsabilidade deve ser alterada.

❖ **Processos: adaptar conforme a necessidade de cada projeto.** Todos os processos devem ser adaptados, pois podem ser diferentes para cada projeto. Por exemplo, um escritório de gerenciamento de projetos pode querer iniciar um projeto, mas, em vez de começar com uma proposição de projeto, já é capaz de fornecer o sumário do projeto com um *business case* preliminar. Um outro projeto pode ser apenas a criação de um estudo de viabilidade. O resultado desse projeto pode conter vários dos produtos de gerenciamento que serão feitos nos dois primeiros processos.

20.5. Nível de experiência para fazer a adequação

Se você é novo em PRINCE2® e gerenciamento de projetos, então o assunto da adequação pode ser difícil de entender no início. Basta perceber que a adequação acontece. Ela se tornará mais fácil de compreender conforme você obtiver mais experiência com o PRINCE2®.

Se você já teve a oportunidade de trabalhar em um projeto, então um bom começo seria perguntar o que o gerente de projetos faria diferente se eles tivessem de fazer o mesmo projeto novamente.

É muito mais fácil adaptar projetos se você possuir uma boa experiência no campo do gerenciamento de projetos e no PRINCE2®.

Glossário

Baseado no glossário do livro: "Gerenciando Projetos de Sucesso com PRINCE2®™" (AXELOS, publicado pela TSO Publisher).

> **NOTA:** o objetivo deste glossário é fornecer uma explicação simples para os termos mais populares do PRINCE2® e, quando necessário, dar exemplos para auxiliar na explicação. Para informações adicionais, você também poderá efetuar consultas ao glossário oficial do PRINCE2®.

Business case. Documento que explica as razões para o projeto, em termos de custos, riscos e benefícios. Descreve em detalhes por que o projeto deve ser feito e por que se deseja determinado resultado ao final. Durante a vigência do projeto, sempre que aparece um risco, as probabilidades devem ser ponderadas em relação ao *business case*, de modo a verificar se os benefícios continuam a existir (com o mesmo grau de importância) dentro do prazo esperado e das restrições de custo. Exemplo 1: se uma empresa está executando um projeto para desenvolver e implementar um novo aplicativo de CRM, o *business case* deve incluir melhorias na eficiência da gestão dos clientes, de modo que mais clientes possam ser atendidos dentro de determinado período de tempo. Exemplo 2: durante o projeto, um novo requisito importante foi acrescentado. Uma nova funcionalidade será adicionada para permitir que os usuários vejam se os itens que eles desejam encomendar existem em estoque. Porém, esta conexão com o aplicativo de estoque custará € 30.000,00 adicionais. Assim, o *business case* deverá ser atualizado para refletir o aumento no custo e verificar se ainda vale a pena realizar o projeto.

Ciclo de vida do projeto. Período de tempo entre o início do projeto e a aceitação do produto ou o encerramento do projeto. Portanto, a manutenção e o suporte de

Glossário 291

acompanhamento não fazem parte do ciclo de vida do projeto, pois acontecem após o encerramento do projeto.

Cliente. O cliente deverá especificar os resultados desejados do projeto e será o proprietário do produto final do projeto, além de ser o representante de quem usará o produto final e provavelmente quem pagará pelo projeto. Lembre-se de que o PRINCE2® se baseia em um ambiente cliente/fornecedor, e ambos serão representados no Comitê Diretor do Projeto. O termo "cliente" também pode fazer referência aos interesses do usuário e do negócio.

Critério de aceitação. Lista de critérios a que a saída/entrega final do projeto deve atender para aceitação do cliente. Basta imaginar uma lista de critérios dispostos em ordem de importância em uma planilha. Cada entrada deve ser discutida e confirmada pelo cliente e pelo fornecedor. Ao longo do projeto, os critérios de aceitação podem ser refinados e mudados. Todavia, somente ao final, quando todos os critérios forem cumpridos e validados, o projeto poderá ser encerrado.

Descrição de produtos. Informação sobre a finalidade, a composição, a derivação e os critérios de qualidade do produto. Um produto é definido tão logo se identifique sua necessidade. Os produtos técnicos e também os produtos de gerenciamento deverão receber as respectivas descrições. Exemplo: uma descrição de produto para o disco rígido de um laptop. Pense em termos gerais como: características, especificações, requisitos de qualidade (e como isso será testado) e uma lista de peças.

Diagrama de fluxo de produtos. Diagrama que mostra a ordem de produção e os pré-requisitos para cada produto definido na estrutura analítica do produto. Exemplo 1: imagine que você está construindo um novo protótipo de laptop. O diagrama de fluxo do produto pode indicar que você comece com o revestimento de fundo e, em seguida, adicione os revestimentos de metal, a placa-mãe e o restante das peças em sequência, até que o laptop seja montado. Exemplo 2: pense em um diagrama de instruções que acompanha uma peça de mobiliário. Esta é também uma sequência de etapas para se criar um produto final.

Documento de iniciação do projeto (DIP). Conjunto de documentos com informações essenciais para iniciar o projeto, ou seja, aqueles documentos que foram criados durante o estágio de iniciação, descrevendo em detalhes como o projeto será feito. Inclui o plano do projeto, o *business case*, os quatro documentos de estratégia, o registro de riscos e a estrutura da equipe, dentre outros. O Comitê Diretor do Projeto analisa o documento de iniciação do projeto (junto com plano de revisão de benefícios e notas de lições) a fim de autorizar o início do projeto. Este documento também é usado para comunicar o projeto a seus *stakeholders*. Os documentos que compõem o DIP estão sujeitos a alterações durante o projeto. Após cada alteração, cada documento recebe uma nova linha de base, registrada para comparação futura. Uma boa maneira de pensar sobre o conteúdo de um DIP é refletir sobre os temas.

Equipe de gerenciamento do projeto. Define a estrutura de gestão total do projeto de cima para baixo, ou seja, a partir do Comitê Diretor do Projeto, passando pelo gerente de projetos até o gerente da equipe especialista e pessoal de apoio. Trata-se de estrutura temporária, estabelecida exclusivamente para gerenciar o projeto até sua conclusão bem-sucedida. A equipe é dissolvida ao final do projeto.

Estágio de gerenciamento. Uma parte do projeto que o gerente de projetos analisa num dado momento como representante do Comitê Diretor do Projeto; ao fim deste estágio, o Comitê Diretor do Projeto analisará o progresso, até aquela data, do plano do projeto, o *business case*, os riscos e o próximo plano de estágio, a fim de decidir se quer continuar com o projeto.

Estágio técnico. Método de agrupamento de trabalho conjunto através de técnicas usadas ou produtos criados, resultando em estágios que abrangem elementos como *design*, construção e implementação. O **estágio técnico** é um conceito em separado dos estágios de gerenciamento.

Estratégia de gerenciamento da comunicação. Define o método e a frequência da troca de informações. Durante o *start-up* do projeto, o fluxo de comunicações e informações poderá ser maior. A estratégia de gerenciamento da comunicação propicia uma abordagem organizada para entregar relatórios em tempo hábil àqueles que precisam das informações para tomada de decisões e/ou outros fins. Exemplo: o documento poderá mostrar que ficou combinado que o gerente de projetos enviará um relatório de destaques de duas páginas, em determinado formato, ao Comitê Diretor do Projeto a cada duas semanas, nas manhãs de quinta-feira.

Estratégia de gerenciamento da qualidade. Este documento descreve como a gestão da qualidade será realizada no projeto, que inclui o planejamento e controle de qualidade. Ele é criado na fase de iniciação e se torna uma parte do documento de iniciação do projeto. A estratégia de gestão da qualidade contém as seguintes informações:

- ❖ Qualquer procedimento especial de gestão de qualidade a ser seguido.
- ❖ Todos os registros que serão verificados, incluindo ferramentas e técnicas.
- ❖ Como os relatos sobre o desempenho da qualidade irão ocorrer.
- ❖ Os papéis e as responsabilidades para as atividades de gerenciamento da qualidade.

Estrutura analítica de produto. Lista de classificação de todos os produtos definidos no plano, que é dividido em seus produtos principais, que por sua vez são ordenados em ordem de prioridade de acordo com suas interdependências. Exemplo: liste e associe em um diagrama todas as partes que compõem o laptop, como teclado, mouse, memória, placa-mãe, disco rígido e capa protetora. Teclado e mouse viriam indicados como "dispositivos de entrada" e itens como vídeo, tomada USB, adaptador de energia, rede e fones de ouvido como "adaptadores de conexão externa". O diagrama pode ser de cima para baixo ["top-down"] ou pode-se usar um mapa mental.

Executivo. Trata-se do presidente do Comitê Diretor do Projeto, a pessoa responsável pelo *business case* e por garantir que o projeto satisfaça suas metas e entregue os benefícios pretendidos. Ele assegura que o projeto seja executado no âmbito do *business case*. O executivo é quem detém a palavra final no Comitê Diretor do Projeto.

Fornecedor principal. Este é um papel do Comitê Diretor do Projeto que representa os interesses daqueles que construirão os produtos desejados. O fornecedor pode ser de um departamento interno à empresa ou de uma companhia externa. Suas principais preocupações durante todo o projeto são: "isso pode ser feito?" e "isso pode ser feito dentro do prazo, do custo e da qualidade acordados?".

Garantia do projeto. O Comitê Diretor do Projeto é responsável por monitorar o desempenho do projeto nas visões "usuário", "fornecedor" e "negócio". Para alcançar esse objetivo, o Comitê poderá decidir delegar suas funções de garantia para outra entidade, de modo a garantir que o projeto seja executado sem problemas. A melhor maneira de explicar a garantia do projeto é considerar por que precisamos dele. O gerente de projetos pode estar ocultando informações ou fornecendo informações incorretas ao Comitê Diretor do Projeto. Portanto, o Comitê Diretor do Projeto precisa de uma visão independente de como o projeto realmente está se desdobrando, de modo a verificar se de fato foram criados os produtos reportados como tal – e esta é a garantia do projeto.

Gerenciamento do projeto. Condução do projeto através de atividades de planejamento, delegação, monitoramento e controle de todas as partes do projeto, tendo em vista seus objetivos, através da criação de um plano do projeto e execução de acordo com esse plano. Inclui a gestão dos recursos humanos e materiais dentro dos limites de tempo, custo e qualidade.

Gerente de projetos. Pessoa designada pelo Comitê Diretor do Projeto para gerenciar o progresso diário do projeto, de modo a entregar o produto final dentro dos limites estabelecidos pelo Comitê Diretor do Projeto, ou seja, executar o projeto de acordo com o plano do projeto o mais eficientemente possível, buscando oportunidades para acelerar o projeto e reduzir custos.

Issue **[preocupação, consulta, sugestão, requisição de mudança, não conformidade, etc.].** Trata-se de qualquer evento relacionado ao projeto que já tenha acontecido e requeira a intervenção do gerente de projetos ou de um nível superior. Todos as *issues* que precisam ser tratadas formalmente serão primeiro examinadas e classificadas em uma de suas três categorias e, em seguida, cadastradas no registro de *issue*.

As três categorias são: 1) requisição de mudança; 2) não conformidade (algo que o fornecedor não foi capaz de fazer conforme planejado); 3) problema ou preocupação.

Linha de base. É uma referência fixa para versões subsequentes do mesmo produto. Exemplo 1: o plano do projeto é definido, acordado e assinado no início e será atualizado durante o projeto para mostrar o que foi realizado. O Comitê Diretor do Projeto pode comparar a linha de base do plano de projeto com o plano atual do projeto para acompanhar a evolução em relação às expectativas originais. Exemplo 2: uma lista de convidados para determinado evento foi aprovada. A linha de base foi definida e foi atribuído um número de versão, não podendo sofrer alteração. Se for necessário fazer mudanças na linha de base, uma nova versão da lista de convidados deverá ser criada, pois a versão da linha de base – e seu respectivo conteúdo – não podem ser modificados.

Lista de produtos. Listagem de todos os principais produtos a serem produzidos, juntamente com suas respectivas datas de entrega. Imagine uma planilha com uma série de colunas como: identificação do produto, título do produto, descrição do produto, data de aprovação, data do esboço pronto (planejada e efetiva), data de verificação da qualidade (planejada e efetiva), data de aprovação (planejada e efetiva). Esta lista é uma ótima maneira de observar como o projeto está progredindo. Alguns gerentes de projetos a usam como o seu principal documento para essa finalidade.

Pacote de trabalho. Os pacotes de trabalho são um modo do gerente de projetos (GP) agrupar atividades comuns e atribuir trabalhos a uma equipe ou gerente da equipe especialista (GE) para produzir um ou mais produtos. Um pacote de trabalho é, portanto, um conjunto de informações sobre um ou mais produtos necessários. Ele pode conter o seguinte: descrição do pacote de trabalho, descrições dos produtos, técnicas a serem utilizadas, tolerâncias, data de entrega entre GP e GE, como o GE vai informar ao GP sobre o progresso e informações da qualidade.

Planejamento baseado em produtos. É uma técnica PRINCE2® usada para criar um plano detalhado que foca nos produtos requeridos antes mesmo de pensar nas atividades. Há quatro etapas no Planejamento Baseado em Produtos:

- ❖ **Passo 1:** escrever a descrição dos produtos do projeto. Exemplo: visão geral do laptop; especificações e recursos (incluindo informações sobre a qualidade), etc.

- ❖ **Passo 2:** criar uma estrutura analítica do produto. Exemplo: informações do laptop, ordenadas num diagrama, de todas as partes que o compõem, como teclado, mouse, memória, placa-mãe, disco rígido, etc. Pode-se rotular teclado e mouse sob o título "dispositivos de entrada".

❖ **Passo 3:** escrever uma **descrição de produto** para cada parte citada na estrutura analítica do produto. Exemplo para "unidade de disco rígido": informações gerais, especificações, recursos, informações de qualidade, velocidade, capacidade, etc.

❖ **Passo 4:** criar um diagrama de fluxo do produto. Isso identifica a sequência em que o produto do projeto será criado. Exemplo: um protótipo do novo laptop. Você pode decidir começar com produtos que são fabricados pela empresa e adicionar os produtos que são terceirizados. O diagrama de fluxo deve representar a sequência de como o produto será criado.

Plano de equipe. Um plano de equipe é criado pelo gerente da equipe especialista para planejar a execução das atividades que são combinadas com o gerente de projetos. Os planos da equipe são opcionais. Essas atividades são agrupadas em pacotes de trabalho. Um plano de equipe pode servir para um ou mais pacotes de trabalho. O PRINCE2® não fornece um formato para um plano de equipe. O gerente da equipe especialista poderá se valer de listas simples de tarefas em Excel ou MS Project, ou ainda criar um plano que se pareça com um plano de estágio. É comum o gerente de projetos solicitar a revisão do plano de equipe para obter uma ideia melhor de como o trabalho será feito.

Plano de estágio. O plano de estágio é criado pelo gerente de projetos e possui uma estrutura semelhante à do plano do projeto, mas difere em duas maneiras:

❖ O plano do projeto é de altíssimo nível, enquanto o plano de estágio é muito mais detalhado, podendo, por exemplo, mostrar o que deve ser feito dia a dia.

❖ O plano do projeto lista todos os produtos que serão desenvolvidos durante o projeto, enquanto o plano de estágio se concentra apenas nos produtos criados durante determinado estágio.

Plano do projeto. Documento de controle para medir o progresso do projeto que mostra os produtos requeridos, datas de entrega e custos, bem como os objetivos de qualidade e como estes serão alcançados. Ele não é um gráfico de Gantt, mas contém as descrições de produtos, a estrutura analítica de produtos, as responsabilidades, como os estágios são utilizados, as lições, como o projeto vai ser controlado, as tolerâncias e informações de qualidade.

Proposição de projeto. Informações fornecidas pelo nível superior de gerenciamento, definindo o que se deseja do projeto. Trata-se de um documento externo ao projeto, utilizado como entrada para o processo *Starting up a Project*, podendo ser um e-mail, um memorando interno ou documento estruturado. A proposição de projeto pode conter algumas informações básicas sobre o *business case*, as tolerâncias, as razões para o projeto, quem deve ser o executivo e informações sobre riscos.

As informações contidas na proposição de projeto serão expandidas para o sumário do projeto no processo *Starting up a Project*.

Produto(s). Trata-se de qualquer entrada (*input*) ou saída (*output*) produzida durante o projeto. Os projetos PRINCE2® criam dois tipos: os <u>produtos dos especialistas</u> e os <u>produtos de gerenciamento</u>. A criação dos produtos dos especialistas é a razão pela qual o projeto foi iniciado, e estes são os produtos a serem entregues aos usuários. Os produtos de gerenciamento são documentos utilizados exclusivamente para fins de planejamento, controle e comunicação entre a equipe de gerenciamento do projeto e o Comitê. Exemplo: o plano do projeto e o *business case*. Os usuários só estão interessados nos produtos dos especialistas. Existem três tipos de produtos de gerenciamento: linhas de base, registros e relatórios.

Qualidade. Capacidade de um produto em satisfazer as propriedades desejadas conforme as expectativas, os requisitos e as especificações. Uma das primeiras perguntas a serem feitas quando da definição do projeto é a qualidade esperada. Exemplo: ao desenvolver um sistema de CRM, algumas considerações de qualidade seriam: qual deve ser o nível de facilidade de uso do produto? Que percentagem de seus recursos deve funcionar ao ser lançado (algo como 99%)? Qual é o tempo de espera para se realizar uma atividade específica como uma pesquisa? Documentar os requisitos de qualidade realmente ajuda a definir o produto e, portanto, o projeto.

Recomendações de ações subsequentes. Relatório criado pelo gerente de projetos ao final do projeto (ou no final de um estágio) e que reúne recomendações sobre como lidar com saídas incompletas, riscos existentes e *issues* em curso, os quais são extraídos do chamado registro de *issue*. Exemplos: trabalhos inacabados e possíveis atividades que devem ser executadas em relação a alguns produtos. Como se pode imaginar, isso pode ser muito importante para as pessoas que deverão assumir a manutenção dos produtos.

Relatório de destaques. Relatório sobre o progresso de um estágio, preparado regularmente pelo gerente de projetos para o Comitê Diretor do Projeto. A frequência deste relatório é indicada na estratégia de gerenciamento da comunicação. Exemplo: o gerente de projetos enviará a cada duas semanas, em determinado dia e em um formato específico, uma revisão geral de duas ou três páginas. O relatório pode confirmar que o estágio está sendo executado dentro de tolerâncias e nele o gerente de projetos também pode apontar eventuais problemas previsíveis.

Relatório final de projeto. Trata-se do relatório feito pelo gerente de projetos ao Comitê Diretor do Projeto, confirmando a entrega das saídas ao cliente e que fornece uma visão geral de quão bem – ou não tão bem – transcorreu o projeto, além de uma revisão dos benefícios realmente gerados em relação àqueles originalmente esperados e listados no *business case* (para o caso de benefícios esperados ao longo do projeto). Em suma, trata-se de uma revisão de como correu o projeto comparando-se ao plano do projeto. Este relatório também pode confirmar se os produtos foram aceitos pelo cliente.

Relatório final de estágio. Trata-se do relatório enviado pelo gerente de projetos ao Comitê Diretor do Projeto que fornece informações sobre o desempenho ao longo de cada estágio, assim como o status geral do projeto até aquele ponto (o final do estágio). Também inclui uma revisão das *issues*, dos riscos e dos benefícios alcançados até então (para o caso de benefícios esperados ao longo do projeto). O relatório de final de estágio deve conter uma previsão para o próximo estágio, o que ajudará o Comitê Diretor do Projeto a decidir se deseja continuar com o projeto ou não, podendo ser ainda um documento estruturado, um e-mail ou alguns slides.

Registro de *issue*. Registro que cadastra e mantém o controle de todas as *issues* formais. É regularmente monitorado pelo gerente de projetos ao longo do projeto. Basta imaginar uma planilha na qual cada linha é uma *issue* e há colunas de atributos como: identificação da *issue*, tipo de *issue*, data de abertura, quem levantou a *issue*, descrição, status atual e data de encerramento.

Relatório de lições. Documento que lista as lições adquiridas durante o projeto. Ajuda a evitar possíveis erros e a repetir ações positivas em projetos futuros. Todas as lições importantes que podem ser aplicadas a projetos futuros devem constar no relatório de lições. Ele é criado pelo gerente de projetos utilizando as informações das notas de lições e é sempre entregue ao Comitê Diretor do Projeto ao final. Em grandes projetos, pode também ser criado ao final de um estágio.

Registro de riscos. Este registro dos possíveis riscos que o projeto enfrenta é mantido atualizado durante o projeto pelo gerente de projetos. Imagine uma planilha com as seguintes colunas: identificação de riscos, autor do risco (pessoa que levantou a possível ocorrência), data de registro, categoria do risco, descrição do risco, impacto, probabilidade, proximidade, status do risco e dono do risco.

Risco. Qualquer evento que, caso ocorra, poderá ter efeito positivo ou negativo sobre os objetivos do projeto. Os riscos são constantemente revisados durante o projeto usando o registro de riscos. Como os projetos são de natureza única, eles terão riscos que precisam ser gerenciados.

Saída. As saídas (*outputs*) referem-se aos produtos entregues ao cliente/usuário e constituem a própria razão pela qual se realiza o projeto. Existem dois tipos de produtos em um projeto PRINCE2®: os produtos dos especialistas e os produtos de gerenciamento. Os produtos dos especialistas são as saídas do projeto entregues aos usuários. Os produtos de gerenciamento são criados com a finalidade de gerenciar o projeto, como, por exemplo, o plano do projeto e o *business case*, os quais nem sempre são entregues aos usuários.

Sumário do projeto. Documento que contém as seguintes informações coletadas no processo *Starting up a Project* durante a fase de pré-projeto: definição do projeto (que inclui as informações históricas sobre tempo, qualidade, custo e escopo); *business case* preliminar; descrição do projeto; estrutura da equipe do projeto; e abordagem do projeto. Este documento (junto com plano de estágio de iniciação) é usado pelos membros do Comitê Diretor do Projeto para decidir se será dada continuidade para o estágio de iniciação do projeto (esta é a sua primeira decisão). O sumário do projeto não é atualizado durante o projeto.

Tolerância. Trata-se de estimativa de tempo e de custo (registrados no plano do projeto, plano de estágio ou pacote de trabalho), a fim de possíveis desvios serem tolerados sem a necessidade de intervenção por parte da instância hierárquica superior. Imagine se não houvesse tolerância em um projeto: diante de cada pequeno problema o gerente de projetos teria que contatar o Comitê Diretor do Projeto, o que poderia acontecer várias vezes ao dia. O Comitê Diretor do Projeto acabaria por executar o projeto diretamente. Os membros do Comitê Diretor do Projeto são muito ocupados e não querem ser incomodados pelo gerente de projetos a todo momento. Por isso conferem a ele os limites de tolerância nas variáveis tempo, custo, benefícios de qualidade, escopo e riscos, permitindo que o gerente de projetos trabalhe, sendo instruído a alertar o Comitê Diretor do Projeto apenas se vier a prever que o projeto poderá ultrapassar alguma daquelas tolerâncias. Há tolerâncias no nível do projeto, do estágio e do pacote de trabalho. A organização ou gerência do programa define as tolerâncias de projeto; o Comitê Diretor do Projeto define as tolerâncias de estágio e o gerente de projetos define as tolerâncias dos pacotes de trabalho.

Usuário(s). São aqueles que farão com que os benefícios do projeto sejam concretizados pela utilização do(s) produto(s) após a entrega final.

Usuário principal. Este é um papel do Comitê Diretor do Projeto que representa os futuros usuários do produto do projeto, ou seja, representa os interesses dos usuários. Ele é responsável por assegurar que o produto satisfaça os requisitos de qualidade e funcionalidade do usuário. A sua principal preocupação em todo o projeto é "funcionará conforme esperado?".

PARABÉNS !

Você ganhou do EXIN

UM VOUCHER COM DESCONTO DE **6%**

PRINCE2®

e para todos os exames disponíveis no EXIN

somente pelo
EXIN ANYWHERE EXAMS ONLINE

Boa sorte no seu exame!

Código
3B32.9EE0.1F57

Validade
31 de Dezembro de 2016

Acesse o link abaixo para saber como utilizar o voucher e obter o desconto:
https://www.exin.com/BR/pt/support/10885

EXIN

O EXIN é um instituto global e independente de Certificação para profissionais de TIC. Com mais de 30 anos de experiência certificando competências de mais de 2 milhões de profissionais no mundo todo, o EXIN é líder e autoridade confiável no mercado de TIC. O EXIN oferece um portfólio extenso de exames, fornecendo o que os profissionais de TIC precisam para comprovar seus conhecimentos e habilidades através da certificação. Com mais de 1000 parceiros credenciados, o EXIN promove certificações e avaliações de competências para profissionais de TIC em mais de 165 países e em 20 idiomas.

PRINCE2® é marca registrada da AXELOS Limited.

Acompanhe a BRASPORT nas redes sociais e receba regularmente nossas informações sobre atualizações, promoções e lançamentos.

@Brasport

/brasporteditora

/editorabrasport

editorabrasport.blogspot.com

/editoraBrasport

Sua sugestão será bem-vinda!

Envie sua mensagem para marketing@brasport.com.br e informe se deseja receber nossas newsletters através do e-mail.

BRASPORT

Este livro foi impresso nas oficinas gráficas da Editora Vozes Ltda.,
Rua Frei Luís, 100 – Petrópolis, RJ.